主 编　张宝秀

副主编　朱永杰　孟斌

北京学研究

2016

中国社会科学出版社

图书在版编目（CIP）数据

北京学研究.2016/张宝秀主编.—北京：中国社会科学出版社，2017.6
ISBN 978 - 7 - 5203 - 0543 - 3

Ⅰ.①北…　Ⅱ.①张…　Ⅲ.①城市学—研究报告—北京—2016
Ⅳ.①C912.81

中国版本图书馆 CIP 数据核字（2017）第 120498 号

出　版　人	赵剑英
责任编辑	吴丽平
责任校对	张翠萍
责任印制	李寡寡

出　　　版	中国社会科学出版社
社　　　址	北京鼓楼西大街甲 158 号
邮　　　编	100720
网　　　址	http://www.csspw.cn
发 行 部	010 - 84083685
门 市 部	010 - 84029450
经　　　销	新华书店及其他书店

印刷装订	北京京华虎彩印刷有限公司
版　　　次	2017 年 6 月第 1 版
印　　　次	2017 年 6 月第 1 次印刷

开　　　本	710 × 1000　1/16
印　　　张	15.25
字　　　数	251 千字
定　　　价	65.00 元

编　委　会

目　录

理论探讨

专题研究：京津冀文脉传承与协同发展

比较研究

地方案例

学术评论

北京学人

理论探讨

文化认同的理论价值与实践意义

——京津冀协同发展的文化思考*

刘 勇**

摘要：京津冀一体化发展是我国近些年来重要的战略决策，是经济发展布局中又一个关键环节。为此，从中央到京津冀地区都采取了一系列措施，极大地促进了京津冀的协同发展。然而，在注重协同机制和政策激励的同时，我们不能忽略文化认同对协同发展所起的重大作用。对京津冀地区而言，文化认同是一个薄弱环节。长期以来，京味文化、津门文化和燕赵文化三者鼎足而立，各成气象，这既是京津冀的一大特点，但也给文化认同带来困难。

关键词：京津冀；协同发展；文化认同

随着《京津冀协同发展纲要》的正式发布，京津冀一体化战略已经全面推进，并在短时间内取得了积极的进展。但是在京津冀协同发展过程中还有一个特殊的问题需要特别关注，那就是京津冀三地的文化认同问题。文化认同，是人们在某一区域长期生活后产生的对这一区域的文化的认同感，是不同的人对同一文化元素和文化精神的一致体认。它使得区域成员在心理上、情感上形成对区域共同体的归宿感和依赖感，并由此焕发出牢

* 本文是 2015 年北京市社科联决策咨询课题"文化认同对京津冀协同发展的促进作用研究"成果的组成部分。

** 刘勇（1958— ），男，北京师范大学文学院教授、北京文化发展研究院执行院长，教育部长江学者特聘教授，"马克思主义理论研究与建设工程"《20 世纪中国文学史》首席专家。中国鲁迅研究会、郭沫若研究会、老舍研究会理事，《中国现代文学研究丛刊》副主编。主要研究方向为中国现代文学史研究、文学与文化研究等。

固的内聚力。文化认同在世界范围内的区域发展中都发挥着重要作用。无论是欧盟、东盟还是国内的长三角、珠三角，之所以都能实现区域内资源、效益、人才各方面的高速流通，无一不是依靠背后坚固的文化堡垒。如果不重视文化认同的重要作用，任何区域发展的一体化道路都是走不通畅、走不平稳、走不长远的。

一　文化认同在京津冀一体化过程中的重要作用

（一）文化认同是京津冀一体化的持久内生力

有数据表明，在全球范围内的经济合作与协同发展，只有30%是由于技术、资金或者战略方面出现的问题，而70%是由于跨文化沟通方面的原因造成的。反过来说，全世界70%的协同发展之所以能够成功，都是文化认同做得好的。比如欧盟从关税同盟、共同市场，到欧元的流通，再到欧盟政治一体化的重大突破，背后依靠的就是坚固的基督教文化堡垒。从中国自身来看，但凡经济发展迅速的地区往往也是文化发达的地区，如珠三角发展得好，岭南文化起很大的作用；长三角协调得好，上海文化的影响力和带动力功不可没；此外胶东半岛有齐鲁文化，川渝地区有巴蜀文化；等等。

区域经济的持续发展需要共同的文化把人们凝聚在一起，形成区域经济发展的精神动力。高度一致的文化认同可以在区域内形成强大的吸引力和感召力。这种力量促使区域成员紧密地团结起来，自觉维护共同体的利益，增强成员之间的协调性、整合性，从而保持整体的稳定，促进共同的发展。特定区域文化的文化认同，能产生普遍的群体认同感和归属感。文化认同带来的这种精神力量，有利于区域动员一切经济资源和社会资源，为区域经济的发展服务。尤其对于一个跨行政区的区域经济合作来讲，文化认同整合经济资源凝聚力的作用更是不可忽视。各地区之间的民风民俗、历史文化等方面各不相同，在区域经济合作中就难免会产生因文化差异而带来的摩擦和矛盾。因此，为了避免或将这些摩擦和矛盾最小化，实现共赢，构建文化认同极其重要。文化认同代表着一种力量，代表着一种情感，因此，它是区域经济合作，尤其是跨行政区经济合作的强力黏合剂。它有助于消除地方性壁垒，加强交流与合作，增进融合与发展。它具有把人们团结起来的内在凝聚力，能够为经济发展提供精神动力，从而使经济合作具有整合资源的凝聚力和增强经济合作的信任感。

如今疏解非首都核心功能成为京津冀协同发展的重要环节，在"控"与"疏"中，"控"主要靠政府政策、法律等外力作用，"疏"则有赖于被疏企业、人员与新落户地之间的心理和文化认同。只有在这种认同的基础上，这个新的"家园"才能对新成员产生强烈的吸引力和感召力，使他们产生普遍的归属感，安居乐业，真正融入当地生产、生活和建设中，进而为京津冀整体的发展做出贡献。否则，不仅旧的问题不能得到有效解决，还会滋生很多新的问题。长此以往，"疏导"与"接收"都将难以落到实处，也必将难以持久进行。只有大区域文化在三地政府和人民中真正扎了根，京津冀一体化才能获得源源不绝的动力，最终形成自觉的融合力。

（二）文化认同是京津冀一体化的真正标尺

"文化认同"的核心是"文化"，即人们的社会生活方式和价值系统。恩格斯指出："经济上落后的国家在哲学上仍然能演奏第一提琴。"可见，文化有其自身的独特性和独立性，解决"文化认同"的问题，必须从"文化"本身入手。另外，文化与社会、经济、政治、生态"五位一体"，其发展必然与其他四者密切相关。因此文化认同是京津冀一体化的真正标尺。首先，拥有区域文化认同，就是拥有一致的行为准则和道德标准。俗语中说"心往一处想，劲往一处使"，在区域文化认同的基础上，所思所想都是一致的，在沟通中可以相互理解，也可以深入细致探讨，从而为区域间的各种交流奠定公众基础。其次，拥有区域文化认同，就是拥有信任他人与自信的"本金"。无论是投资者还是政府部门，在接触到自己熟悉的文明、生活方式、饮食等内容时，自然会产生一种亲近的心态，更容易接受这种因"熟悉"而产生的信任感，同时能够传达出自身对于这种文化熏陶程度、与他者相似程度的信号，并从中获取自信。最后，拥有区域文化认同，就是拥有一个和谐积极的氛围。区域文化认同的一个重要作用是拉近城市间的距离。高铁缩短的是城市间的地理距离，而只有文化认同，才能缩短区域间的心理距离。当居住在一个区域里的人认可自己的区域文化时，就产生了和谐积极的氛围，从而形成了整体的凝聚力。

二　京津冀三地文化认同的先天基因

从文化形态上看，京津冀三地虽然存在区别，但三地比较国内其他地区更加具有文化形态趋同的性质，这是京津冀三地具有文化认同的先天基因。大体而言，从区域文化上看，京津冀三地都属于中华文化圈中的一个亚文化共同体，也就是华北平原文化圈。与此同时，从历史文化上看，京津冀三地长期处于同一政府部门的管辖，被归入直隶省的管辖范围，从而逐渐形成了独特的区别于国内其他文化区域的京津冀文化圈。从经济文化上看，自明清以来，京津冀三地就已经形成了互补互给的经济共同体。

（一）以华北平原为依托的生态文化圈

首先，从生态文化上看，京津冀三地都处于华北平原，彼此间交通便利，实际上形成了一个互相联系、互相影响的自然生态圈，这是京津冀三地文化认同的物质基础。无论是从地理环境而言还是从生态关系而言，京津冀三地可以说是紧密联系、互相影响的。

其次，从地理位置上看，京津冀三地都位于华北平原北部，这种同呼吸、共命运的自然地理环境，决定了京津冀区域在各个方面都形成了息息相关的命运共同体。共同的生态环境，导致京津冀三地的人民群众逐渐形成相同相近的民风民俗，发展出相同相近的生活习性，初步形成了京津冀三地人民文化认同的物质基础。

最后，共同的生态环境也使得京津冀三地自古以来便同时面临诸多环境问题，这一点至今发展得越来越为明显。当前热议的雾霾，更是同时波及京津冀三地，没有一地可以脱离。脱离任何一地来讨论京津冀三地生态的治理，都是完全不可行的。正是这样一种生态文化的存在，使得京津冀三地人民的文化认同具有了坚实的物质基础。

（二）以燕赵文化为根底的历史文化群

从历史文化上看，京津冀三地具有比较悠久的政治、经济、文化协同发展历程，这是京津冀三地文化认同的历史基础。京津冀地区拥有共同的"区域文化"，燕赵文化就是三地文化的母体。燕赵"自古多慷慨悲歌之士"，这成为千百年来燕赵文化的独特标志和燕赵人民精神风格的集中概括。虽然随着京津冀三地的文化开始不断地繁荣进步，北京文化、天津文化和河北文化开始彰显各自的活力，燕赵文化的影响力开始慢慢衰减，但需要强调的是，其实三地无论如何突显个性，事实上都是燕赵文化的累积与裂变。共同的文化背景，相连的地域人脉，享有的"区域文化"基础是不可更改的。

证诸历史，长期存在的稳定的政府管辖部门会逐渐塑造所管辖地区人民群众的文化认同，形成自己的文化身份。自古以来，京津冀三地就隶属于同一层面的政治部门管辖下，在漫长的时间里逐渐发展出了初步的地区文化身份认同，这是京津冀文化认同的历史文化基础。中国古代将天下分为九州，京津冀区域属于其中之一的"幽州"。西周初年，这一区域有蓟、燕两个诸侯国，燕国强盛，为后来的行政建制奠定了基础。秦汉以后实行郡县制，历经魏晋北朝和隋唐两代，该区域因处于中原农耕文化和北方游牧文化冲突交融的核心地带，政权更迭频繁，但作为"幽州"区域的整体性不仅没有被削弱，反而因多民族文化交流的积淀，区域的紧密性和突出特征得以增强。

自辽代将幽州定为"南京幽都府"后，随着北京从区域政治中心向全国政治中心的转型，京津冀区域一体化逐步得以稳定和加强。金统治者仿照宋制，在畿辅地区设立中都路，除了通、蓟、顺三州属于今天北京市的范围，其他各州都位于今河北、天津一带。蒙古灭金后，改金中都路为燕京路，建元后又改称大都路，下属府、州、县几经变化，也基本包括今天的京津冀区域。明灭元后，大都路被改为北平府，永乐后又改称顺天府，辖5州22县，其中3州7县属今北京市，范围比元大都路略为缩小。在此基础上，明设京师，又称北直隶，下领5州、22县，除了南部极少地区今属河南、山东外，基本上就是今天京、津、冀的范围。清承明制，顺天府的范围基本没有变化，但由于清朝以满洲为统治主体的政治特点，承袭明朝京师的直隶空间范围向北有所扩大，主要是增加了承德府和口北三厅。直隶的最高长官直隶总督驻守保定，与北京互为犄角。

自辽金以来，京畿区域日益增强的一体化趋势，不仅有利于京畿区域社会的综合治理与稳定，有利于区域资源的配置与协调，有利于北京作为全国政治文化中心地位的巩固与加强，同时也促进了京畿区域文化的形成。这样一种漫长的历史渊源使京津冀进一步协同发展具备了弥足珍贵的发展前景，京津冀三地的人民认同彼此的文化身份，产生了强烈的文化向心力，更容易协同合作。事实上，这样一种历史悠久的渊源是国内其他地区所缺乏的，可以说是京津冀三地特有的一种历史渊源优势。

(三) 以互通互补为支撑的经济共同体

京畿区域自古以来的经济联系就非常密切，尤其自明清以来的京津冀地区在农业、手工业发展，以及商品流通、市场发育等方面具有紧密的联系和互补性。以农业为例，历代京郊农业的发展和粮食生产基本满足了京畿农业人口的需求，稳定了州县人民生活秩序，还为北京城市提供了一定数量的粮食和农牧产品，丰富了城市粮食消费市场和供给。尽管京师粮食供应还需要江南漕运的大量接济，但京畿区域自身的农业生产还是为京师的稳定奠定了不可或缺的基础。除农业之外，京畿对京城各方面物资需求的服务也体现了这一区域经济联系的紧密和互补性。

除了以上几点之外，目前来看京津冀三地的城市文化依存度较高，气氛都极其浓厚，在某种程度上有着极大的一致性。突出的表现是进入 21世纪后，三地都自觉将文化建设作为自己发展的核心内容，这种自觉的态度形成了三地良好的文化氛围。北京作为首都，作为全国的政治、文化中心和国际交流的枢纽，近年来，如音乐节、艺术节、文化交流年等活动的举办非常频繁。天津作为中国北方的漕运重地、物流中心和交通枢纽，近年来在文化建设方面更是取得了突飞猛进的发展。20 世纪 90 年代，相继建成了天津图书馆、平津战役纪念馆、周恩来邓颖超纪念馆等标志性的文化设施，同时也维修了中国大戏院、艺术博物馆等重点文化设施。河北作为中华民族古老文化的发祥地之一，拥有极为宝贵的文化资源。近年来，河北开始了建设广场、修建园林、栽种花草的城镇化建设，在力度、规模和意识观念上都表现出一种与众不同的姿态。良好的文化氛围，是三地在当今社会达到"认同"的契机，也是三地达到"文化认同"的基础条件。

三 京津冀文化认同存在的问题

目前看来，京津冀三地的文化认同存在一系列问题。

(一) 三地文化的多元性决定了京津冀文化体系还未形成

京津冀各区域都有各自的文化脉络，如今河北更多地打出燕赵文化，天津打出津门文化，而北京则立足于京派文化。内在的联系与相辅相成已被打磨殆尽，文化中的棱角却越发明显。单从戏曲而言，京津冀三地有自己主打的戏曲种类，京剧、天津快板、河北梆子，在逐渐发展的过程中，这种"专属"的姿态更加突出。可以说京津冀三地文化的趋同性虚化，而相异性却增加。虽然近年来三地的戏曲在走向融合，但这种融合还是比较单薄的，或者说是非常单一化而未普及的，如何让文化认同感能够大幅度提升，从细节方面考虑会有更多的启示。如何努力提高京津冀的文化认同水准，加强个体对于京津冀文化的认同，从而促使文化认同落实到个人层面，而非泛泛而谈，是我们需要静下心来着力解决的问题。

京津冀发展不仅是活力强劲的经济增长极，还需要形成生机勃勃、开放和谐的京津冀文化体系。这种文化对内应该是丰富多元的、相互借鉴学习而又各具特色的，对外是开放包容但又与众不同的；是有京津冀气派的，是与传统不可分割但却是具有鲜明时代精神的。它是中国先进文化的重要组成部分，同时，又是京津冀特有的地域文化，它应在世界文化发展格局中具有重要影响和地位。显而易见，这种文化，目前还没有形成。

（二）三地的文化形态使得京津冀三地文化隔阂难以打破

京津冀地区存在三种文化：皇城文化、漕运文化和直隶文化。这三种文化一定程度上影响了京津冀文化建设的进程。按照文化区划分标准，京津冀本属于同一个文化区的三个亚文化区——历史上同属燕赵文化，后来随着政治、经济、交通等的发展变化逐渐分裂为京文化、津文化和河北文化。半个世纪以来，在行政体制分异的强化作用下，同一文化区的同一性被不断淡化，亚文化区个性差异特征被不断突出。

北京是典型的"城"世界。北京城墙之多，铸就了封闭自大的围城情结，造成了与生俱来的优越感和京派文化的霸气、帝王之气。但这种特质无形中阻碍了北京与河北、天津之间的联系。天津的漕运文化既赋予天津人创新的精神和开放的气质，又使天津文化具有相对保守本位的特点。河北曾拥有文明起源最早的天时，怀抱京津的地利，但这种文化不仅渐渐消弭了自身的特点，使文化体系变得驳杂多样，而且在飞速发展的时代潮流面前河北人变得保守，缺乏自主自立意识，多年来只能扮演京津米袋子、菜篮子的角色，错失了太多的发展机会，成为阻碍京津冀协同发展的"短板"。

（三）三地文化的发展水平限制了京津冀长期合作机制的形成

虽然京津冀拥有相近的文化资源，但在发展理念、政策和方向上各成体系，各自发展，没有形成应有的区域凝聚力和竞争力。在区域资源配置、人才交流、技术融合、公共文化共享等方面均存在长期形成的藩篱。从经济实力来看，如果将京津冀经济圈与长三角地区相比较，则会发现京津冀的经济增长相对缓慢，经济地位出现弱化趋势。而长三角则能够快速积聚国际资本和民间资本，不仅规模越来越大，而且以其特有的活力强有力地推动着这一地区的经济快速发展。此种现象与京津冀内部经济实力不均衡有着密切关联。京津冀内都有两个经济实力相当的城市——北京、天津。京津冀经济圈行政区划严重，北京和天津同属中央直辖市，产业结构类似，竞争动机强烈。两地之间围绕机场、港口等基础设施之争，围绕汽车、重化工等制造业之争，围绕北方产权交易中心等平台选择之争，围绕生态环境、水资源之争，造成了资源、效率的巨大浪费，而且使得京津与河北之间经济社会的二元结构异常突出。显然，京津冀三地仍未形成"我们是一伙"的观念，将自身的利益价值摆在首位，才导致三地的协同发展步调不一、行动滞缓。同时京津冀三省市文化发展上存在一定的差距。北京作为全国的政治、文化中心，文化底蕴深厚，资源丰厚，近些年文化创意产业发展迅速，在全国遥遥领先；天津、河北与之落差明显。近年来，京津冀三地的物质文化差距在不断拉大，尤其是河北腹地，特别是环北京贫困带的状况，令人担忧。只有改变了北京一枝独秀的局面，京津冀三地物质文化认同的形成才具有基础和可能。三地文化发展上的客观差距使得三地很难形成产业发展的依赖性和上下游关联性，建立长期的有效的合作机制。

四　促进京津冀文化认同的对策建议

文化认同是软实力，如何将其落到实处并切实发挥作用是十分重要的。具体来说，我们认为可以从以下几个方面推进。

（一）以情感价值认同为先导，进一步夯实文化认同基础

"文化"更多地体现在情感层面和生活层面，你中有我、我中有你，它是日常生活中人们的交往方式。一旦与生活相连，情感的力量就会产生巨大的、意想不到的感染力，这种力量促使区域成员紧密地团结起来，产生一种群体的认同感和归属感。正如上文所说，京津冀地区无论在生态文化、历史文化、文化形态上都存在先天的一致性。如何合理地开发利用这种先天的基因，以文化理念凝聚人心，为京津冀协同发展提供精神助力。穗港澳地区的成功模式就是得益于这种情感上的认同。穗港澳三地有着共同的岭南文化基础，这种文化的继承和延续，是穗港澳地区经济发展和社会建设的情感基础。样式丰盛、花样繁多的早茶，共通的粤语，三地居民对妈祖虔诚的敬拜，等等，都成为穗港澳的情感基石。虽然三地在政治体制、经济体制和边境区位等方面具有各自的特殊性，但情感上的互相认同巧妙弥合了这种裂隙，打破了种种障碍和堡垒，成为我国沿海地区实力强劲的生力军。

我们再来看京津冀，长期以来，北京抱有作为"首都"的优越感，天津一门心思于管好自己的"一亩三分地"，河北因长期"服务北京"颇有自己的想法。这都是因为京津冀三地仍未形成"我们是一伙的"的情感纽带。对于河北和天津来说，不要总觉得在为北京做牺牲，要进一步形成为首都服务的全局意识，首都不仅仅是北京，北京是全国的首都。这样才能既配合北京的发展，又带动自身的发展；同时北京也要进一步分散和疏解自己的优质资源，极力为带动河北和天津的发展与建设多做贡献。我们应进一步整理、梳理、挖掘京津冀三地所共有的历史文化资料，尤其要深入挖掘以燕赵文化为特色的历史渊源和精神意蕴，并结合新的历史机遇和条件，以统一的文化意志为导向，从历史入手，从未来着眼，创造性地形塑京津冀面向世界的新的有机体。

（二）以利益认同为手段，消除京津冀文化壁垒

在市场经济的影响下，当下中国价值观的形成也必然受到经济、利益的影响。但一切经济活动都是人和人的交往，任何经济模式归根到底是人与人的关系。共同的文化背景可以降低合作风险和沟通成本，从而促进资金、技术的流通。比如以上海为轴心的长三角经济带，上海浦东一开放，便有大量浙江商人进入，上海与浙江之间技术、资金、人才的互动进行得十分顺畅。再比如"一带一路"作为中国首倡、高层推动的国家战略，它既不是中国一家的单向行动，也不是中美、中俄、中印等的双向互动，而是覆盖近百个国家、30亿人参与的多向互动。这不只是经济贸易行为，也

必然伴随着文化生活的交流，包括人们的生活方式、思维方式等。说到底，贸易就是交往，交往就是文化。"一带一路"无论输出的还是引进的，都不仅仅是物质产品，更重要的是不同国家、地区和民族的文化认同与文化交融。所以，当我们启动"一带一路"战略大幕的时候，就应该明确意识到，这不仅是经济贸易建设，而且是文化建设。

京津冀协同发展，文化认同要充分与经济共赢结合起来，才能达到价值上的认同。京津冀三地既要理清现状，又要明确各自的优长，找到连接三地文化基因的相似点，实现共同体效益的最大化。比如我们可以培育三地文化产业群，优化整合资源、协调各方利益，联合打造具有京津冀三地特色的产业品牌，这样既有效利用了文化的带动优势，又给城市发展带来明显的经济效益，反过来又会增强京津冀三地的文化凝聚力和认同感。

（三）以目标认同为远景，促进京津冀资源互通

目标是区域各地发展的归宿，是各方面发展的具体落实。它既是远景，是长远发展的目标，也是近景，引领着当下各方共同努力、向前奋进的方向。有了目标认同，各地才能"心往一处想，劲往一处使"。"二战"后的日本之所以能够迅速从战败国的阴影下走出，并很快崛起为亚洲乃至世界的经济强国，就是因为战败后的日本全国人民普遍厌战，整个社会充满着对经济"恢复"的渴求。在共同的目标引领下，政府、官员、企业、民众上下一致，齐心协力，为恢复和发展战后经济的共同目标奋进，终于在1968年成为仅次于美国的世界第二的经济大国。拥有共同目标的认同，分工协作也才能够更好地进行。拿东京都市圈来说：千叶为原料输入港，横滨专攻对外贸易，东京主营内贸，川崎为企业输送原材料和制成品。这些城市各有自己的优势产业部门，彼此间又紧紧相连，在共同市场的基础上，各种生产要素在城市群中流动，形成了城市群巨大的整体效应。如果没有全国公民对经济建设目标的高度认同，就不会有20世纪80年代的日本，也不会有今天的日本。当然，一旦国民不能对目标产生普遍的认同，就会带来完全相反的结果，如今日本执政党所推行的安保法案等倒行逆施，遭到了日本社会普遍强烈反对，各界纷纷掀起反对战争立法、要求撤回安保法案活动高潮，这就是目标解体的后果。

在京津冀一体化的过程中，协同发展是三地的共同目标。但是对于每个城市而言，又承担着各自不同的功能定位。北京是我国的政治和文化中心，文化资源充沛、产业丰富，在国内外都处于领先地位。在下一步的发展中，要进一步打造文化产业创意平台，实现城市的转型升级，在京津冀的协同发展中充当"智库"。天津市近年在文化创意产业发展规划上取得了相当出色的成绩，在下一步的规划中，应发挥文化产业的支柱效应，打造有自己特色的重点文化产业，积极开发新型文化产业形态；而河北作为京畿之地，文化底蕴深厚，非物质文化遗产和物质文化遗产丰富，应充分发挥传统资源优势，做大做强传统文化产业。

参考文献：

［1］［美］亨廷顿：《我们是谁？——美国国家特性面临的挑战》，新华出版社 2005 年版。

［2］［美］乔纳森·弗里德曼：《文化认同与全球化进程》，商务印书馆 2003 年版。

［3］李国平：《京津冀区域发展报告（2014）》，中国社会科学出版社 2014 年版。

［4］陈旭霞：《京津冀都市圈文化软实力建设思考》，《济南大学学报》2012 年第 22 卷第 1 期。

［5］鲁金萍、杨振武：《"环京津贫困带"破解路径探索》，《价值工程》2014 年第 3 期。

［6］戚艳萍：《文化落差：京津冀一体化发展过程中必须面对的事实》，《北京化工大学学报》2014 年第 4 期。

［7］刘仲华：《京津冀区域协同发展的历史文化根基》，《前线》2014 年第 7 期。

［8］李道今：《京津冀文化协同构想》，《投资北京》2015 年第 6 期。

［9］李洪卫：《地域文化研究和京津冀区域一体化》，《河北工业大学学报》2013 年第 6 期。

Theoretical Values and Practical Significance of Cultural Identity
——Cultural Considerations on Coordinated Development of Beijing, Tianjin and Hebei

Liu Yong

Abstract：The integrated development of Beijing, Tianjin and Hebei is a major strategy of China in recent years. It is also a key link in our economic development. In view of this, a series of measures taken by the Central

Government as well as local governments in Beijing, Tianjin and Hebei have greatly boosted the coordinated development of the area. However, while attaching due importance to coordinating mechanism and policy stimulation, we cannot belittle the important role of cultural identity in the coordinated development of Beijing, Tianjin and Hebei, to which cultural identity is a weak link. Since long ago, a situation of tripartite confrontation has taken shape with Local Beijing Culture, Tianjin Culture and Yan-Zhao Culture having their respective features. The very trait of this area also brings about difficulties to cultural identity.

Key Words: Beijing-Tianjin-Hebei; Coordinated Development; Cultural Identity

坚持发展新理念加快推动京津冀文化协同的几点思考

李志东*

摘要: 党的十八届五中全会提出了创新、协调、绿色、开放、共享的发展理念,如何以新的发展理念指导京津冀文化协同发展,本文分别从发展理念、发展战略、当前工作着力点三个方面进行了分析和研讨,提出要贯彻五大发展理念,全面提升京津冀文化协同发展指导思想站位,坚持一盘棋发展理念,确定差异化发展思路,理顺体制机制,推动要素多向流动的战略体系,十三五时期重点聚焦文化旅游、体育文化、出版印刷、工美设计、数字动漫等产业,推动京津冀文化协同发展走向深入。

关键词: 京津冀文化协同;理念;战略;突破点

"十三五"时期是加快推进京津冀协同发展、共同建设以首都为核心的世界级城市群的关键阶段。科学谋划京津冀文化协同未来发展战略,必须把五大发展理念落实到实践中,以发展理念转变引领发展方式、发展战略转变,聚焦重点行业推动发展质量和效益提升,努力推动京津冀文化协同发展走出一条高质量、高效率、更加公平、可持续的发展新路。

一 推动新时期京津冀文化协同发展的理念探索

中央自提出京津冀协同发展战略以来,北京与天津、河北三地之间文

---

* 李志东(1973—),男,博士,北京市社会科学界联合会学术部主任,主要研究方向为文化研究、决策咨询研究。

化的协同发展加速推进。2014 年 8 月，三地签署了京津冀文化领域协同发展战略框架协议。2015 年 3 月，京津冀演艺领域深化合作协议签署，标志着京津冀文化协同发展已经迈向更高水平。但从目前京津冀文化协同发展的实际状况来看，尚存在不少亟待解决的深层次问题。京津冀三省市在经济实力、资源结构、人才分布、文化发展等方面存在差距。北京和天津同属中央直辖市，产业结构类似，竞争动机强烈。北京文化产业起步较早，发展较快，产业总体实力较强；天津市在积极研究制定文化产业发展规划和相应的保护扶持政策，具有很强的发展后劲；河北省的文化产业发展近年来才开始发力，正在迎头追赶，三者在发展水平上相互间存在较大的落差，同时在一些操作层面还缺乏落实措施，抓手不多。如何破解发展难题，厚植发展优势，当前必须牢固树立并切实贯彻创新、协调、绿色、开放、共享的发展理念。

（一）坚持创新发展，率先形成创新驱动发展新格局

当前，全球新一轮科技革命和产业革命正在孕育兴起，创新竞争越来越成为世界各国竞争的关键所在。美国、欧盟、日本都纷纷聚焦战略性新兴领域、抢占创新竞争制高点。从国内来看，我国经济发展进入新常态，经济增速由高速转向中高速，经济下行压力加大，发展动力亟待由主要依靠资源和低成本劳动力等要素投入转向创新驱动。在此背景下，党中央"十三五"规划的建议明确提出，创新是引领发展的第一动力，必须把创新摆在国家发展全局的核心位置，推动大众创业、万众创新，加快实现发展动力转换。一是要继续深化文化体制改革，以推进《京津冀协同发展规划纲要》规划为抓手，在人才集聚、协同创新、金融服务等方面开展改革试点，率先形成有利于协同发展的体制机制。二是以推动文化科技创新为核心，充分发挥中关村国家自主创新示范区的原始创新引领作用，推动中央和地方、高校院所、文化企业协同创新，形成一批具有国际竞争力的创新型文化领军企业和产业创新集群，全面提升自主创新能力，成为国家自主创新重要源头和原始创新策源地。三是促进创新资源有序流动，共建跨区域文化产业链和创新链，带动京津冀区域经济转型升级。

（二）坚持协调发展，着力优化京津冀文化协同发展布局

协调是持续健康发展的内在要求。京津冀区域一直在探索协同发展的路子，但与长三角、珠三角区域相比，京津冀一体化程度相对较低，区域发展不平衡，经济社会发展落差较大，京津两大核心城市文化发展水平高、吸引力强，对周边形成强大的虹吸效应，集聚了过多资源。因此，将推动京津冀协同发展确立为重大国家战略，就是要打破行政分割，有序疏解北京非首都功能，优化区域功能布局和产业分工，率先形成目标同向、措施一体、优势互补、互利共赢的协同发展新格局，打造中国经济发展新的支撑带，要推动京津冀文化协同深入推进，需要通过文化功能、文化产业合理分布，实现区域协调可持续发展。把非首都功能疏解、核心功能强化与推进京津冀协同发展有机结合起来，引导一般性文化产业和专业文化市场、部分公共服务资源向周边区域转移，打造一批非首都功能文化产业集中承接地。优化调整内部区域文化功能定位，按照三地文化错位发展格局，强化北京"四个中心"战略定位，加快疏解非首都功能；增强河北、天津文化产业承载能力，形成首都功能疏解承接地和新增核心功能主要承载区；发挥生态优势提升旅游等服务功能。

（三）坚持绿色发展，加快建设绿色低碳文化创意产业

强化绿色发展理念、加快推进生态文明建设是落实首都城市战略定位、加快建设国际一流和谐宜居之都的必然要求，也是缓解资源环境压力、实现首都经济社会有序疏解非首都功能要求。要严格执行《北京市文化创意产业发展指导目录》，禁止或限制污染大、能耗高、效率低、用工多的低端产业和生产环节，重点推动渗透性、关联性强，有助于产业链延伸和价值链提升的"高精尖"领域及环节发展，加快推进产业结构优化和业态创新，建设具有首都特色的文化创意产业体系。着力推动新闻出版、广播影视、文化艺术等传统文化产业与现代科技手段深度融合，促进产品内容和服务模式创新，重点扶持原创、精品的生产及推广，不断提升文化创意产业的原创能力，积极拓展优秀作品受众范围。加快推进广告会展、艺术品交易、设计服务等行业商业模式与营销模式创新，通过政策扶持、平台建设、主体培育等手段，汇聚各类创新要素，推动市场活力迸发，助力文化内涵提升。

（四）坚持开放发展，全面提升京津冀文化对外影响力

随着国家"一带一路"战略的实施，发展更高层次的开放型经济，开创对外开放新格局是时代的大趋势，新时期京津冀文化协同发展也必须强化开放发展理念。"十三五"期间应深入开展国际文化交流，以筹办 2022 年冬奥会、2019 年男篮世界杯等重大活动为契机，积极运用国外主流社交平台，开辟宣传北京的新窗口。发挥世界旅游城市联合会、国际二战博物馆协会等国际组织作用，推动多方面的交流与合作。推动京津冀与更多国际知名城市建立友好城市关系，定期开展学术交流和文化外宣活动，不断拓展对外宣传新平台。加强对外话语体系建设，不断创新方式方法，主动发声。围绕"一带一路"国家战略策划重大议题，把讲好中国故事作为对外文化交流的基本方法，进一步传播好中华文化。开展经典剧目和优秀剧目境外巡演活动，搭建国内外优秀艺术院团的高端交流平台，推动艺术精品"走出去""请进来"，形成中国文化的本土化表达，更加精准地定位传播产品和传播对象。

（五）坚持共享发展，持续增进人民享受文化发展成果的获得感

"十三五"时期，是我国全面建成小康社会的决胜阶段，"发展是为了人民"，全面建成小康社会必须把增进人民福祉、促进人的全面发展作为发展的出发点和落脚点。让全体人民共享发展成果，坚持共享发展理念，就是要强调人人参与、人人尽力、人人享有，注重社会公平，保障基本民生，实现全体人民共同迈入全面小康社会。"十三五"时期要加强京津冀文化合作共享，通过确定和实施一批公共文化服务项目，更好地发挥三地文化部门联席会议制度作用，拓展公共文化资源空间。创新京津冀三地公共文化资源整合利用方式，通过在津冀地区举办文化巡展等方式，引导设施资源和服务功能向津冀地区发展。按照方便群众、经济适用、注重实效的要求，加强文化馆、图书馆、博物馆等公共文化设施建设，把资源和力量更多地投向现有文化设施的运营、管理和使用。健全完善公共图书、文化活动、公益演出三大服务配送体系，以群众实际文化需求为导向，推进农村电影放映工程、全民阅读工程等，提供内容丰富、形式多样的公共文化产品和服务，切实让人民享受到文化发展成果。

二　新时期推进京津冀文化协同发展的战略思考

《北京市十三五时期加强全国文化中心建设规划》中提出了新的发展

格局，要求按照核心层、拓展层、辐射层进行战略布局。其中文化中心功能拓展层涵盖京津冀协同发展区域，"十三五"时期应积极发挥京津冀地域相近、文脉相亲的地缘优势，统筹推动长城文化带、运河文化带、西山文化带建设，实现历史文化遗产连片、成线整体保护；推动公共文化服务共建共享，带动提升区域公共文化服务均等化、标准化水平；加强产业链上下游和区域分工协作，构建以重要城市为支点、以交通干线和高速公路为辐射带、文化要素有序流动的京津冀文化创意产业协同发展格局；推动建立文化旅游、体育赛事等协作机制，形成京津冀全方位、宽领域、多层次文化交流合作的大格局。

（一）加强京津冀文化协同顶层设计

新时期京津冀三地均要以文化认同为基础，着眼于文化产业发展"一盘棋"的战略视角，自觉将协同合作理念与文化政策制定、经济利益考量融为一体，在京津冀文化协同的棋局上落好每一粒"棋子"，通过科学合理总体布局，努力推动三地"一张图"规划、"一盘棋"建设、"一体化"发展。要抓紧出台控增量、疏存量政策，深入谋划和科学论证承接平台规划建设，有序疏解北京非首都功能。要强化京津冀文化产业协同发展的顶层设计，建立京津冀文化产业协同发展领导机构，并逐步构建完善的利益协调长效机制。要共同出台促进京津冀文化产业协同发展的战略规划和相关政策，规划应在全面、深入调研的基础上，统筹梳理三地文化资源，着眼于产业发展现状和问题，对三地文化产业协同发展指导思想、基本原则、实施路径、战略重点、协调机制及保障措施等内容进行科学合理并具有可操作性地精心谋划，形成脉络清晰的京津冀文化产业发展线路。

（二）确立差异化发展思路，推动京津冀文化产业融合对接

京津冀三省市应根据各自的文化资源禀赋、产业特色及功能定位，统筹规划、有序推进，谋求京津冀文化产业的深度融合和高效对接。要鼓励、支持文化园区、文化企业、文化项目间的协作交流，推动区域文化产业转移和对接，创新协同发展路径和模式，依据文化产业链中策划、设计、创意、加工、营销及衍生品开发等诸环节的市场特性，按照差异发展、科学分工、互补互惠的原则，通过园区共建、资源共享、项目对接等途径，不断提升区域文化产业链的关联度和互补性。依托区域特色文化资

源，规划和实施一批重大文化产业项目，打造京津冀文化品牌形象；培育扶持中小微文化企业，引导区域关联文化企业贯通产业链，共同构筑在全国有影响力的京津冀特色文化产业带。

（三）理顺体制机制，搭建共建共享的平台，构建统一文化市场

建议着力推动文化消费市场一体化，破除流通和支付等环节障碍，推动三地在文化交易、文化消费等领域开展深度合作，共同促进区域文化市场繁荣互利。扩大公共文化消费市场，推动三地联合制定政府购买公共文化服务的政策措施。探索建立知识产权共同评估体系、文化市场综合管理和执法联防协作机制，搭建三地文化创意产业宣传展示平台，打造京津冀文化创意产业品牌影响力。要着力构建京津冀现代文化市场环境，探索建立知识产权共同评估体系、文化市场综合管理和执法联防协作机制，净化区域文化市场。运用现代信息技术手段推动三地文化产品市场、文化要素市场联网，加快形成统一开放的区域文化市场。京津冀区域内人口总量达1.11亿，在文化消费领域有着巨大的开发潜力。三省市既可以充分挖掘自身优势、放大本地文化特色，又能对接三地文化市场和消费人群。三地文化企业在制定发展战略和设计文化产品时，应将眼光拓展到京津冀这个大市场，熟悉、了解三地文化内涵、特色与优势，将三地优秀传统文化融入产品和服务中，不断激发区域文化消费活力。

（四）推进要素资源的多向流动

建立区域间的利益分享机制，推动三地资本、人才、技术等要素资源的自由流动，合理高效配置文化资源。建议大力发展京津冀文化要素市场，激发区域文化产业协同发展的内生动力。通过财税统筹、金融扶持、技术推广、信息共享及人才配置等途径推动文化生产要素在区域间的合理流动。人才是文化产业的灵魂，京津冀文化产业人才一体化是区域文化产业一体化的内在要求和重要支撑，必须加快京津冀文化产业人才的共建共享和合理配置。三省市应对区域内文化产业人才的开发与建设、合作与配置进行战略性、总体性规划；梳理统计当前京津冀文化产业人才的构成情况，依据三地文化产业发展目标和各自定位，建立健全区域内文化产业人力资源培养选拔、流动引进、管理测评、激励保障等相关机制和政策法规，实现京津冀文化产业人才错位发展和交流融合，最大限度地发挥京津

冀文化产业人才资源的整体效能。

（五）进一步优化京津冀地区文化创意产业布局

重点打造京津冀文化产业协同发展的六大产业协同发展带。包括沿京藏高速至张家口的文化科技辐射及体育产业协同发展带，沿京承高速至河北承德的文化旅游协同发展带，沿京哈高速至唐山、沿京港澳高速至保定的文化制造协同发展带，沿京沪高速至天津、沿大广高速至固安的文化市场协同发展带。积极搭建三地文创园区协同发展的交流平台，建立健全园区合作机制。建立京津冀文化创意产业人才交流平台，搭建三地文创投融资体系以及社会投融资机构间的合作平台，优化三地文化创意产业的投资融资环境。

三 "十三五"时期推动京津冀文化产业协同发展重点行业分析

京津冀文化协同是一项长期的工作任务，"十三五"时期一定要抓住重点，以点带面，实现重点突破，综合考虑京津冀三地文化产业的业态分布、特色优势及协同现状，当前应将文化旅游业、体育文化业、出版印刷业、工美设计业、数字动漫业、对外文化贸易业六大业态作为优先推进的重点领域。

（一）文化旅游业

研究梳理京津冀不同区域的文化内涵与特色，如长城文化带、运河文化带、西山文化带建设，将京津冀古城文化、运河文化、山水文化、海洋文化、避暑文化、坝上文化等，在差异化发展、错位发展的思路基础上将其巧妙地整合配置，实现不同文化特色的互补性、谐和性，逐步延伸、放大文化旅游产业链。建议着力发展体验式文化旅游模式，加快由观光旅游向体验式旅游转变，积极开拓人文历史型、自然景观型、农副产品型及餐饮娱乐型等休闲旅游体验，并加快其集聚发展、融合发展，不断提升其品牌效应和知名度，充分利用大数据，为影视、演出、设计等行业服务。充分挖掘京津冀文化资源，大力发展文化旅游。逐步形成关联度高、成系列的京津冀特色旅游服务产业。

（二）体育文化业

推进京津冀地区体育运动、休闲健身和竞技类赛事的产业化、市场化运营及集群发展、规模发展，建立特色鲜明的体育健身服务产业集聚区和体育健身用品特色街区，以 2022 年冬奥会、2019 年男篮世界杯等重大活动为契机拓展产业链，以体育健身服务业带动和促进体育用品制造、销售及旅游业、商业、交通运输、餐饮业等相关服务产业发展。

（三）出版印刷业

作为京津冀传统产业，出版印刷业的协同发展要遵循差异化发展思路，避免重蹈同质化竞争和产能过剩的覆辙，要坚持供给侧改革，开辟一条高端引领、绿色发展的道路。

（四）工美设计业

进一步巩固北京在工业设计、建筑设计、创意艺术设计、服装设计等领域的竞争优势和市场地位，塑造"北京设计""北京创造"品牌，将京津冀传统工艺美术产品的设计开发与京津冀文化元素有机结合，突出地域文化特色，强化品牌意识。在尊重多样性和独特性的基础上，鼓励工艺美术产品的开发性创作和产业化、市场化、规模化发展。加快工美设计产品与现代科技和时代元素融合，提升其文化内涵和附加值。布局一批京津冀工美设计产业聚集区，并鼓励各类艺术品策划、经纪、代理机构进入发展，扩大与艺术品收藏、鉴定、拍卖、传播、研究机构等的合作，提升京津冀传统工艺美术文化产品的质量，加快新兴创意设计产业发展。

（五）数字动漫业

树立一体化发展理念，加快媒体数字化建设，推动建成拥有强大实力和传播力公信力影响力的新型媒体集团。以一个平台为重点支撑，以特色媒体求多点突破，建设好北京新媒体集团等组织，通过市场化、公司化转型，打造搭载各类新媒体的总平台和用户综合服务入口，使之具有技术孵化和循环发展能力，要依托京津冀三地动漫设计产业既有的基础和平台，整合区域内优质资源，加大政策扶持力度，按照动漫行业的特点和要求加快形成策划设计、内容创意、经纪、制作、运营推广及衍生品开发等较为完整的产业链条；加快建设环节完整、要素齐备的动漫产业系统。逐步放大产业链，加速和其他文化业态的融合与对接，例如可以和当地的文化旅游业、休闲娱乐业等合作，联合开展动漫真人秀、动漫衍生产品博览等各种体验活动。

（六）对外文化贸易业

按照国务院《关于加快发展对外文化贸易的意见》和《关于北京市服务业扩大开放综合试点总体方案的批复》，以政府为主导、企业为主体、市场化运营为主要方式，推动建立内容、渠道、平台、企业四位一体的对外文化贸易发展新模式。支持代表我国优秀文化、具有自主知识产权的版权产品进入国际市场，北京应发挥科技、文化、国际交往方面的优势，走"高精尖"路线，着重承办大型、国际化对外文化活动；天津、河北应根据自身资源禀赋、基础设施、产业特色与办展能力，结合各地优势产业，大力举办品牌文化活动，充分发挥北京国家对外文化贸易基地产业集聚、政策集成的优势，积极争取设立国家文化艺术口岸，大力发展跨境文化电子商务，推动文化贸易公共服务平台建设，加快推进国家版权输出基地、中国影视译制基地建设。积极推动京津冀通关一体化改革，促进三地文化贸易合作及文化生产要素跨区域自由流动，提升京津冀区域对外文化贸易整体协作能力和便利化水平，坚持错位发展与融合发展，降低同质化竞争，在资源共享、优势互补基础上实现互利共赢。

Reflections on Upholding New Development Concept to Accelerate Coordinated Cultural Development of Beijing，Tianjin and Hebei

Li Zhidong

Abstract：The Fifth Plenary Session of the Eighteenth CPC Central Committee put forward a new development theory of innovation，coordination，green，openness and sharing. This article probes into the three aspects of development concepts，development strategies and current working focus with a view to guide coordinated development of Beijing，Tianjin and Hebei with brand new concepts. It is pointed out that five major development concepts should be implemented in order to heighten up the guiding status of the coordinated development of Beijing，Tianjin and Hebei in. An integrated development concept should be advocated to discern different development thoughts, straighten out systematic mechanism and promote a strategic system featuring a flow of elements in multiple directions. The focus during the 13th Five-Year Plan is laid upon cultural tourism, sports culture, publishing and printing, fine arts design, digital animation, and etc. to deepen the coordinated cultural development of Beijing, Tian and Hebei.

Key Words: Coordinated Cultural Development of Beijing, Tianjin and Hebei; Concepts; Strategies; Breakthroughs

专题研究：京津冀文脉
传承与协同发展

整合历史文化遗产资源
促进京津冀旅游业协同发展

任云兰*

摘要： 京津冀地区文化遗产丰厚，历时长久，内容繁多，体现出自然资源与人文遗存并存和民族融合的特点，本文梳理了京津冀地区的皇家文化遗产、长城军事文化遗产、大运河文化遗产、红色旅游资源、民俗文化遗产和馆藏文化遗产，从政策、规划、交通、教育、科技、财政、金融、监管和宣传等诸多方面对京津冀地区历史文化遗产保护利用和旅游产业协同发展问题进行了探讨。

关键词： 京津冀；历史文化遗产资源；旅游产业；协同发展

习总书记指出："京津冀地缘相接、人缘相亲，地域一体、文化一脉，历史渊源深厚、交往半径相宜，完全能够相互融合、协同发展。"这为京津冀地区历史文化遗产保护利用和旅游产业协同发展指明了方向。本文试图从梳理京津冀地区历史文化遗产资源出发，就京津冀地区历史文化遗产保护利用和旅游产业协同发展问题进行探讨。

一　京津冀地区丰富的历史文化遗产资源梳理

京津冀地区发展历史悠久，文化遗产丰厚，世界文化遗产众多，皇家文化遗产集中，名城、名镇、名村文化遗存丰富，历史名人辈出，历史人

---

* 任云兰（1964—　），女，山西人，博士，研究员，天津社会科学院历史研究所所长，主要研究方向为中国近代城市史。

文典故、革命遗址和工业遗产数不胜数，民俗文化遗产多姿多彩，梳理归纳起来，大致包括如下几条脉络：

（一）以北京为中心的皇家文化遗产资源丰厚

元代建都北京后，逐步形成了以北京为中心，大约 300 千米为半径，包括天津、石家庄、保定、张家口、承德、唐山、秦皇岛和大同等城市与地区在内的京畿文化圈。这一文化圈历经 700 多年的发展，积淀了丰厚的皇家历史文化遗产。

1. 皇城皇宫遗产

从元代开始，历代王朝都在都城北京大兴土木，建造了规模宏大、气势非凡、大气磅礴的皇城，留下了以故宫为突出代表的皇城历史文化遗产。

2. 皇家园林遗产

为了修身养性，历代王朝十分注重皇家园林的建设，遗留了众多皇家园林遗产。最著名的有北京颐和园、圆明园、景山和承德避暑山庄。此外，还在北京西山和天津盘山修建了许多寺庙等建筑，留下了诸多人文遗迹。

3. 皇家陵寝遗产

明清两代王朝对皇陵选址和建设均极为考究，因而遗留了以十三陵、清东陵和清西陵为突出代表的陵寝遗产。明十三陵位于北京昌平，先后修建了 200 多年，是中国乃至世界现存规模最大、帝后陵寝最多的一处皇陵建筑群。清东陵位于北京以东约 130 千米河北遵化的昌瑞山，包括顺治帝的孝陵、康熙帝的景陵、乾隆帝的裕陵、咸丰帝的定陵以及同治帝的惠陵。清西陵位于北京西南约 100 千米的河北易县，包括雍正帝的泰陵、嘉庆帝的昌陵、道光帝的慕陵和光绪帝的崇陵。

4. 皇家宗教遗产

祭祀也是历代王朝的重要活动，北京天坛是皇家每年祭祀皇天、祈祷五谷丰登的重要场所。太庙是明清两代皇帝祭祀祖先的场所，是世界上现存最大、最完整的祭祖建筑群。社稷坛为明清两代祭祀社、稷神祇的祭坛，是农业文明时代的印迹。

（二）以长城为中心的军事防卫遗产众多

为防止北方游牧民族的入侵，历代王朝修建了以长城为突出代表的军事防卫设施，遗留了举世闻名的世界文化遗产万里长城。历经春秋、战国、秦、汉、北魏、东魏、北齐、北周、隋、唐、辽、金及明代等10余个朝代修建完竣，持续近2000年的时间。京津冀地区长城遗址分布广泛，横贯东西，绵延达2670千米，其中北京629千米，天津41千米。在河北境内长达2000多千米，精华地段20余处，大小关隘200多处，是长城保存最为完整、最具代表性的区段。现存最多的为明长城，除了北京的八达岭长城、慕田峪长城、箭扣长城、司马台、居庸关和天津市境内的黄崖关长城外，绝大部分分布在河北省的秦皇岛市、唐山市、承德市和张家口市，著名的长城区段有河北承德境内的金山岭长城、秦皇岛的山海关、遵化鹫峰山长城、迁西潘家口水下长城、迁安大理石长城、青山关、喜峰口、冷口关、监狱楼、七十二券楼、水门、长城砖窑、养马圈等长城遗迹。这些长城遗址包括高大的城墙、烽火台、关隘等军事设施，还包括碑碣、长城砖窑、养马圈等附属设施以及因修建长城或屯军而兴的古村落。

（三）以京杭大运河为轴线的运河文化遗产众多

世界文化遗产京杭大运河在京津冀所属区段历史文化遗产众多，这些文物古迹如同一颗颗璀璨的明珠镶嵌在运河沿岸，从南到北有：故城大名府旧址（今河北省邯郸市大名县），大名府春秋时代名"五鹿"，是历史上著名的"五鹿城"，宋仁宗庆历二年（1042）建陪都，史称"北京"，清代曾为直隶省第一省会。泊头清真寺，位于泊头市区清真街南端，始建于明永乐二年（1404），堪称"华北清真第一寺"。马厂炮台及军营遗址，位于沧州青县马厂镇的北运河岸边，自130多年前建兵营以来，始终是拱卫京津的重要军事基地，成为闻名遐迩的战略要地。天津静海县的九宣闸，是南运河进入天津境内的第一道闸口，李鸿章题写的《南运减河靳官屯闸记》石碑一通，记载了闸口的建立缘由与经过，九宣闸至今仍在引黄济津中发挥着作用。以独流老醋闻名的独流镇也是南运河孕育的一个名镇，还是当年义和团运动中"天下第一坛"的所在。运河进入天津市区之前首先进入著名的运河古镇杨柳青，始建于光绪初年的石家大院位于运河岸边，属于清代风格的古建筑。以杨柳青命名的杨柳青年画为中国四大年画之一，是天津的城市文化名片。市区的天后宫和天妃宫遗址博物馆曾是运河船夫的精神家园和天津民俗信仰的遗存。武清区河西务镇东西仓村南的十四仓遗址是潞水漕渠中途最大的一处漕运遗址，发现了不少沉船遗址。北京境内建于明代的永通桥，位于颐和园内的昆明湖均与运河关系密切。此外，京杭大运河河北段沧州东光县连镇谢家坝、衡水景县华家口夯土险工既有水利史上的意义，其中蕴含的人文价值也值得引起注意。

"运河载来的"城市天津自身的发展就与运河密切相关。天津的发展得益于渔盐之利和河海交汇的地理位置，在元、明、清三代，无论是海运还是河运，都是京城漕运的中转枢纽和咽喉之地，并因此得以发展起来，"一日粮船到直沽，吴罂越布满街衢"是天津商业兴盛的真实写照。

（四）地域民俗文化遗产多姿多彩

从 2006 年起，国务院分四批公布了国家级非物质文化遗产名录，包括民间文学、民间音乐、民间舞蹈、传统戏剧、曲艺、杂技和竞技、民间美术、传统手工技艺、传统医药和民俗 10 类。京津冀地区共有国家级非物质文化遗产 290 项，占全国 21%，其中北京 131 项、天津 31 项、河北 128 项。在这些多姿多彩的非物质文化遗产中，京剧、昆曲、评剧、皮影、相声、京东大鼓、京韵大鼓是大众喜闻乐见的艺术形式，杨柳青年画、泥人张彩塑、风筝魏制作技艺、景泰蓝制作技艺、衡水内画、蔚县剪纸、丰宁布糊画展示了民间传统技艺的高超水平，同仁堂制药技术、宫廷正骨、程氏针灸则说明了传统医药的独到之处，妈祖祭奠、葛沽宝辇、厂甸庙会显示出民俗文化的独特魅力。近两年，京津冀地区各相关文化宣传部门不断推出各种非遗和民俗的展演活动，推动了京津冀地区非物质文化遗产的交流和切磋，为市民带来了对非遗的体验和享受。

（五）红色革命资源齐全

京津冀地区在中国革命史上具有重要的地位，从中国共产党早期革命活动起，京津冀地区就是中国共产党的重要活动基地和场所，留下了不少活动遗迹。北京及河北乐亭的李大钊故居、中共天津建党纪念馆，承载着早期中国共产党人的丰功伟绩。北京新文化运动纪念馆、三一八烈士纪念碑、天津觉悟社旧址，记录了土地革命时期中国共产党人的活动遗迹。中国人民抗日战争纪念馆、卢沟桥、平西情报交通联络站、西山惨案遗址、天津市中共中央北方局旧址纪念馆、一二·九抗日救亡运动纪念馆、盘山革命斗争纪念馆，河北阜平县城南庄晋察冀军区司令部旧址、清苑县冉庄地道战遗址、易县狼牙山景区、承德市宽城县喜峰口长城抗战遗址、中国人民抗日军政大学陈列馆、邢台任县冀南革命纪念馆、邯郸涉县中国太行山红色新闻事业旧址、秦皇岛市卢龙县冀东抗战纪念馆、涉县129师司令部旧址，展示了京津冀人民不屈不挠的抗日风采。河北西柏坡红色旅游系列景区、天津平津战役纪念馆、平津战役天津前线指挥部旧址陈列馆、金汤桥会师公园，记载着新中国摇篮的历史。中国革命博物馆、中国人民革命军事博物馆、毛主席纪念堂、天津周恩来邓颖超纪念馆记录了中国革命的辉煌历史和革命家的不凡生平。

2004年12月，中共中央和国务院提出了在全国培育12个"重点红色旅游区"，组织规划30条"红色旅游精品线路"，重点建设100个"红色旅游经典景区"的设想。在全国12个重点红色旅游区中，其中的2个京津冀红色旅游区和太行山红色旅游区都涉及京津冀地区；在30条"红色旅游精品线路"中，京津冀区域有5条；在全国推出的100个红色旅游经典景区中，京津冀区域有18个，红色旅游资源具有一定的特色。

（六）馆藏文化遗产丰富

新中国成立后，党和国家高度重视历史文化遗产保护工作，在北京建设了一批国家级的博物馆，北京市、天津市和河北省也相继建立了地方性的博物馆。近年来，随着文化事业的发展，一批专业博物馆和民间博物馆以及小型纪念馆等相继建成，填补了京津冀博物馆的空白。这些博物馆珍藏了大批文物宝藏，如青铜器、玉器、瓷器、书画、碑刻等，是文化遗产资源的集中地。

二　京津冀历史文化遗产资源的特征

（一）资源丰富，内容独特，种类繁多

京津冀由于地处京畿之地，历史文化遗产资源丰富厚重，既有磅礴大气的皇家文化遗产，又有开放包容的海洋文化资源，还有豪爽仗义、慷慨悲歌的燕赵文化资源以及扎根于民间土壤的民俗文化资源；既有现代文明孕育的城市文化遗产资源，也有古老文明浇灌的乡土文化资源；既有源远流长的农耕文化资源，也有金戈铁马的游牧文化资源；既有石头、砖木、雕塑、壁画等体现的物质文化遗产，又有蕴含期间的建筑、绘画艺术等非物质文化遗产；既有历代军事文化遗产，又有红色革命文化和爱国主义教

育资源；既有蕴含着深厚文化底蕴的水系资源，也有涵盖人文历史的山系资源。

（二）自然资源与人文遗存并存

京津冀历史文化遗产中，自然资源与人文遗存并存，自然资源中蕴含着许多人文遗存，人文遗存也多包含在自然遗存中，二者你中有我，我中有你，互相依存，不可分割。

妙峰山，本身是一座自然风光优美的山脉，又因为金顶的建立，民间长期礼佛，蕴含了丰富的佛教文化，同时它又是一座汇集儒教、佛教、道教和民间信仰的名山。国家级非物质文化遗产妙峰山传统庙会始于明朝，距今已有 300 余年的历史，其间虽有中断，但于 1993 年恢复。每年农历四月初一至十八妙峰山开山期间，香客络绎不绝，各种民间香会边走边演，幡旗飘扬，鼓磬齐鸣，观者如潮。其中蕴含的民间信仰、民俗礼仪异常丰富，成为几代学者研究的对象。

天津蓟县的盘山，自然风光美不胜收。据《盘山志》载，魏武帝曹操、唐太宗、辽太宗、辽圣宗、金世宗以及清代的康熙、乾隆等历代帝王都曾游览过盘山，并在盘山大兴土木，开山建寺，留有 300 多处摩崖石刻。盘山早在唐代就以"东五台山"著称佛界，清康熙年间以"京东第一山"驰名中外，民国初年盘山同泰山、西湖、故宫等并列为中国十五大名胜之一。历代帝王将相、文人墨客、善男信女留下的诗赋墨宝、碑记题刻以及传奇故事，为盘山平添了许多人文景观和无限情趣。唐太宗李世民的"兹焉可游赏，何必襄城外"和乾隆皇帝的"早知有盘山，何必下江南"，赞美了盘山的绚丽景色。抗日战争时期盘山由于地势险峻、地形复杂，又成为冀东革命根据地之一。

长城虽然被定义为世界文化遗产，但由于长城大多从崇山峻岭中穿越，长城脚下花海漫山遍野，森林郁郁葱葱，溪流蜿蜒曲折，风光壮美，景色旖旎，因而也是一个自然与人文结合的典范。譬如，喜峰口长城不仅地势险要，是历史上有名的古战场，而且因为抗战时期二十九路军在此与侵华日军展开激战，并产生了著名的《大刀进行曲》，让此地家喻户晓，为喜峰口长城增添了无穷魅力。

北戴河由于气候宜人、海水清澈、沙质细腻、海滩开阔，成为著名的海滨避暑胜地。同时，从 19 世纪末到 1949 年，北戴河也修建了别墅 719

幢，其中外国人修建了483幢，这些别墅依山傍海，风格迥异，成为北戴河一道独特的风景线。

河北阳原县的泥河湾遗址，春天来临时，远远望去，山谷郁郁葱葱，一望无际的杏花盛开，杏树林生机勃勃，既透露了几百万年前古人类的活动信息，也显示出秀美的自然风光。

这种人文与自然融合的特点使游客在欣赏山水中体验文化，在文化熏陶中品味山水，将那些散落和镶嵌在自然山水中的文化遗产资源捡拾起来，内化于心，外化于行，提高山水旅游的文化品位，提升文化旅游的自然情趣。

（三）历史悠久，民族众多

京津冀地区由于其特殊的历史发展进程和地理位置，文化绵长，历史文化资源持续时段长，涉及民族众多，体现了历史悠久、民族众多的特点。不仅有史前人类的历史文化资源，而且有近现代工业文明遗迹，如从远古时代的河北泥河湾遗址、周口店北京人遗址、河北涿鹿的黄帝城遗址、河北邯郸娲皇宫，到近代工业文明时代的工业遗产和西洋风格的建筑与街道，如天津在机械制造业、化工业、纺织业、能源和船舶制造业的工业遗产，以及充满异国风情的五大道、意式风情区、解放路金融一条街等近代建筑遗产。京津冀地区地处北部游牧文明与农耕文明的交界地带，不仅有汉民族的活动遗迹，而且遗留下了北方游牧民族如辽金契丹人、元代蒙古人、清代满族人的文化印迹，如带有满族风情的皇宫故宫，发现多处辽代古文化遗存的契丹发祥地之一的河北省平泉县，以及绘有精美壁画的宣化下八里辽代墓葬和北京大兴辽代墓葬。

三　促进京津冀历史文化遗产保护利用和
旅游产业协同发展的政策与措施

实现京津冀地区历史文化遗产保护利用和旅游产业协同发展涉及政策、规划、交通、教育、科技、财政、金融、监管和宣传等诸多方面，是一项复杂的系统工程，因而，必须从切实加强组织领导入手，综合施策，方能见到实效。

（一）统一思想，提高认识，为京津冀历史文化遗产保护利用和旅游产业协同发展提供强大的思想保障

没有高度统一的思想，就不会有正确的发展思路与政策，更谈不上宏伟发展目标的实现。要做好京津冀历史文化遗产资源保护利用与旅游产业协同发展工作，首要任务是统一思想认识。只有思想高度统一，才能做到行动协调一致。众所周知，历史文化遗产是旅游产业发展的基础，两者具有高度的关联性。对于京津冀地区来说，旅游产业发展对历史文化遗产具有高度的依存性，没有历史文化遗产做保障，旅游产业发展就无从谈起。因此，只有将京津冀地区的历史文化遗产保护利用和旅游产业发展视为一个不可分割的整体，牢固树立"一盘棋"的理念，统筹谋划，才能从根本上实现京津冀地区历史文化遗产保护利用和旅游产业的协同发展。

（二）切实加强组织领导，为京津冀地区历史文化遗产保护和旅游产业协同发展提供组织保障

党和国家高度重视京津冀协同发展，早在2014年8月初，国务院就成立了由张高丽副总理任组长的京津冀协同发展领导小组，突出解决京津冀协同发展中的功能定位、交通一体化、生态环境保护和重点产业协同发展等问题，尚未顾及京津冀地区历史文化遗产保护利用和旅游产业协同发展问题。考虑到京津冀地区历史文化遗产保护和旅游产业发展潜力大，涉及面广，情况复杂，工作难度大，建议将其列为京津冀协同发展领导小组下一阶段需要突出解决的问题，并从战略层面进行顶层设计，研究制定政策，统筹谋划，综合协调，明确目标任务，分解落实责任，进行监督检查。

（三）统筹规划，为京津冀地区历史文化遗产保护和旅游产业协同发展提供行动指南

为贯彻实施京津冀协同发展国家发展战略，2015年5月1日我国正式出台了《京津冀协同发展规划纲要》（以下简称《纲要》）。《纲要》的核心是有序疏解北京非首都功能，优化调整经济结构和空间结构，率先在区域交通和生态环境保护协同发展方面取得突破。同年年底，京津冀旅游行政主管部门也联合出台了《京津冀旅游一体化协同发展规划》（以下简称《规划》）。但《纲要》和《规划》尚未将地区历史文化遗产保护利用和旅

游产业发展作为一个整体进行统筹规划。因而，要实现京津冀地区历史文化遗产保护利用和旅游产业协同发展，必须以《纲要》和《规划》为基础，从深入分析研究京津冀地区的历史文化遗产保护和旅游产业发展的现状及存在的突出问题出发，站在京津冀协同发展的国家战略高度，按照"大文化、大旅游、大产业、大发展"的思路，科学制定京津冀地区历史文化遗产保护和旅游产业协同发展规划纲要，确立总体思路、发展目标、发展重点和保障政策与措施。

1. 建立京津冀地区历史文化遗产保护体系

在全面梳理京津冀地区历史文化遗产资源的基础上，建立京津冀地区历史文化遗产保护体系。该保护体系由物质形态和非物质形态两方面内容构成。其中物质形态由世界级文化遗产和国家风景名胜区、历史城区、古城、历史文化街区、历史文化名镇名村、不可移动文物和历史建筑以及工业遗产七部分组成。非物质文化遗产由传统文化、传统工艺美术、传统戏剧、曲艺、传统音乐、传统舞蹈、商业老字号、民间文学、民俗民风和历史地名等组成。京津冀地区历史文化遗产保护体系的建立，为该地区历史文化遗产的保护和旅游产业协同发展奠定了坚实基础。

2. 以皇家历史文化遗产为主题，以世界文化遗产为主轴线，对京津冀地区的旅游产业协同发展进行统筹谋划

故宫、长城和大运河是京津冀地区的世界文化遗产，京津冀地区的旅游产业发展规划要以皇家历史文化遗产为主题，以长城和大运河世界文化遗产为主轴线，按照点线面结合、物质文化遗产和非物质文化遗产保护与利用相互协同、历史文化遗产保护利用与旅游产业发展相互协同、京津冀地区旅游产业发展相互协同的原则，在旅游产品、旅游市场、旅游线路、旅游交通、旅游设施、旅游餐饮、旅游住宿、导游服务和旅游科技等方面进行统筹谋划，科学规划。

3. 加强京津冀地区内城市的联动协调与合作，建立稳定客源渠道

京津冀地区内各城市的旅游行政主管部门要主动接洽，积极融入京津冀地区旅游产业协同发展战略之中，形成"一盘棋"格局，协同组织，整体规划，全局考虑，培育稳定的客源市场。

4. 加强与国内外大型旅游公司及旅行社的长期合作，积极开发新的旅游产品

要与国内外大型旅游公司积极开展多种形式的合作，针对不同客源，

开发设计不同的旅游产品，如古城历史文化游、名镇名村游、长城怀古游、大运河休闲游、山水休闲游、红色资源游、绿色生态游和特色资源游等，满足游客的各类需求。

5. 加快京沈和京张城际高铁等交通设施建设，为旅游产业发展提供可靠的交通保障

京津冀地区旅游产业的协同发展需要高效快捷的交通提供支撑。近年来在国家的大力推动下，京津冀地区的交通取得了长足发展，京津、京沪、京广、津秦、津保高铁相继建成通车，京沈和京唐等高铁相继开工建设。可以预见，随着《纲要》的实施，京津冀地区的交通协同发展必将取得新的突破。而随着京津冀地区交通一体化战略的实施，京津冀地区的旅游产业协同发展必将实现质的飞跃。

6. 加强与腾讯网、携程网、途牛旅游网、去哪儿网等大型网络公司合作，大力发展"互联网＋"旅游，实现旅游业在互联网和大数据时代的新跨越、新发展

（四）健全工作机制，为京津冀地区历史文化遗产保护利用和旅游产业协同发展提供制度保障

自 2014 年 2 月中央提出实施京津冀协同发展国家战略构想后，北京、天津和河北三地旅游行政主管部门立即行动，建立协调发展工作机制。一是设立京津冀旅游协同发展工作协调领导小组及办公室，协商制定京津冀旅游协同发展战略目标、明确工作任务、督查工作进度、及时了解和掌握旅游协同发展中存在的问题，提出解决建议。二是建立京津冀旅游协同发展联席会议制度，就旅游政策制定、旅游规划对接、旅游产品开发、旅游市场共建、服务标准统一、旅游活动举办、旅游信息共享和旅游市场监管等问题进行研究。经过三地旅游行政主管部门的共同努力，目前京津冀旅游协同发展已经取得了很大进展，两年内已经连续组织召开 5 次京津冀地区旅游协同发展工作会议，共同编制了《京津冀旅游一体化协同发展规划》，联合发布旅游线路 56 条，开通了系列京津冀旅游专列和 40 余条旅游直通车和公交车，发行京津冀旅游一卡通 70 万张，联合举办 7 项大型旅游活动。下一步建议以此为基础，将三地的文物行政主管部门纳入进来，建立京津冀地区历史文化遗产保护和旅游产业协同发展工作机制，形成历史文化遗产保护利用与旅游产业相互支持、相互促进、

协同发展的局面。

（五）多方筹措资金，为京津冀历史文化遗产保护利用和旅游业协同发展提供可靠资金保障

实施京津冀地区历史文化遗产保护利用和旅游业协同发展离不开大量的资金投入。要做好资金筹措工作，须从如下几方面着手：一是将三地的历史文化遗产保护利用和旅游业发展资金分别纳入各级政府的财政预算，每年从地方政府财政收入中按比例提取部分资金，设立历史文化遗产保护利用和旅游业发展专项资金。二是由三地政府出资联合设立历史文化遗产保护利用和旅游业发展基金，共同投资建设京津冀地区范围内的大型历史文化遗产保护利用和旅游设施。三是积极拓展京津冀历史文化遗产和旅游业投融资渠道，鼓励采用 PPP 等建设方式，广泛吸引社会资本。四是充分利用证券和产权等市场交易平台，筹集社会资金。

（六）加强监管，建立健全规范有序的历史文化遗产保护利用和旅游产业监管体系

建议充分运用现代科技，共同建立京津冀地区历史文化遗产保护利用与旅游产业监管体系，严厉打击肆意破坏历史文化遗产、盗窃文物、欺行霸市和哄抬物价等各种不法行为。

（七）加强人才培育和培训，为历史文化遗产保护利用和旅游产业发展提供人才保障

市场经济竞争说到底是人才竞争，谁拥有更多德才兼备的高素质的人才，谁就能抢占市场经济的制高点。随着文化旅游产业的快速发展，亟须培育和培训更多的文化旅游产业人才，使之成为懂技术、会管理的能手。

（八）广泛宣传，为实现京津冀地区历史文化遗产保护利用和旅游产业发展提供正确的舆论导向

正确的舆论导向能鼓舞人，激励人，催人奋进。因此，要做好京津冀地区历史文化遗产保护利用和旅游产业发展工作，要发动广播、电视、网络、微信和报纸杂志等媒体，就京津冀历史文化遗产保护利

用和旅游产业的发展在政策制定、旅游资源、旅游产品、旅游线路、加强与周边地区合作等方面开展全方位广泛宣传报道，营造良好的舆论氛围。

Integrate Historical and Cultural Heritage and Promote
Coordinated Development of Tourism in Beijing, Tianjin and Hebei

Ren Yunlan

Abstract：The area of Beijing, Tianjin and Hebei boasts a vast variety of resources of time-honored cultural heritage, representing a merge of natural resources and cultural heritage. The article sorts out the cultural heritage as seen in the royal culture, military culture of the Great Wall, Dayunhe culture, Red Tourism Resources, Folk Customs and Culture and Library Collections in the area of Beijing, Tianjin and Hebei. The discussion is centered on the protection and use of historical and cultural heritage in the area of Beijing, Tianjin and Hebei and the coordinated development of tourism from miscellaneous perspectives including policymaking, urban planning, communication, education, sci-tech, fiscal policy, finance, supervision, publicity, and etc.

Key Words：Beijing, Tianjin and Hebei; Historical and Cultural Heritage; Tourism; Coordinated Development

以遗产旅游协同创新促进京津冀
历史文化认同

高大伟　孙　震[*]

摘要：文化认同是促进京津冀遗产旅游文化资源协同发展的关键因素，但在当前京津冀一体化的进程中，这种文化认同在理论认识不足、行政壁垒限制、资源碎片化利用、区域经济不平衡发展等方面面临着诸多的难点和困局，制约着京津冀文化资源的协同发展。本文试图通过对京津冀遗产旅游资源的全面分析，梳理出三地遗产旅游资源在历史和现代的相互内在联系，并结合各地"十三五"规划，在顶层设计、遗产挖掘、整体规划等方面提出有针对性的解决策略。

关键词：京津冀一体化；遗产保护；文化认同

京津冀一体化发展是党中央的重要战略决策，也是区域发展命运的重大转折。为此，从中央到京津冀地区都采取了一系列措施，极大地促进了协同发展。但在这一过程中，文化认同始终是薄弱环节。从全球范围来看，大约只有30%的经济合作是由于技术、资金或者战略方面出现的问题而搁浅，而大约有70%的经济合作是由于跨文化沟通方面的问题而造成的[①]。因此，没有文化认同就难以获得协同发展上的真正突破。对京津冀而言，整合历史文化资源，以旅游带动文化交流，是促进文化认同的一个现实而有效的策略。

---

* 高大伟（1968—　），男，江苏省，博士，教授级高工，北京市园林绿化局副局长，研究方向为风景园林。孙震（1980—　），男，硕士研究生，高级工程师，北京是颐和园管理处，研究室副主任，主要研究方向为园林文化与植物景观。

① 引自刘勇《京津冀协同要下好文化关键棋》，《光明日报》2015年7月29日第2版。

一　京津冀历史上同是京师重地，历史文化一脉相承

（一）燕赵大地独特的地域文化，是京师文化深厚的沃土

大禹铸九鼎，将天下分为九州，燕赵大地属冀州之地，独特的地理环境使它成为人类文明曙光最早的升起之地之一。放眼整个地区，既存在标志古人类起源的"北京人"，又存在标志着现代黄种人起源的"田园洞人"和"山顶洞人"；既有新石器时代的"东胡林人"及仰韶文化和龙山文化遗址，又有点燃了神州第一束文明火把的黄帝及其后人。这种集人类起源、新石器时代起源、国家文明起源于一体的地区，在世界上也极其罕见。

在此后几千年的文明进程中，燕赵大地形成了以旱地农耕文化为主，兼收半山地文化、半游牧文化和半滨海文化为特征的地域文化，为京畿地区留下了丰富的历史文化胜迹。

河北是文化遗产大省，旅游资源丰富，现有全国文物保护单位278处，居全国第三位。有历史文化名镇名村30个，其中国家级历史文化名镇4个、历史文化名村6个，中国景观村落1个[①]。另有3处世界遗产，分别是"承德避暑山庄及周围寺庙"（图1）、"明、清皇家陵寝"的子项目清东陵和清西陵及"长城"——河北段，国家级非物质文化遗产148项。

天津的发展相对较晚，明代始设天津卫，修筑天津卫城。清代乾隆年间才有"津门八景"之说，其景依次为三水中分、七台环向、溟波浴日、洋艘骈津、浮梁驰渡、广厦舟屯、南原樵影、西淀渔歌。但近代天津则成为对外开放的重要窗口。截止到2013年公布的第七批全国重点文物保护单位名单，天津累计有28处全国重点文物保护单位，21项国家级非物质文化遗产。

而北京的历史资源更不必说，作为六朝古都，拥有全国重点文物保护单位125处，世界文化遗产6处（图2、图3），62项国家级非物质文化遗产。

---

①　参见吴晓枫、王芳《地区历史文化研究在保护乡土建筑中的作用》，《河北科技大学学报（社会科学版）》2009年第4期。

图 1　承德避暑山庄

图 2　颐和园

图3　天坛

（二）800 多年的都城发展过程史，孕育了京师地区的丰富内涵

冀州自古以来就有"左环沧海，右拥太行，北枕居庸，南襟河济"的地理优势，北京能成为辽、金、元、明、清五朝帝都得益于这一地理环境。北京地处中国农耕板块与游牧板块的接合带上，前辽时期系中原王朝的"北门锁钥"，辽以后走上了帝王之都的历史进程，终成元、明、清三大统一王朝的不易之都。不论是"北门锁钥"还是"不易之都"，朝廷都会倾全国的人力物力来支撑这个不可替代之城。在这一资源、物质、人力和文化的汇集过程中，京畿地区作为首都的腹地，在服务与保障首都的过程中形成了丰富的文化内涵。这里有三条主脉：

一是皇家文化主脉。辽、金、元、清四朝都是北方少数民族政权，有着非单一统治中心的传统。辽代建有五京，金代建有七京，元政权有"两都巡幸制"，清则将避暑山庄作为游牧地区统治中心。为适应多中心的统治结构，辽保持着"四时捺钵"的习俗，金变成了"春水秋山"的游幸，元则是四季离宫的狩猎和游玩，清代则有了"木兰秋狝"和庞大的离宫体系。统治者活动范围的扩大，最直接的影响就是京畿地区皇家服务保障设施体系的完善和丰富。

二是长城文化主脉。燕赵长城是最古老的长城段，因地处京畿重地，明代重修长城时是最为坚固雄伟的一段，绵延 2600 多千米，占长城总长的三分之一，共有大小关隘 300 多处。长城既是防御工事，也是农耕文明与牧业文明连接的纽带，一部长城史，也是一部中华民族文明史。

三是运河文化主脉。京津冀地区社会生活特征与精神形态深受漕运影响，由此产生的运河文化，构成了京畿地区文化大观中浓墨重彩的篇章。天津是大运河载来的城市。从金代海陵王以今北京为中都起，为解决粮食问题，就修浚了天津河（今北运河），使南方的粮食经永济渠（隋唐大运河北段）到达直沽的三岔河口，并运往中都。为保证粮食运输安全，朝廷还在这一带设立了直沽寨。元朝在直沽设立了海津镇。进入明朝，朱棣设立了天津卫，南方的粮船可以从南运河到达三岔河口，在这里换船后，经北运河将粮食运往北京。由此不难看出，没有运河、没有漕运就没有天津的形成、兴起与发展，运河才是天津真正的"母亲河"。而北京通州作为漕运的终点，为了使漕运货物能够运至大都附近的积水潭，元代对城市水系进行了系统的改造和梳理，将玉泉山水汇入瓮山泊，再经长河导入积水潭，为西北郊大量园林的营建奠定了基础（图 4）。

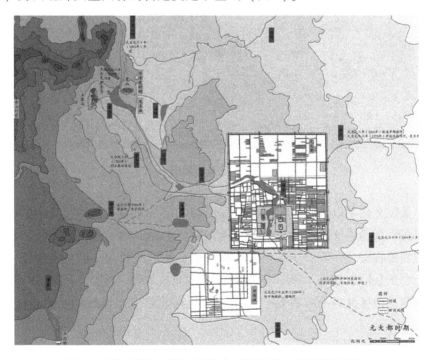

图 4　元代京城水系图（转引自《颐和园文物保护规划》）

（三）多民族文化的碰撞和交流，成就了京师区域内的多元文化特色

北京从辽金都城，到元大都，再到明、清北京城，游牧民族、农耕民族和渔猎民族分别居于统治地位，成为"三大文化"的交汇点①，每次朝代更替都伴随着民族人口的迁徙和民族文化的整合。这一过程不仅集中在都城，而是遍布京畿地区。各民族在相互学习和借鉴的过程中，共同成就了多元共生的京师区域文化（图5）。

图5　乾隆狩猎图

辽代文化是以契丹族为主的北方民族文化与中原文化的组合。金文化是原有女真渔猎文化、契丹游牧文化，以及中原文化的融合。元代文化是蒙古族游牧文化、吸收了辽金文化和中原文化后的整合。明、清两朝京师文化也正是沿着这一继承和整合的道路走向成熟的。在这一文化体系中，京津冀各地区又各有互补性。如满族文化在北京主要体现的是贵族文化，

---

① 苏怡：《平地起蓬瀛，城市而林壑——清代皇家园林与北京城市生态研究》，天津大学硕士学位论文，2001年，第68页。

而在河北体现的是民间文化，河北丰宁即以"皇家满族看京城，民间满族看丰宁"为文化品牌。

（四）近现代中国革命的历史激荡，丰富了京师地区的现实文化意义

京津冀地区是我国近现代革命的中心，有着大量的历史和文化遗迹，这些遗迹很多是国家级文物保护单位，如北京的北京大学红楼、宋庆龄故居（图6）、东交民巷使馆建筑群、辛亥滦州起义纪念园、孙中山行馆、北京丰台区长辛店"二七"大罢工旧址等。天津有梁启超旧居、义和团吕

图6　宋庆龄故居

祖堂坛口遗址、北洋水师大沽船坞遗址、塘沽火车站旧址等。河北则更为丰富，有石家庄的西柏坡中共中央旧址、张家口的察哈尔都统署旧址、秦皇岛的山海关八国联军营盘旧址、唐山的李大钊故居、保定的保定陆军军官学校旧址、邢台的义和拳议事厅旧址、邯郸的八路军一二九师司令部旧址等。这些近现代文化资源作为一个整体，记录着近现代革命的脉络，是发展红色文化旅游的重要载体。

二　京津冀历史文化资源整合面临的困局与问题

（一）认识和理论的局限，限制了区域文化旅游协同的视野

缺乏对区域历史文化遗产的整体价值认同，缺少区域合作的意识，没有形成互惠互利的观念，限制了三地间协同创新的视野：一面是北京游客超过承载量，造成景区环境破坏；另一面是河北、天津的许多优秀文化资源无人问津，造成大量旅游资源的浪费。同时，以地方利益为前提的政策导向使雷同的文化或旅游项目在区域内盲目重复建设，造成旅游资源和建设资金的严重浪费。

（二）行政区划的壁垒，制约了历史文化旅游的协同发展

京津冀地区虽然地域上紧密相连，却分属三个不同的行政区域。首先，长期的行政壁垒，对京津冀文化一体化保护和协同发展产生了严重制约。如从交通来看，京津冀三地虽然有多条高速公路贯穿，但存在断头路多、关卡林立、互设障碍的现象，提高了三地间旅游的成本，尤其河北的一些通往旅游景区的道路狭窄，路面崎岖不平。其次，旅游企业合作不紧密，缺少在资金、人事、管理、运作品牌等方面联系密切的企业集团，京津冀地区旅游企业之间的合作也多是暂时性的，没有形成长期、稳定、规范的合作机制，各地区之间的旅游龙头企业缺少实质的合作，导致京津冀旅游不能对外形成一个统一的形象。此外，旅游合作信息建设也较为滞后。

（三）资源的碎片化使用，弱化了优秀历史文化的弘扬和利用

京津冀历史文化遗产资源虽多，但文化景区较为分散，缺乏统一规划，各自单打独斗，长期碎片化的利用导致各地文化遗产没能发挥其综合价值。

三地的皇家园林、陵寝，王府园林，私家园林，近现代建筑都十分丰富，但资源的碎片化利用导致同质资源未能整合，旅游信息缺失，游客难以得到全面的文化体验；最为重要的是很大程度上制约了相邻景区的客源互动、优势互补和市场规模，造成资源和投资浪费。

（四）区域经济社会发展水平的差异，客观上影响了历史文化遗产的交流和合作

三地经济社会发展的不平衡，也是制约京津冀文化协同创新的重要因素，同样历史价值的景区，在北京由于有政策、资金和信息支持，旅游设施配套齐全，门庭若市，而河北的许多历史名胜服务配套不全，门庭冷清。同时经济水平的巨大差异，使旅游业发达的北京缺乏与天津和河北协调的主动性和动力。

三　在京津冀协同创新过程中推进文化遗产旅游事业发展

上述问题限制了京津冀文化资源的整合，从而抑制了京津冀文化遗产旅游事业的发展，如何能突破这种限制的束缚，促进这些资源的整合，使其发挥最大的效益？首先需要清晰的顶层设计，其次是更加全面的资源挖掘，之后需要针对这些资源进行更加具体的整合设计，最后还需要创新的思维和合作模式。

（一）清晰而高标准的顶层设计，是实现京津冀文化旅游一体化发展的首要条件

2014年，"京津冀一体化"一词跃然纸上。习总书记在两会中明确表示，京津冀无论是历史文化还是地域习惯，都是一脉相承的，所以我们要打破地域思维，进行京津冀资源共享以及经济协调跨步发展，更好促进"京津冀一体化"。中央把京津冀协同发展确立为新时期的重大国家战略，为强化顶层设计，2015年京津冀三省市将会同中央有关部门共同编制《京津冀协同发展规划纲要》，统筹推进实施，并研究制定土地利用、城乡、生态环境保护等专项规划。

为落实《京津冀协同发展规划纲要》，北京、天津、河北的"十三五"规划中都把京津冀协同发展放在前所未有的高度，如《北京市十三五规划纲要》指出："紧紧把握北京在京津冀协同发展中的核心地位，发挥比较优势，发挥示范带动作用，创新合作模式，加快推动错位发展与融合发展，实现区域良性互动。"这表明三地政府已经开始深入研究城市战略定位，试图打破传统的孤立发展思维，突破行政区划概念和行政壁垒，制定京津冀历史文化资源保护与利用的一体化规划。

　　在硬件改善方面，需要加快京津冀都市圈旅游环境建设。目前"三小时直通京津冀"已成为现实，在此基础上，应考虑在京津冀三个行政区域最紧密的范围内，撤销公路分散收费的关卡，使公路交通更加通畅，同时加强主要旅游景区的直通旅游交通建设。旅游部门也要和环保、绿化、通信等部门相互沟通，共同为旅游业创造一个良好的外部环境。三地的规划都把交通作为率先突破的着力点，如《北京市十三五规划纲要》明确指出：推进京津冀交通一体化发展，推动首都外环线、北京新机场等重大交通工程建设，协同建设"轨道上的京津冀"。《河北省十三五规划建议》也指出：完善公路交通网络，打通高速公路"断头路"，拓宽国省干线"瓶颈路"。

　　在软件上，迫切要对三地的文化资源进行必要的梳理、整合，挖掘其整体文化潜力，使旅游线路更加完善，各文化资源之间的联系更加紧密，减少同质化竞争造成的浪费。

（二）深层次研究挖掘京津冀的历史文化及其社会文化价值

　　区域文化可以为区域经济和社会发展提供智力支持与精神动力。京津冀三地历史文化的认同，必须建立在区域整体文化的自觉和自信的基础上，因此必须加强对三地历史文化遗产价值的挖掘和研究，推动建立京津冀三地历史文化遗产共同保护利用机制。

　　北京市区的文化旅游资源名气很大，皇家园林、私家园林、王府园林蜚声海外，世界游客趋之若鹜，然而京郊及河北、天津两地有许多自然或人文条件很好的旅游资源并没有被充分挖掘，在某种意义上说是一种资源浪费。因此挖掘分析河北、天津的旅游资源，与北京进行整合，使京津冀旅游资源合理分布，是促进京津冀文化一体化发展的基础和关键。

　　文化大省河北的遗产资源丰富，皇家文化、宗教文化、民俗文化异彩纷呈，与北京文化相近，人缘相亲，有着一脉相承的历史文化渊源，区域文化有着较强的认同感。

　　例如保定自古为京畿重地，元朝设郡，明朝建府，清朝为直隶总督署，一直为京畿之地的中心城市（图7）。保定的古莲花池是全国文物保护单位，与保定城同时建设，至今已有800余年，其悠久的历史、高超独特的造园艺术在中国园林史上独树一帜（图8）。正定历史文化悠久，文物古迹众多，素有"九楼四塔八大寺，二十四座金牌坊"之说，现存国保

图 7　保定直隶总督府

图 8　保定古莲花池

单位 7 处；隋代的隆兴寺是我国现存的著名十大佛教寺院之一，梁思成先生评价说："京外名刹当首推正定府的隆兴寺。"

两处皇家陵寝也是重要的文化旅游资源。清东陵占地 78 平方千米，是我国现存规模最宏大、体系最完整、布局最得体的帝王陵墓建筑群；清西陵保有最为茂密的风水林。

清代皇家猎苑木兰围场，自古以来就是一处水草丰美、禽兽繁衍的草原，清代康熙到嘉庆的 140 多年里，行木兰秋狝达 105 次。围场不仅是著名的狩猎名苑，更是一个四季分明、气候宜人、风景优美的旅游胜地。

天津与北京唇齿相依，封建时代的天津卫城，就是在作为首都北京的战略防卫要地和漕粮转运枢纽的背景下建立与发展起来的。天津园林文化的兴盛始于明代。明代疏浚京杭大运河后，"九州万国贡赋之艘，仕官出入，商旅往来之帆樯。莫不栖泊于境，实为畿辅之门户……"同时，经济的繁荣也促进了南北文化的交流，大批江南文士往来于厮。以文会友，饮酒游园。而萌生于那时的"沽上园林"便借鉴了江南的造园技艺。19 世纪中叶天津开埠通商之后，作为中西方文化碰撞和交流的前沿，天津出现了西方格调的租界花园和大批风格迥异的花园、公馆和别墅，津城园林呈现多元化的趋势，形成"中西合璧，古今交融"的独特园林风貌①。

（三）加强京津冀文化旅游的系统性和整体性规划设计

在挖掘三地各自景观文化的基础上，要想让游客能真正体验到全方位的文化盛宴，还需要对北京 125 处、河北 278 处、天津 28 处全国文化重点保护单位和 231 处非物质文化遗产进行分析、整合，并制定统一的旅游规划和设计，挖掘其内在联系，建立逻辑谱系。

北京虽然有着故宫、颐和园、天坛、北海等诸多皇家园林，但单凭北京的园林景观还不能诠释整个皇家园林，承德有康熙修建的规模宏大的皇家园林避暑山庄和皇家寺庙群外八庙，蓟县盘山有第二大皇家行宫静寄山庄。此外清代皇帝巡游，在从北京到木兰围场的路上修建了大量的行宫园林，如乾隆朝东路七大行宫：盘山行宫、燕郊行宫、白涧行宫、隆福寺行

---

① 耿发起、郭喜东：《构建天津滨海新区特色园林文化》，《城市》2007 年第 9 期，第 14 页。

宫、桃花寺行宫、大辛庄行宫、丫髻山行宫、汤泉行宫①，构成一个完整的园林序列，这些行宫园林有的依然存在，有的已经湮灭，但都有文化可以挖掘。

京津冀国家公园的建设是京津冀文化生态旅游的另一体现。河北省政府发布的《河北省建设京津冀生态环境支撑区规划（2016—2020 年）》指出：未来 5 年，河北省将在张家口赤城县大海陀、承德雾灵山、保定野三坡等地与北京市共同建设具有生态保障、水源涵养、旅游休闲、绿色产品供给等功能的环首都国家公园，并给出具体工程时间表：到 2017 年，建设香河、官厅水库 2 处国家湿地公园和北戴河海蚀地貌国家级海洋公园 1 处。依托怀来县黄龙山庄、沽源县金莲山等省级森林公园，规划建设国家森林公园。到 2020 年，依托大海陀国家级自然保护区、雾灵山国家级自然保护区、野三坡金华山——横岭子自然保护区，推动国家公园建设。

（四）积极推动协同创新的广泛合作和交流

创新合作机制是促进京津冀文化发展的必要措施和手段。

一是要注重"概念"的挖掘。如"大故宫"的概念将沈阳故宫、台北"故宫"、承德避暑山庄、三山五园等皆纳入故宫"姻系"，从而使游客能全面了解皇家文化。京津冀运河文化旅游休闲带、长城文化旅游线、皇家园林行宫游等旅游概念，都可以成为京津冀历史文化旅游协同创新的选题。根据《北京市十三五规划纲要》，"十三五"期间北京将挖掘区域文化遗产整体价值，制定实施北部长城文化带、东部运河文化带、西部西山文化带保护利用规划，这些概念都是京津冀共同的资源，如运河文化带不仅包括北京通州的运河，河北、天津武清都是运河文化带的重要组成部分。

二是要充分发挥市场机制。通过相互开放市场，促进区域内旅游者和旅游业资金、资产、人才等生产要素的自由流动，实现区域内生产要素的最佳配置。利用资本手段，打破所有制的界线，充分发挥国家和民营经济的积极性，鼓励旅游企业实现跨区域联合，组建跨行业、跨地区、跨所有制的大型旅游企业联合体，通过大型旅游企业带动京津冀都市圈旅游业的

---

① 参见朱蕾《境惟幽绝尘，心以静堪寄——清代皇家行宫园林静寄山庄研究》，天津大学硕士学位论文，2004 年，第 13 页。

协同发展。

三是要加大对京津冀世界文化遗产的整体文化营销，扩大对外影响力。通过世界文化遗产的带动，开展京津冀整体文化包装，进行京津冀世界遗产精品游系列的线路策划与组织，扩大京津冀旅游业的知名度；构建统一的区域旅游网络营销系统和旅游电子商务服务平台，加强三地的文化旅游、自然旅游和红色旅游的开发宣传，策划设计共同的旅游宣传口号，强化京津冀文化旅游的整体形象。

四 结语

随着时代的发展，京津冀正在形成相互依存、相互影响的文化共同体。在这一文化认同的进程中，历史文化遗产旅游是最受欢迎的一种方式，必将发挥潜移默化的先导作用。

Promote the Historical and Cultural Identity of Beijing-Tianjin-Hebei with the Heritage Tourist Coordinated Innovation

Gao Dawei   Sun Zhen

Abstract：Cultural identity is a key factor to promote the coordinated development of tourist culture resources in Beijing-Tianjin-Hebei, but in the process of Beijing-Tianjin-Hebei integration, lacking of theoretical knowledge, restricting of administrative barriers and utilizating resources fragmentedly are the difficulties of the cultural identity, which constrainted the coordinated development of Beijing-Tianjin-Hebei. In order to study the historical and current intercommunication of the three places' tourist culture resrources, Beijing-Tianjin-Hebei's tourist culture resources was completely analyzed and summrized; and combining the Thirteenth Five-Year Planning, in the aspect of top design, heritage excavation and overall plan, the pertinent suggestions were made.

Key Words：Beijing-Tianjin-Hebei Integration；Heritage Protection；Cultural Indentity

新型首都圈与京津冀的文化传承

梁纯信*

摘要：京津冀协同不只是现代人的想象，而是历史的延续。京张古道上宣化古城"神京屏翰""声通天籁"匾额和鸡鸣山驿等，共同承载着先辈留下的北京与北部地区在政治、军事、文化上强势关联的宝贵记忆。以北方游牧民族为主的边缘文化强力渗透，极大改造了华夏传统文化特质。"后中原时代"的来临，孕育了北京首都文化圈层及其核心。京津冀是这一圈层结构的最内层。因此，京津冀协同发展是一种有深厚文化底蕴的历史传承，是打造"新型首都圈"的时代要求。

关键词：新型首都圈；京津冀文化传承

《京津冀协同发展规划纲要》提出"加快打造现代化新型首都圈，努力形成京津冀目标同向、措施一体、优势互补、互利共赢的协同发展新格局，打造中国经济发展新的支撑带"。"新型首都圈"当如何解读？如果京津冀协同不只是现代人的想象，而是历史的延续，那么，具体的历史传承关系如何梳理，本文就此做一粗浅探求。

一 循文取意——从"神京屏翰"与"鸡鸣山驿"说起

北京至张家口古道上重镇——宣化古城有一座镇朔楼，属国家重点文

---

* 梁纯信（1946— ），男，张家口历史文化研究会（副会长），张家口晋察冀边区文化研究院（副院长），高级工程师，主要从事张家口历史文化、晋察冀边区文化、城市规划、旅游等方面的研究。

物保护单位，楼上现存清乾隆帝御笔亲书"神京屏翰"匾额；还有同为国家重点文物保护单位的清远楼悬挂"声通天籁"匾额。在古道的怀来县与下花园区交界处有鸡鸣山和现存国内保存最完好的古驿城鸡鸣山驿，也属国家重点保护文物。几件国宝串联镶嵌在京张通衢之上，确实意义非凡。一般认为乾隆题匾是源于《诗·小雅·桑扈》"君子乐胥，万邦之屏。之屏之翰，百辟为宪"。常解释为"屏障"。其实，只说屏障，"屏"字足矣。"翰"可释为屏障，但还指喻"人才"，"卫国重臣"。而最基本的解释是"天鸡，赤羽"。"翰"为"长而坚硬的羽毛"，所谓"鸟羽之长而劲者为翰，高飞持之，亦所以卫体"。《礼记·曲礼》曰"凡祭宗庙之礼……羊曰柔毛，鸡曰翰音"。后因此以"翰音"为鸡的代称。《说文》中有文翰者，若皋鸡（锦鸡）。清远楼"声通天籁"匾额可理解为称颂钟声悠远洪亮。"天籁"本意为自然之声，如与乾隆题匾所用"翰"字联想，其"声"难道不可以解读为"翰音"？

　　"驿"是马为主要交通工具时代人马休息、停驻之处。为何以"鸡鸣"命名此山、此驿？有许多传说故事，如赵襄子杀代王，其姊代王夫人，于此山磨笄自杀，夜有野鸡鸣；唐太宗北伐至此山闻鸡鸣；等等。传说自有缘由。但"鸡鸣"在古文人心中则是"翰音"。唐代诗人王勃写有一首历来很为文人墨客称道的骈文《檄英王鸡》①。文中有名句："登天垂象于中孚，实惟翰音之是取。"直接以"翰音"代"鸡"。（"中孚"为卦名，卦形外实内虚，喻诚信、中正。）关于鸡鸣驿的设立，目前可信的说法是元代正式建立。鸡鸣山的命名在建驿之前。记载北魏文成帝、唐太宗、辽圣宗、萧太后、元顺帝、明英宗等都登临此山。清康熙帝四次驾临下花园，两次登山。曾长期执掌辽国朝纲的萧太后，更是长住鸡鸣山麓，辟下花园为皇家花园。这就说明，至少远在南北朝，特别是辽代以降，各朝对鸡鸣山、鸡鸣驿，亦即张宣一带都格外关注。

　　台湾历史人类学学者王明珂认为："我们主要探索的并不是过去曾发生的事件，而是古人为何要以文献与文物来组织、保存某种记忆，也就探索古人的'意图'及其社会背景。"② 只有深究历史的记忆和叙述背后的社会情境和思想背景，才能以一种理解与阐释的精神面对历史。因此，将

---

① （唐）王勃：《檄英王鸡》。

② 王明珂：《华夏边缘——历史记忆与族群认同》，浙江人民出版社 2013 年版，第 31 页。

题匾"神京屏翰""声通天籁"与鸡鸣山驿赋名联系起来，似乎牵强，但似乎也透露出一种可演绎、阐释的内涵关联。使人感觉到古人，包括最高统治者皇帝都认为，长期以来，以宣化为代表的张宣地区，不仅是拱护京畿的要塞，而且是仁立的雄鸡。在中华民族悠久的融合发展史上，声与自然之声相协和，"登天垂象"，引吭高歌，可以警示边患；不息地呼唤、唱和长城内外，可以上达天庭；成为汉与"夷"文化上认同的纽带。可以看作先辈留下的北京与北部地区在政治、军事、文化上强势关联的宝贵记忆。

二　"后中原时代"的来临,孕育了北京文化核心

王明珂认为，族群认同是建立在历史记忆之上的。是族群的边界而非族群的内涵造成族群。强调应该用"文本分析"的方法来研究历史文献与考古器物，即研究历史文献与考古器物作为一种记忆的"文本"是在什么样的社会文化的语境场景中生产的，以及这些作为记忆文本的历史文献与器物在当时社会中的流动，又是如何使生产它的社会情境得以在现实生活中浮现，甚而被强化的。

上面将匾额题词与驿名既看作文献，也看作器物进行阐释想象，是认为它们表达了一种圈层核心与边缘的场景，以及边缘与核心沟通的文本和历史记忆。

徐宏在《前中国时代与"中国"的初兴》① 一文中提出"我们倾向于以公元前2700年前后东亚地区最早的核心文化——二里头文化，最早的广域王权国家——二里头国家出现为界，把东亚大陆的早期文明史划分为两个大阶段，即以中原为中心的'中原（中国）王朝时代'，和此前政治实体林立的'前中国时代'和'前王朝时代'"。笔者认为，是否"二里头文化"是东亚大陆早期文明的分期界限，可以商榷。但文中所做出的文明分期概念很有启发意义。明确了以黄河和长江流域为腹心地区的早期中亚文化，或曰中国文化，从孕育到成型的转变过程。在此，笔者试图继徐文的两阶段——"前中国时代"和"中原（中国）王朝时代"，提出中国

---

① 徐宏：《前中国时代与"中国"的初兴》，生活·读书·新知三联书店《读书》月刊2016年版，第8页。

文化发展的第三个阶段——"后中原时代"。由动乱的五代十国开始，后及宋代，"中原（中国）王朝时代"被改变。出现了由辽金元延续至今的"后中原时代"。

　　黄仁宇也说，元朝建立"九十年后，这个中国史上空前的大帝国被明朝取代，中国历史开始新的阶段——第三帝国"。[1] 徐宏文中还提出"最接近'中国'一词本来意义的是'王国都城及京畿地区'，那里是王权国家的权力中心所在，已形成具有向心力和辐射性的强势文化'磁场'。其地理位置居中，有地利之便，因此又称为'国中'、'土中'或'中原'"。[2] 据此可以理解为，一个时代的文明，往往集中体现在首都及其周围。"后中原时代"重要历史标志就是国家定鼎北京，逐步围绕北京形成核心文化圈层。

三　"后中原时代"中国文化的形成

（一）"中原时代"文化蜕变的必然性

　　宋朝（960—1279）上承五代十国、下启元朝，是中国古代历史上经济、文化教育与科学创新高度繁荣的时代。当时中国GDP（国内生产总值）占世界60%，为各朝代第一。其间开始了中国经济社会文化大转型。西方与日本史学界也有宋朝是中国历史上的文艺复兴与经济革命时代的认识。

　　（1）政权分裂造成了秦汉以来大统一国家道统的断裂。北方五代各朝本质上是唐后期藩镇割据政治的延续。黄巢起义使割据形势更甚。部分实力雄厚的藩镇被封为王，实际上已是高度自主的王国。但，他们虽然掌控中原与关中地区（除后梁未控制关中），却没有像唐朝一样成为所有藩镇认可的共主，主要势力范围也不出华北地区。南方十国则往往采取联合北方契丹制约中原的策略。中原为代表的中国又呈现出如东周的邦国林立局面。契丹、女真、蒙古等北方民族崛起，成为一股股与中原宋王朝对峙的强悍势力。因此，汉民族占统治地位，大一统的"中原（中国）王朝时

　　[1]　黄仁宇：《中国大历史》，生活·读书·新知三联书店1997年版，第163页。
　　[2]　徐宏：《前中国时代与"中国"的初兴》，生活·读书·新知三联书店《读书》月刊，2016年版，第7页。

代"在五代至宋,政治上已经趋于结束。

（2）作为精神文化基础的经济结构发生了巨大变化。从社会经济结构看,随着农业、手工业的发展,商品更加丰富,商品结构明显变化,内贸空前活跃。最突出的是地区间粮食转运市场格外发达,"千里不贩籴"的旧格局被完全打破,形成了多个规模很大的商品粮输出基地。商品经济活跃,使商人的地位提高,对经济发挥了桥梁和纽带的重要作用。手工业者流动务工,领取计时、计件工资,成为自由职业者,出现了近现代工人阶级雏形。城市周围和农村交通要道附近集市逐渐形成大量城镇。

以"互市"为代表的对外贸易也出现了新的转型和繁荣。"互市"是中国历史上中央王朝与外国或异族之间贸易的通称。其演进大致经历了自汉代开始向西北,与乌桓、鲜卑、匈奴等族群贸易为主的陆路互市;魏、晋以后,海上贸易迅速发展,中唐时,东南海运大盛,海上互市超过陆上。到辽、金、元、明、清代,与北部各少数民族及俄国、边外的互市再次繁盛,明、清的海禁更促进了外贸的陆上转向。于是,"互市"总体呈现出一个陆上—海上—陆上为主的发展过程。宋以后多伦诺尔、张家口、归化城、肃州、哈密、库仑、恰克图、乌里雅苏台、伊犁、塔尔巴哈台,以及喀什噶尔、叶尔羌、阿克苏等处,均逐渐成为重要的互市点。对外贸易重心北移,既增强了对北方的关注度,又促进了内地与边缘地区的经济文化交流。

（二）"后中原时代"文化的基本形成

政权和经济社会变革反映在文化上,则出现了宋明理学为代表的文化转型。现在理解,它是一种适应历史的文化大融合。基本取向为既贯通宇宙自然（道教）和人生命运（佛教）,又继承孔孟正宗（根本）,并能治理国家（目的）的新儒学思想体系。勉强维系了近两千年的儒家所代表的传统中原文化,不得不让位于被北方草原游牧文化强行注入而改造过的新的中国文化。中原文化的蜕变呈难以阻挡之势。主要表现是:

1. 以儒家为基础的中原文化主流延宕,华夏的基本文化传统仍得以保留

无论是张载、周敦颐、"二程",还是朱熹、王阳明,其出发点都是在延续中匡正儒学,力图根基不动。即使被中原汉族称为戎狄的北方"边

缘"民族，由于长期受中原文化的浸淫，也大多深度汉化。辽、金、元、清几代王朝，都用汉人入朝从政；都教习汉语、儒学。有一个很有趣的例子——清雍正皇帝曾亲自编纂《大义觉迷录》为自己辩白。事出雍正六年（1728）曾静谋反，发檄文，历数清王朝，主要是雍正十大罪状。核心是说"满人夷狄，入主中原，得统不正，导致天怒人怨，天崩地塌，灾害不断"①。对此雍正一反历代黄帝对忤逆者格杀勿论的做法，自信"大义觉迷"，真理化人，"无物不可化诲"。采取攻心为上的策略，果然使曾静悔悟。于是特谕，着将"悖逆之言及朕之谕旨，一一刊刻，通行颁布天下各府州县远乡僻壤，俾读书士子及乡曲小民公知之"②。并连同曾静的忏悔书，约12万字，以《大义觉迷录》颁行天下。雍正在特谕中说："在逆贼等之意，徒谓本朝以满洲之君，入主中国之土，妄生此疆彼界之私，遂故为讪谤诋讥之说耳。不知本朝之为满洲，犹中国之有籍贯。舜为东夷之人，文王为西夷之人，曾何损于圣德乎！《诗》言'戎狄是膺，荆舒是惩'者，以其僭王猾夏，不知君臣之大义，故声其罪而惩艾之，非以其为戎狄而外之也。若以戎狄而言，则孔子周游，不当至楚应昭王之聘；而秦穆之霸西戎，孔子删定之时，不应以其誓列于《周书》之后矣。"③他强调"华夷无别"，自己虽是满族人，但也可以和舜、文王一样合法地做中国的皇帝。因此，不仅入主中国理所当然，弘扬儒家为代表的中华文化也自认为责无旁贷。因而中原文化基础得以保持。

2. 以北方游牧民族为主的边缘文化强力渗透，极大改造了华夏传统文化特质

"开放的世界观念滋育了蒙古人在文化上的开放观念。正是由于这样的背景，元朝统治时期成为中国历史上多元文化交相辉映的著名时代。"④元至正二年在居庸关南口依藏传佛教喜马拉雅风格建三座汉白玉覆钵状白塔，其底座至今尚存用梵、汉、藏、八思巴蒙文、畏兀儿、西夏六种文字书写的陀罗尼经咒语。元大都北京西城，建藏地密宗仪轨的妙应寺白塔等，都成为元代文化融合的见证。台湾学者汉宝德说："中国中世的文化，

---

① 王慧敏：《雍正自白》，民族出版社1999年版，第2页。
② 同上书，第3页。
③ 同上书，第85页。
④ 葛剑雄主编《千秋兴亡》丛书之六，姚大力《"天马南牧——元朝的社会与文化"》，长春出版社2005年版，第31页。

自六朝发轫，至唐而大盛，到宋已成强弩之末。精致而高雅的气质，敌不住北方的强敌，终于使恢复了这个文化传统的宋王朝因而倾覆。""近世的中国文化，其动力是北方民族，也一直以北疆为政治之重心。这些民族，尤其是辽金两代，几百年来与中国冲突或共处，吸收了很多汉族文化。在中原强盛的时代，他们接受汉文化，保存了北方原野民族的强悍的生活方式；所以他们事实上是仰慕中国文化的。一旦有机会统治了中国，他们很快就把自己的简单的文化基础融合在中国文化之中……""这些豪迈、粗犷的域外民族，带来的文化虽然简单，却强而有力。首先，他们渐把单色的优雅的宋文化，改变为具有装饰性的、彩色的文化。辽、金、元可以说是近世文化的发轫期。"① "元人是一度掌握欧亚大陆的民族，他们的气魄就不会完全屈服于汉文化之下，而是以大漠带来的文化为主体，这时候中亚的技术与价值观也带进来了"。② "金、元是我国近世文化的开端，也是上承中世文化的转折点。"③

文化渗透融合不只在上层，民间通俗文化更加活跃。如汉宝德指出："真正的通俗文化是自北方开始的，因为北方没有王朝所不得不尊重的传统制度。"④ "中国文化的通俗化与民间化可说是普遍而彻底的，此可能导致明代的沦亡。"⑤ "随着穆斯林世界的波斯人、阿拉伯人、中亚伊斯兰化突厥人大批地被……强行签发或自愿地徙居中土……回回文化在中国的影响远远超出宗教的范围。元代在上都建立回回天台……有'西域仪象'七件"。"欧几里得几何学最早就是由回回学者介绍到元代中国来的。"⑥

据认为契丹人发展了汉族的军事文化。回族则发展了汉族的饮食、服装文化——如蒸馏法酿酒、果露、医用糖浆、卷煎饼、织金锦缎"纳失失"、长毛呢"速夫"等。

更有甚者，人种之间也广泛融合，除去民间自愿通婚，"对于此时尚留在中国境内的蒙古人和色目人，明朝新皇帝另有指令处置，他们不得同种互婚，亦即是婚嫁必以汉人为对象"。⑦

---

① 汉宝德：《中国建筑文化讲座》，生活·读书·新知三联书店 2006 年版，第 69 页。
② 同上书，第 70 页。
③ 同上书，第 73 页。
④ 同上书，第 70 页。
⑤ 同上书，第 72 页。
⑥ 同上书，第 35 页。
⑦ 同上书，第 181 页。

3. 中华族群的再造最终确立了"后中原时代"和北京首都圈

"清中叶以来西力东渐影响下，近代中国发生了所谓'千古未有之大变局'，此变局之一便是华夏边缘再造，及因此产生的新的中国与中华民族。"① 北京北部由阴山、燕山和桑干河、洋河及永定河等自然生态和历代长城、古镇、道路、驿站等层层叠叠的人工构筑物组成的历史场景，既是以中原农耕文化为代表汉族群（旧时华夏）的圈层边缘，也是以游牧文化为代表被称作蛮夷等族群的圈层边缘。

接受"民族主义"与相关"民族"概念洗礼的晚清中国知识分子，忧心西方列强势力在中国及其周边地区的扩张，极力呼吁民族团结及唤醒国魂。在早期革命派人士排满兴汉之民族意识下，这个国族曾指的是传统"中国"概念中受四方蛮夷包围的"汉族"，也就是华夏；在立宪派知识分子心目中，此国族则包含满、蒙等族。后来在欧美列强积极营谋其在西藏、蒙古、东北与西南边区利益的情况下，受西方理论浸染的近代中国知识分子，对"旧帝国边缘的边藩、属部、部落与土司之民，以及由于汉化及土著化所造成的广大汉与非汉区分模糊的人群，在经由一番学术调查研究、分类与政治安排后，被识别而成为一个个少数民族"。② 合"华夏"（核心）与"四裔蛮夷"（边缘）而为"中华民族"，逐渐成为晚清许多中国知识分子心目中的国族概念蓝图。于是在此国族蓝图下，原中原的华夏"汉族"与少数民族共同构成中华民族。

一方面书写国族历史（或民族史），另一方面重新认识及描述国族边缘人群，这便是近代"华夏边缘再造"和"国族再造"。现在我们所称谓的少数民族，其实主要是近代华夏边缘再造被赋予所形成的。由于北疆的各游牧民族与西、南边疆各民族不同，常聚为强大的政治军事体以威胁、掠夺中原，其再造成为重点。也就是重点融合中原与北部边缘各民族，最终完成了"中国"政治、经济、社会、文化由中原向北部（包括西北部）为主的时代转型——转入"后中原时代"。并塑造出这一时代新的核心——北京首都圈。

这一再造也是历史的必然延续。古人早总结为："进于中国，则中国之"；"进于夷狄，则夷狄之"。许多所谓夷狄早已追索自己的祖先为炎黄

---

① 汉宝德：《中国建筑文化讲座》，生活·读书·新知三联书店2006年版，第244页。
② 同上。

后代。如满族祖源为黄帝孙"般"的后代；蒙古族祖源匈奴为黄帝之后"淳维"的子孙；回族出于安息，为黄帝之孙"安"在西方所建之国；藏族出于西羌，黄帝之裔"休"是西方诸羌之祖；许多苗族的先辈在明清时曾因不堪受歧视而自称黄帝子孙，如今他们又骄傲地宣称是蚩尤子孙。因大家都是炎黄子孙，所有的历史纷争都是"兄弟阋于墙"而已。民族和国族再造，顺理成章，顺势而为，使得各民族化解纷争、共享资源的意愿终成正果。

四 "后中原时代"以北京为中心的京津冀文化

为何宋以后历代王朝都将北京作为首都？往往众说纷纭，莫衷一是。

以《太平御览》"王者受命创制建国。立都必居中土，所以控天下之和，据阴阳之正，以制万国者也"。这只是常识，起中心作用的放在中心最好。并未回答北京不是国土的中心，为何辽金以后定都于此。《日下旧闻考》说："幽州之地，左环沧海，右拥太行，北枕居庸，南襟河济"，"绵延千里，重关峻口"，"独开南面，以朝万国"。细琢磨也只是描述了北京的地理位置和地形，并没说出深刻的缘由。

一个国家定鼎何处确有偶然性。比如明成祖迁都北京，认为一是曾封地在燕，有基础；二是靠近抵御残元势力的前沿便于军事指挥，调度；还有就是避开下落不明的建文帝势力阴影等都是原因。但是从大历史的角度观察，其偶然性当中的必然性在于精神文化大趋势的强力推动。美国汉学家费正清这样认为："北京远离中国人口和生产的中心地区，易受游牧民族的侵害，而且严重依赖长江地区的产粮，但它却成为好几个政权的首都，实在太令人惊奇了。这绝不可能是巧合，原因之一就是中国的首都必须同时也是亚洲腹地非汉族地区的首都。'蛮夷'们始终是中华帝国军事和政治的有机组成，结果中国的首都自然就要向边境移动了。"①

元代自不必说。从明代看，有研究认为明继承的不是宋代的观念和制度，而是元代的皇帝集权（如废除宰相制）和积极向中亚扩张建立大一统帝国的野心。东北这个地区在历史上很少被中原王朝彻底征服，而明成祖

---

① ［美］费正清：《中国：传统与变迁》，张沛、张源、顾思兼译，吉林出版集团有限责任公司 2008 年版，第 155 页。

基本做到了。他先后五次亲自率兵远征蒙古。有清一代也以扩土拓疆为事功。康熙三征噶尔丹将喀尔喀并入版图。乾隆最终平定准噶尔，基本上奠定了此后的中国版图。黄仁宇说"历经清初四帝的治世，清朝成为满洲人和汉人共同的帝国"。①

"元代中国同时维持着陆路与海路的对外沟通，这对于一个完整的前现代世界商圈的形成有非常重要的意义。提出上述'前现代世界体系'说的英国学者卢嘉德说：'中国在 13 世纪世界体系中的地理位置十分重要。因为正是中国，把北方的路上商路与即使不是更加重要那也至少是同等重要的印度洋海上商路连接成为一体。当这两条商业交通路线同时充分地发挥效能，尤其是当中国处于统一之中因此能够作为毫无周折的交换中介把它们连接起来时，世界商业的循环圈就得以完成了。'""多元文化在这个'世界体系'的最东部展示它五光十色的风采，其意义甚至已超越中国文化本身，而体现了旧大陆上人类'大历史'的脉动。"②

在中国疆域范围内，首都圈层的文化引领作用十分明显。许纪霖对比北京与上海，说："这些北京的文化人，对这个城市充满了一种故乡般的柔情，京派的知识分子曾经也一度生活在上海。20 年代末，胡适、徐志摩、闻一多、梁实秋都在上海生活过，但他们不喜欢上海，觉得上海商业气太重，始终有疏离感，30 年代以后，他们都回到了北京。这些南方知识分子虽然不会说北京话，但在北京仍然觉得自己是这个城市的主人……""上海比北京文明，但不及北京有文化。有一年我请哈佛大学的李欧梵教授到华东师范大学演讲，有同学问他您对北京印象如何？李欧梵脱口而出：北京？北京是一个有文化的大村庄，而且还是带复数的无数个村庄。……今天的北京在文化上充满竞争和活力，一个个山头、一个个村庄到处林立，风格多元，竞相斗艳。从上海人的角度来看，这些村庄似乎都有点'老土'，但越是民族的，就越是世界的，今天北京的文化创造力要比上海强多了。"③

后来的京杭大运河、京汉铁路、京张铁路、天津港等建立起来的陆海交通网络；天津卫（后与天津左卫、天津右卫合并仍称天津卫）、山海关、

---

① ［美］费正清：《中国：传统与变迁》，张沛、张源、顾思兼译，吉林出版集团有限责任公司 2008 年版，第 215 页。

② 同上书，第 42 页。

③ 许纪霖：《中国双城记就是如此精彩》，《北京青年报》2015 年 7 月 1 日。

内外长城和长城九镇等建立起来的军事防御体系；长期以保定为直隶总督驻地的直隶省建立等都是"后中原时代"形成的包括政治、经济、社会、文化在内的中国文明核心区，即北京首都圈的具体呈现。京津冀是这一圈层结构的最内层。因此，京津冀协同发展是一种有深厚文化底蕴的历史传承，是打造"新型首都圈"的时代要求。

New Capital Circle and Cultural Inheritance in Beijing, Tianjin and Hebei

Liang Chunxin

Abstract: The coordination of in the area of Beijing, Tianjin and Hebei is more than an imagination in modern people's mind; rather, it is a continuity of history. Inscribed Boards of ShenjingPingyi (Great Screen of the Imperial Capital), Shengtongtianlai (Sounds of Nature), JimingMountain, and etc. in the time-honored town of Xuanhua along the ancient road connecting Beijing and Zhang Jiakou, all these together embody the valuable memories of Beijing and northern areas in politics, military and culture. Under the strong influence of marginalized culture among nomadic people in the north, Chinese traditional cultural has seen dramatic changes. The advent of post-Central China era has brought about the cultural circle of the capital and its core parts. The area of Beijing, Tianjin and Hebei is the inner most layer of the circle. Therefore, the coordinated development in the area is a historical inheritance with profound cultural significance and a demand of our time to build a new capital circle

Key Words: New Capital Circle; Cultural Inheritance in Beijing, Tianjin and Hebei

京津冀文化旅游与文脉传承

林伟虹*

摘要：倡导并进行地域性文化旅游活动，应该是深度的文化行为，是要透过看到的历史文化遗迹和文物遗存、听到的历史掌故和历史人物故事、体验到的风土民俗去更深入地体察中华文化的精神内涵，使历史文化不再是被"高大上"地供奉于象牙塔之中，成为单纯学术研究的对象，而是要在大众中得以传扬，在下一代身上得到传承，在海外能够被广泛传播。只有这样，中华文化之精髓方能潜移默化于国民之中，并养成国民人文气质和地域精神，中华文脉才能得以继续传承和发扬，并形成当今乃至后来的中华文明核心竞争力。当今社会，文化旅游是正在兴起的旅行方式。京津冀地区有着得天独厚的文化积淀，在京津冀地区进行深度文化旅游，可以使京津冀历史文化文脉得以传承和传播，有助于中华古老文明的复兴与发扬。

关键词：京津冀；文化；旅游；文脉；传承

一 地域文化视角下的文化旅游

当前，随着社会经济的发展与提高，休闲旅行的方式越来越多样化、垂直化，并向深度发展。文化旅游是其中一种越来越受欢迎的旅行方式。"根据世界旅游组织以及欧洲旅游与休闲教育协会（ATLAS）对文化旅游

---

　*　林伟虹（1968—　），女，毕业于北京联大文理学院，学士学位，悠远天地（北京）文化发展有限公司创始人，中国博物馆协会会员，北京市文物保护协会会员，主要研究方向为中国近现代史。

的定义，文化旅游是指人们为了满足自身的文化需求而前往日常生活以外的文化景观所地进行的非营利性活动。"① 这里提及的文化旅游是一种包含范围非常广阔的大文化，而本文所涉及的文化旅游仅限于文化中的历史人文部分，即在旅行当中去深入探索和感知一个地域的历史文化、人文地理、风土民俗。而从地域上，也仅限于京津冀这一地区。

在文化旅游中，地域性的文化差异与文化特色，无疑是其最大的旅游亮点。

"所谓地域文化指的是一个地区在其发展过程中，由于地理和历史的双重作用，而形成的独特的文化现象，这种文化现象曾经、正在对当地的社会经济产生重大的影响作用，其已经聚合形成了当地的文化符号，当地在外来者眼中的形象。地域文化之所以重要，是因为它代表着一种历史的记忆，代表着一种未来的期盼。"② 以地域文化的视角看，中国作为有着悠久历史的文明古国，在漫长的历史年代中形成的具有鲜明独特特征的历史文化遗产，早已是中国的文化符号，成为吸引外来者旅游的强大魅力所在。其中不同地域细分，又各有其地方特色。京津冀地区，皆有浓厚的文化遗产积淀、浓郁的地方文化特征，及其丰富的历史文化资源。

二 京津冀地域文化特征

北京以历史古都文化为主要之彰显，天津其近代城市文明风格更为显要，河北则畿辅文化特色浓重，三地文化各有其特点，却又相依相连。这一切为京津冀地区文化旅游奠定了基础，提供了强大的文化旅游资源。

北京作为令人注目的世界历史文化名城，从历史发展的脉络上看，有着50万年以上的人类社会发展历史、3000多年的城市建设史。它是从最初史前的原始聚落，发展到先秦时代的方国邦城；在秦至五代后唐时代，又长期是北方军事重镇，北部中国的政治中心；在辽金元明清时期，逐步成为统一多民族封建国家的都城，在中国社会发展史上占据着重要的地位。

---

① 徐菊凤：《北京发展文化旅游的战略思考》，载《北京学研究文集 2004 上册》，北京燕山出版社 2005 年版，第 274 页。

② 李明德：《北京旅游业的发展呼唤地域文化》，载《"地域文化与城市发展"2009 北京学国际学术研讨会论文集》，北京日报报业集团同心出版社 2010 年版，第 198 页。

悠久的历史培育了广博丰富的历史文化，从远古到现代，形成了其独特的北京古都文化，具有极高的学术价值和艺术价值。里面既包含着宫廷王府士大夫的皇城文化，又囊括着民间市井民俗的京味文化，是中国传统文化的重要组成部分。城市中重要文物古迹数千处，各级文物保护单位多达千余处。其中故宫博物院、长城、周口店北京猿人遗址、天坛、颐和园、十三陵 6 处位列世界文化遗产。在国家先后颁布的 7 批全国重点文物保护单位中，北京占据了 129 处，北京市市级文物保护单位亦达到了 357 处，涉及内容极为广泛。这一切为当今留下了极其丰饶的文化旅游资源。

天津，地处渤海之滨，西靠首都北京，也是一座历史文化名城。它的历史最早从新石器时代开始。自金、元时代起，漕运的兴盛促进了天津地区的发展。特别是从明初到清代中叶以前，天津依仗着河漕、海运和芦盐之利，迅速发展成为北方滨海的商业集散中心城市和拱卫京师的畿辅重镇。中国走入近代社会之后，天津开埠，在中国近代史上占有着举足轻重的位置。这里是东西方文化交融最突出的城市之一，最终形成自己独特的津门文化。其中包含漕运文化、海洋文化、近代城市文化、津味民俗文化等。在近代城市文化中，近代中国风起云涌的历史人物与政治事件为此地遗留了丰富的历史遗存、遗址和文物，从而形成众多的历史文化资源，是其文化旅游的最大亮点。"天津现已有文物单位 1500 处，其中有国家级文物保护单位 8 处，市级文物保护单位 119 处，区级文物保护单位 97 处，历史保护街区 11 处，风貌建筑和名人故居 500 处。"[①]

河北东临渤海，西依太行，南接华北平原，北壤坝上草原。这里是中华民族的发祥地之一。考古发掘证明，在 200 万年前就已经有了人类活动的痕迹。就在此地，黄帝、炎帝、蚩尤三大部族之间的征战及融合，开创了中华文明的历史。春秋战国时期，燕赵在此立国，秦汉以后，直到封建社会晚期，这里或成为中原王朝的北方军事重镇，或者是中原政权与地方割据政权、汉民族政权与少数民族政权交错的前线与战场。待元、明、清三朝定都北京后，这里又成为保卫京师的畿辅重地，最终形成了自己的畿辅文化特色。"据河北省旅游局统计，全省现有不可移动文物 15000 余处，其中国家级文物保护单位 168 处，省级以上文物保护单位 670 处，世界文

---

① 王元媛：《近代历史看天津——关于天津发展城市旅游的优劣势分析》，《中国商界（下半月）》2008 年第 2 期。

化遗产 3 项 5 处，均位居全国前列……另外河北省现有承德、保定、邯郸、正定、山海关 5 座国家级历史文化名城和定州、蔚县、宣化、赵州、邢台、涿州 6 座省级历史文化名城。省级历史文化名镇 12 个，名村 18 个。"①

三　京津冀地域一体、文化一脉

京津冀三地在文化上并不是孤立的，在春秋战国时期，燕赵地域的范围包含着今天的河北省和北京、天津地区。其地缘相接，地域一体，在文化上均缘自早期的燕赵文化，是以早期燕赵文化为母体的各自历史衍生品。从地理环境上看，京津冀地区是中原农耕文化和北方游牧文化的对峙碰撞与交汇融合最前线。这里也是中原地区前往西北或东北，以及北方游牧民族南下的交通要冲。共同的地理位置特征，决定了京津冀地区独特的一体化的文化特性。在相同的地缘因素作用下，历史上的京津冀便形成了整体性的文化根基。

当到了辽金元明清时期，北京由一座地域性的城市逐步上升为都城，最终成为全国政治中心后，情况发生了变化。从城市自身的经济条件来看，北京并没有突出的优势。它成为一国之都，主要有着政治、军事上的因素。这里是中原地区通往西北和东北地区的枢纽之地，是华北平原与内蒙古高原的接壤之地。西部为太行山余脉，北部为燕山山脉之军都山，东部滨海，南向平原。地势险要，在军事上占有重要地位。隋唐以后开通的大运河又贯通了南北的交通。自辽开始，游牧民族势力越来越强大，不断向内地推进，直至入主中原统治大半个中国甚至统治全中国的事情一再发生。选择定都在北京，则需要时可南下，便于其统治中原地区，乃至江南，直至全国，同时又不远离其家乡的民族发祥地。这样就造成了北京作为一国之都在经济条件上有着天然的不足，势必需要依靠河漕、海运从外地调运物资，需要依仗周围城市提供补给和辅助。

在中国古代社会，"历代王朝常在京师四周划一个很大的'京畿地区'，并设置许多城镇，担负军事防御、经济补给等不同任务，以保证首

---

① 王鹏、张有山、王会娟：《论河北文化旅游的市场开发与运作》，《石家庄铁路职业技术学院学报》第 12 卷第 4 期。

都职能得以正常行使"。① 这相当于我们现在提到的大首都圈，即都城的辅助城市群。从历史上的北京来看，早在战国时期，"为了保证燕国首府蓟城的发展，大约燕昭王时期，蓟城四周出现一个初步的辅助城市圈，南有燕中都、燕下都、燕易都，北有上谷、渔阳、右北平、辽西、辽东五郡治所。它们既是燕国境内区域性的行政中心，又是蓟城的辅助城镇。从那时起，北京地区初步形成以蓟城为中心的城市体系。这个体系，已经把燕山南北、长城内外统为一体"。②

"从秦汉到五代初，蓟城是我国北方的军事重镇。由于历代王朝总是把蓟城作为向北方草原和东北地区开发的基地，这个城市担负着特别繁重的军事任务。在这种情况下，蓟城周围的辅助城镇不仅没有削弱，反而进一步加强了。"③

"自辽开始，北京上升为陪都，金建中都，正式上升为都城；元建大都，成为全国的政治中心；此后，明、清两代都建都北京；一直到今天，北京仍是中华人民共和国的首都。这时，北京周围逐渐形成一个完整的'首都圈'，除了京城近郊县邑布局更加合理外，同时在距北京三四百里的圆周上形成一批较大的中心城镇。这就是保定、天津、唐山、秦皇岛、承德、张家口等（还有已经消失的草原城市元代上都开平）。它们与北京拉开一段距离，有一定独立性，但都和北京有紧密联系。"④

这个以北京为核心的城市辐射圈中，津冀各地均担负着不同的城市职能分工。"古城保定，在历史上除了作为首都的南部军事门户外，又是北京的文化辅助城市和农副产品的重要补给地。天津，主要是河、海漕运枢纽和贸易城市；近代以来，又以现代工业的飞速发展补充了北京经济上的不足。西部的张家口，除了军事防御之外，主要担负着沟通内外蒙古贸易活动的任务，形成一个重要的商业城市。承德在清初成为不加名号的陪都，分担着北京的政治任务和民族事务。秦皇岛除了控制辽西走廊和山海关要塞外，又是对外港口。至于唐山，则完全是由于京津的经济发展而派生的动力城市。在很长时期内，唐山的经济活动大多附属于天津。"⑤ 这一

---

① 王玲：《北京与周围城市关系史》，北京燕山出版社 1988 年版，第 3 页。
② 同上。
③ 同上。
④ 同上书，第 4 页。
⑤ 同上书，第 81 页。

切，使得京津冀虽然仍旧紧密结合在一起，原有的文化特征却发生了极大的变化，旧有的燕赵文化不再是京津冀共同文化的主体内容，反而被淡化。京畿文化及其以京畿为核心的辅助文化，上升为京津冀地域文化的主流。这样的文化特征，使得北京在京津冀三地文化旅游资源上具有其他城市所无法取代的地位。

四　京津冀文化旅游与文脉传承

（一）历史文脉与文脉传承

京津冀文化旅游资源有着如此丰富而鲜明的特点，在利用文化旅游资源进行文化旅游活动时，却经常陷入误区。人们在旅游活动中，注意力往往只关注建筑物的壮丽宏伟、艺术品的精美绝伦、人物故事的曲折动人，甚至猎奇与八卦，而意识不到这些只是文化的载体，更注意不到其表面之下历史传承的精神力量，即历史文脉的传承。

所谓历史文脉是一个民族的文化脉络，是一脉相承的文化传统，一种精神传承的遗存。一个国家和地区的历史文脉，体现了这个国家或这一地区独一无二、卓尔不群的性格特质。一个民族若想长期存立于世界，必须保持自己本民族的文脉能够绵延不断，在各种文化的激荡和碰撞中，不会被其他民族的文化融合和同化。中华文明是世界文明古国中唯一保持着文明记录没有中断的古国，之所以能绵延数千年而不绝，正是因为中华文脉没有中断。

因而倡导并进行地域性文化旅游活动，应该是深度的文化行为，是要透过看到的历史文化遗迹和文物遗存、听到的历史掌故和历史人物故事、体验到的风土民俗去更深入地体察中华文化的精神内涵，使历史文化不再是被"高大上"地供奉于象牙塔之中，成为单纯学术研究的对象，而是要在大众中得以传扬，在下一代身上得到传承，在海外能够被广泛传播。只有这样，中华文化之精髓方能潜移默化于国民之中，并养成国民人文气质和地域精神，中华文脉才能得以继续传承和发扬，并形成当今乃至后来的中华文明核心竞争力。

（二）京津冀文化内涵

京津冀地区大首都圈的文化特征，其文化内涵极为丰富，主要有以下内容。

北京是一部中国历史的缩影，天津更是一部中国近代史的缩影。从泥河湾、周口店的远古人类，燕、赵、蓟等方国邦城，到封建社会晚期的都城畿辅，再到近代中国的百年激荡，以京津冀的历史便可观察整个中国的大历史。

了解长城内外、燕山南北的历史变迁，从而体察草原游牧与中原农耕两种不同文化的长期对峙碰撞、融合统一。京津冀长城沿线的古堡重镇，曾经鏖战厮杀的古战场，均记载着当年的风风雨雨。

京杭大运河的第一段河道就位于京津冀地区，这条我国南北交通的大动脉，也是南北地区文化交流的纽带，将京城文化传播到全国各地，也让北京吸收到了各地的文化元素，兼容并蓄，形成北京强烈的地域文化特色，并对全国产生强大影响。天津则更是一座因大运河而兴起，因漕运而繁荣发展的城市。

中国封建社会晚期的建筑特色，在京津冀地区得以集中体现。北京的皇宫王府四合院，天津的洋楼别墅，河北的古堡村落，以及寺庙坛观等建筑，在这一区域数量众多而保存完整。其中的皇城皇宫建筑，更是集中体现了中国几千年来帝王文化理念。

这里也是集中国园林文化之大成的区域，在天人合一、师法自然的思想指导下，作为封建帝国的心脏地带，京津冀建造了大量充满诗情画意、写意自然的园林。其中皇家苑囿大气典雅、恢宏壮丽，博采北雄南秀之众韵，"移天缩地入君怀"。现存园林中最有代表性的当属北京颐和园和承德避暑山庄。而已经消失原风貌、有"万园之园"盛誉的圆明园，更是在中国传统哲学观念、中国古典文人园林美学规则影响下建造的一个绝无仅有的世界园林奇迹。

中国陵寝墓葬文化在京津冀地区也得到比较完整的体现，北京房山金陵，昌平明十三陵，河北的清东陵、清西陵，还有若干王爷坟、家族陵寝等均集中在此一区域内。到了民国年间，还有万安公墓、福田公墓等新型近代墓葬文化出现。

此地区宗教文化亦繁荣昌盛，佛教、道教、伊斯兰教、基督教、天主教等各类宗教并存，留下了丰厚的文化遗产。其宗教建筑与遗址中令人注目的就有：北京唐代景教遗址十字寺、藏有千年石刻佛经的云居寺、有"天下道教第一丛林"之誉的白云观、采用汉族传统建筑形式修建却又带浓厚伊斯兰教阿拉伯装饰风格的牛街清真寺。此外还有天津蓟县独乐寺、望海楼教堂和西开教堂；河北外八庙、正定隆兴寺；等等。

北京长期作为国都，是全国政治中心。各地士子聚集于京师，长期以来形成了强烈的忠君爱国信念，提倡士不可不弘毅，讲求"国家兴亡，匹夫有责"。演变到后世，就是"铁肩担道义"的精神。

而自古燕赵多慷慨悲歌之士，此地民风不畏强权，具有反抗暴力的斗争精神，古代有荆轲刺秦王，近代义和团运动风起云涌，到了现代抗日战争时期，则是抗日的重要战场。

这里是全国文化中心，曾长时间是全国最高学府太学所在，有着浓郁的学风。到了近代，中国最早的一批大学北洋大学、京师大学堂、清华大学都在此地诞生，更产生了一批学贯中西的大师级杰出历史人物。对学问和知识的景仰与追求，是其地域一大文化特点。

辽南京、金中都、元大都与明清北京城在设计规划中，无一不取自《考工记》，其宫城与皇城的形制设计同样也按《周礼考工记》建造，在建筑布局与结构上，均遵守着礼制的规矩，是中国作为礼仪之邦、文明之邦的重要体现。

北京是荟萃了全国各地精英的城市，天津是开放的海洋性城市，大气宽容，包容吸纳，也是京津冀地区的文化特点……

这些文化内涵，在新的时代仍属于前人遗留下来的优秀而珍贵的历史文化遗产，应得以传播传承。

（三）京津冀文化旅游发展之道

保障京津冀文化旅游顺利开展，首先要有良好的一体化旅游市场环境。由政府部门主导，打破旧有区域限制，创造一体化协调机制并统一规划，建立起三地旅游合作框架，同时设立相应的统一管理监督机制。于此框架中，制定相适应的服务与建设标准，规划并构建高效便捷的公共服务体系，以及与之配套的基础服务设施和公共服务设施，特别是现代立体交通网络。关注旅游中涉及生活细节体验的设施完善，比如票务、如厕等问题，以实现吃住行游购娱的便利化和京津冀区域旅游市场一体化，打造良好的京津冀文化旅游市场环境。

其次，政府部门带头倡导并大力保护文化遗产，扶持文化旅游产业的发展，营造文化传播和文脉传承的社会氛围。文保单位、文物部门不能只典藏文化遗产，要在保护与条件允许的情况下加以适当活化，以真正实现文化传承与文化传播。为了给喜爱和希望了解中国优秀文化遗产的人群创造便利条件，统一开放京津冀地区一些不对外开放的文保单位，如因被一些单位或个人占领不便参观，可以参照海外方式设定每月或每年一日的开放日，允许一定数量之内的外来人士预约参观。同时监督文化遗产的受保护状况，宣传和介绍文化遗产，做到真正保护文化、传播文化和传承文化。

此外，在旅游产品线路设计上，除吃住行游购娱外，要特别注重旅游的文化深度与内容专业度。由京津冀的文史学者、文博专家深入挖掘历史文化内涵，在学术研究与实地调研的基础上，对文化旅游资源集约开发，将京津冀历史文化研究与区域文化建设相结合，设计既能保护文化遗产、传播文化精神内涵，又适合文化产业发展的旅游方案。组合文化资源、设计文化旅游线路，既要注重三地文化内涵的融合，又要注重地域的文化特色，避免旅游产品的同质化。京津冀可以共同就同一关联文化主题设计系列产品线路，并着重打造区域内的精品主题线路，如以燕赵文化为主题的文化游线路，以非遗节庆民俗为主题的文化游线路，等等。在涉及非遗的文化旅游线路中，可以定期由行业协会、会议及展览主办方等出面，在博物馆、历史街区或特色旅游景点等地，联合展演非物质文化遗产，并推介非遗传承人，以传播文化、传承文脉。

在旅游推广方面，京津冀三地联合向区域内外发布宣传，共同推介旅游产品，营造品牌。可于年初以京津冀共同名义，将一年内本区域重大文化活动、旅游活动和重要地域文化节庆制成清单，运用传统媒体与新媒体广泛传播，预告公众；并在一年内，于重要旅游地点、旅游单位长期发放。既方便旅游企业依据清单打造文化旅游产品，又方便自助行游客自主选择旅游项目，最终实现宣传营销一体化，树立整体区域形象，共同塑造区域旅游品牌。

随着移动互联网时代的发展，旅游业从景点旅游模式走向全域旅游模式，原有封闭的旅游自循环模式变成了开放的"旅游＋"融合发展方式，也不再是旅游企业单打独享，而是社会共建共享的大旅游格局。传统旅行社从经营模式、人才储备到产品内容等，都已经无法适应当前时代要求，更达不到文化旅游所需要的文化水准。文化旅游需要文物、旅游、文化、教育等不同行业诸多部门相互合作。因而鼓励并支持跨界融合旅行社外其他力量，让有能力的公司企业、教育或研究机构、达人 KOL 等，加入到文化旅游产业中，并不受地域限制建立相互协作关系，甚至结成相对固定的合作伙伴，整合三地文化资源、旅游资源及客源合作共享，最终实现社会共赢。

文化旅游要城乡兼顾，结合京津冀历史文化特点，开发地域性的乡村文化，引流外出打工青壮年回到乡土，让空心村不再空心，让中国历经千年之久的耕读文化得以彰显和传承。同时注意散落于乡村山野间的户外文物保护。

青少年的研学游学，是文化旅行重要组成部分，是青少年成长中的人文素质教育，是弘扬文化的重要手段。学校、教育机构有的放矢，结合书本课堂内容，组织深度文化旅行，特别是开展乡土文化课堂，让学生从现场领略和体验京津冀优秀传统文化，从而传承文脉。

文化旅游是文化、教育、旅行的结合。要求带队者身兼老师、学者与导游领队之职，必须具备一定程度的专业储备，保证所传播文化内容的专业性，同时又要有深入浅出进行宣讲的能力，包括良好的体能。京津冀三地可统一培养这方面专业人才。

总之，文化旅游要走上持续的、健康的发展之道，就要以精益求精的态度做文化事业，产品内容专业化，产品设计匠心化，产品服务精细化，产品体验品质化；争取让社会上每一个人都具备文化视野的意识与自觉、支持与行动，加入到其中，从而达到以文化旅游的方式来保护文化遗产，传承京津冀历史文脉的目的。

参考文献：

［1］王玲：《北京与周围城市关系史》，北京燕山出版社 1988 年版。

［2］徐菊凤：《北京发展文化旅游的战略思考》，载《北京学研究文集 2004 上册》，北京燕山出版社 2005 年版。

［3］李明德：《北京旅游业的发展呼唤地域文化》，载《"地域文化与城市发展" 2009 北京学国际学术研讨会论文集》，北京日报报业集团同心出版社 2010 年版。

［4］刘振礼：《北京城市文化管窥》，载《"地域文化与城市发展" 2009 北京学国际学术研讨会论文集》，北京日报报业集团同心出版社 2010 年版。

［5］王元媛：《近代历史看天津——关于天津发展城市旅游的优劣势分析》，《中国商界（下半月）》2008 年第 2 期。

［6］王鹏、张有山、王会娟：《论河北文化旅游的市场开发与运作》，《石家庄铁

路职业技术学院学报》第 12 卷第 4 期。

　　[7] 李淑兰：《京味文化史论》，首都师范大学出版社 2009 年版。

　　[8] 吴文涛：《大运河对北京的历史文化意义》，《前线》2014 年第 11 期。

Cultural Tourism and the Inheriting of Cultural Vein
in Jing-Jin-Ji Region

Lin Weihong

Abstract：The author believes that it should be a profound cultural behavior to advocate and conduct regional cultural tourism activities. Aiming at understanding the in-depth connotation of Chinese culture, the tourists are supposed to examine historical and cultural remains and heritages, to hear about historical stories and characters, and to experience folk cultures and customs. Thus history and culture will be no longer dedicated in the ivory tower and become simple academic research object, but rather be spread among the public, passed on to the next generation, and widely dispersed overseas. Only through this way can the essence of Chinese culture influence the nation, and cultivate national humanistic temperament and regional spirit, and can the Chinese cultural vein be able to continue, develop, and form the core competitiveness of Chinese civilization. Nowadays, cultural tourism is an emerging approach of travel. Jing-Jin-Ji Region has a unique cultural heritage. An in-depth cultural tourism there will help to inherit its historical and cultural veins, revive and develop our ancient civilization.

Key Words：Beijing-Tianjin-Hebei；Culture；Tourism；Cultural Context；Inheritance

"草原丝绸之路"与京津冀商贸协同发展关系探析[*]

王　静[**]

摘要：京津冀协同发展自2014年正式上升为国家战略后，在党中央领导下取得了重大成就，其中商贸协同作为京津冀协同发展战略中的重要内容越来越受到人们的关注。如何使京津冀商贸协同发展获得更大的进步？文章从草原丝绸之路对接"一带一路"发展的角度进行了阐释。历史上，京津冀地区的商贸活动与草原丝绸之路有着密切的联系。近年随着"一带一路"战略的兴起，丝绸之路扩容势在必行，草原丝绸之路对接"一带一路"为京津冀区域商贸协同发展创造了发展机遇。

关键词：草原丝路文化；京津冀；商贸协同发展

2016年11月2日，李克强总理带着"一带一路"倡议开启了为期一周的欧亚之行。李克强总理此次访问的国家既有丝绸之路经济带起点吉尔吉斯斯坦、哈萨克斯坦、俄罗斯，又有丝绸之路经济带终点国拉脱维亚。可以说，李克强总理的欧亚行为"一带一路"经济带行稳致远助力深远。草原丝绸之路作为"一带一路"经济带的扩容之作，必将依托"一带一路"战略获得纵深发展。而京津冀作为草原丝绸之路经济带上的重要节点城市，三地未来商贸将得以加快发展。

---

* 立项课题为：天津社会科学院2016年院应急课题《京津冀历史文化资源的整合与利用研究》。

** 王静（1977— ），女，河北石家庄人，历史学博士，副研究员，工作单位：天津社会科学院历史研究所，研究方向为近代华北城市史。

一 "草原丝绸之路"与历史上京津冀商贸发展的关系

从地理学的意义上看，古代丝路大体上分为陆上丝绸之路和海上丝绸之路，其中陆上丝绸之路又可细分为绿洲丝绸之路、草原丝绸之路及南方丝绸之路①。

绿洲丝绸之路，是人们所熟知的张骞通西域所开辟的以长安为起点，经中亚、西亚到达埃及的商贸走廊。南方丝绸之路则是从今四川成都，经云南到达印度的通商孔道，也称蜀身毒道或茶马古道。

草原丝绸之路，是由内蒙古阴山长城沿线，向西北经蒙古草原至欧洲的商贸大通道；辽元时草原丝绸之路达到鼎盛时期，并向南延伸至大都（今北京），经大运河至扬州枢纽出海，向西则与亚欧大陆草原通道和河西走廊"丝绸之路"沟通，达中亚、欧洲诸城市。② 清初随着全国的大一统，清政府在此基础上又相继开辟了东线、西线和中线三条商路连接北京、天津。其中东线由尼布楚，跨额尔古纳河，过喜峰口、遵化、蓟县、通州至北京；西线由托博尔斯克和叶尼塞斯克，沿河西走廊入玉门关、宁夏，至归化城、张家口、怀来、昌平，最后到达北京；中线由伊尔库茨克、尼布楚，经恰克图、库伦、归化城、张家口，至北京、天津海口。由此可见，直到 19 世纪中期，草原丝绸之路一直是京津冀地区商人向北越过长城入塞外，然后穿越蒙古高原、南俄草原、中西亚北部，西去欧洲的重要陆路商道。

借助草原丝路，历史上张家口、北京、天津成为对蒙古、俄国贸易的重要商品中转站。明清时期，张家口"东北通多伦经棚，以达中蒙各部；西北通库伦、恰克图以及阿尔太等口；西通归绥、包头、西蒙、伊乌两盟以及甘、新等省"③，张家口不仅是"西伯利亚大部分地区和俄国对华贸易的钥匙"④，还是北方牲畜、粮食等商品的集散地，而且也是南方商品北上库伦，进入欧洲市场的重要通路。还比如位于门头沟与张家口交界点上的

---

① 参见刘斌夫《策划中国经济大转型》，中国发展出版社 2014 年版，第 10 页。
② 参见卢明辉《"草原丝绸之路"——亚欧大陆草原通道与中原地区的经济交流》，《内蒙古社会科学》1993 年第 3 期。
③ 刘建生、刘鹏生、梁四宝等：《晋商研究》，山西人民出版社 2005 年版，第 136 页。
④ 郭蕴深：《中俄茶叶贸易史》，黑龙江教育出版社 1985 年版，第 123 页。

涿鹿山，吸引了斋堂、灵水、沿河城等周边地区的大量商人来此贸易，而后商人通过京西古道（草原丝路的西线）将口米、莜麦、口蘑、布匹、核桃、杏仁等商品经张家口运往蒙古和俄罗斯。天津自开埠后，内外蒙古、张家口的皮毛经洋行收买，运往天津输往海外，天津因此也成为当时北方皮毛交易的重要输出港口。总之，以丝路商人为纽带，内地与蒙、俄的商品贸易开始了较为频繁的双向流动，历史上的京津冀区域经济体与俄、蒙以商业为纽带紧密地联结起来。

以丝路商人为纽带，历史上内地与草原之间的交流也从商业贸易扩展到日常生活的方方面面。比如以旅蒙商人为主的口帮要求商号伙计必须学习蒙古族语言和习俗，包括进门先问好，问远问近，问牲畜好，还要帮蒙老乡捉羊羔、拴牛犊，等等。同时，蒙古族人也受旅蒙商人影响逐渐接受了汉文化：像春节成为蒙古族重要的节日、召河边普会寺的建筑样式大部分体现了汉式工艺要素，甚至旅蒙商人将中原耕作种植技术传入了蒙区，蒙古族人逐渐改变了单一的畜牧业生产，开始从事农业种植，如察哈尔右翼四旗日常主食以莜面、小米为主，副食以山药为大宗，与汉族无二致。①

二 新丝路战略：京津冀商贸协同发展的机遇

古代草原丝绸之路的诞生适应了内地与草原、东方和西方商贸发展的要求，在当前"草原之路"对接"一带一路"的大背景下，京津冀地区作为中蒙俄经济走廊重要的出国口，其商贸发展又迎来了巨大的历史机遇。

（一）京津冀商贸协同发展现状

京津冀区域包括北京、天津两个直辖市以及河北省11个地级市，总土地面积占全国2%，总人口占全国7.98%。自2014年实施京津冀区域一体化战略后，该区域已成为继长三角、珠三角之后，国家区域发展中又一重要的一极。经过发展，京津冀区域商贸的协同发展将对服务京津冀都市圈以及华北、东北亚腹地参与国际贸易发挥重要作用。其中北京在2014年与天津、河北分别签订合作框架协议和备忘录，中关村企业在天津、河

---

① 参见刘春子《丝路商人与草原文化的交汇融通——以近代绥远旅蒙商为例》，《实践（思想理论版）》2015年第11期。

北累计设立分支机构 1532 个；天津则在 2015 年强化京津双城联动，积极承接北京非首都功能疏解，加强与河北合作，打造高端产业发展带等；河北在 2014 年签署并实施京冀 "6 + 1"、津冀 "4 + 1" 战略合作框架协议，并正式启动京津冀区域通关一体化。

2016 年 5 月，京津冀三地商务部门共同签署《商务领域京津冀协同发展对接协作机制》，即 "北京协议"。协议提出要更好地融合京津冀三地政府、企业、社会多方资源，推动人才、资本、项目等各类要素资源在三地优化配置，促进商务领域创新协同发展。同时强调加快推动北京服务业扩大开放、天津自贸区先行先试政策在三地更大范围内复制推广以及河北全力推进承接地市场建设等。协议还明确了，未来京津冀三地商贸发展将以 "创新、协调、绿色、开放、共享" 为发展理念，打破地域限制，加快市场一体化进程。

（二）京津冀商贸协同发展面临的机遇

共享丝路文化精髓，共同开发商贸文化遗存历史资源，打造旅游协同发展。沿着古老的草原丝绸之路，京津冀地区的人们创造了灿烂的商贸文化，相应地也留下了一些珍贵的文化遗存。这些文化遗存各具特色、互补性较强。因此，加强三地旅游协同合作，使具有差异的要素形成相互配合、补充和促进的结构是协同发展的关键，草原商贸文化遗存历史资源可以成为三地旅游协同发展的路径之一。大体上京津冀草原丝路商贸文化遗存可以分为四类：一类是与草原丝路有直接关系的文化遗存，比如税关、驿站、仓储点、古商道等；一类是具有保障功能的文化遗存，如集市、祭祀场所、古镇、古堡等；一类是贸易大宗商品的产地和生产场所，如蔚县；一类是反映丝路商人文化的景观，如大院文化等。

依靠丝路发展战略，可以促进三地商贸物流的协同发展。首先，丝路发展战略的核心所在是保障贸易畅通，历史上京津冀地区发展与草原丝路的关系也证明了这一点。因此，随着该战略的不断深入，地区间不同运输方式的互联互通势必会对京津冀地区的贸易发展具有明显促进作用，并带动地区间物流的发展，目前正在打造的京西商贸物流中心项目①就受惠于

---

① 该项目位于张家口市怀来县，地处北京西大门，将来随着北京产业转移和人口疏解，以及环境保护的跨区域合作，特别是在冬奥会的助力下，该项目的战略优势地位将更加突出。

此战略。其次，丝路发展的目标是引领国内贸易走出去，这将推动国内商贸物流技术、服务以及标准不断国际化。因此，京津冀未来商贸物流的发展必将通过对区域内各类信息平台的整合互通，实现区域内流通一体化。最后，丝路发展战略将会推动京津冀城镇化建设，并带动商贸物流的升级转型。从张家口的历史可以看出，城镇的发展与丝路贸易的发展是相互促进、互为驱动的。因此，随着丝路战略的提出，将会加速京津冀地区的产业转移，促进三地产业结构升级，进而优化新型城镇化格局，推进物流产业的转型升级。

依托中俄蒙经济走廊发展战略，发展京津冀对外商贸交流。18世纪中叶到20世纪初的"茶叶之路"（由二连浩特出境，途经乌兰巴托、恰克图等地，终点为俄罗斯贝加尔湖一带）曾创造了辉煌的商业奇迹。如何让这条"茶叶之路"再现辉煌，中俄蒙经济走廊①作为"一带一路"战略框架的重要组成部分，通过对接"草原之路"和欧亚大铁路，成为连接中国内地和俄罗斯、蒙古及欧洲腹地的重要节点。因此，作为与蒙俄及东欧各国有着悠久商业传统的京津冀地区，不但区位优势较为明显，比如其中正在建设的华北京津冀—内蒙古二连浩特—蒙古国乌兰巴托—俄罗斯乌兰乌德通道，将会带动京津冀地区的旅游、能源等产业和服务贸易的提速升级；而且拥有较为完善的基础设施和良好的经济基础，这将在对蒙俄及东欧贸易中具有更加重要的地位。

三 草原丝路经济带与京津冀商贸发展路径分析

参与草原丝路经济带建设，京津冀地区有一定的区位商贸优势，比如京津冀港口群具有较强的外向扩散能力和吸附能力。京津冀港口群包括天津港、秦皇岛港、黄骅港、唐山港，港口辐射河北、天津、北京、内蒙古等内地腹地。根据相关数据统计，天津港2013年全港70%左右的货物吞吐量和50%以上的口岸进出口货值来自天津以外的各省区；2014年有10.5万标准箱货物的运输量，是同时期郑州、重庆、西安运输量总和

---

① 该走廊将京津冀在内的多省市囊括其中，涉及23%的国土面积和2.5亿人口。共有两条线路：一路由天津、北京出发，经二连浩特到蒙古乌兰巴托，再进入俄境内；一路从大连出发，经沈阳、长春、哈尔滨、满洲里至俄境内，两线于俄伊尔库茨克汇合，再经克拉斯诺亚尔斯克、新西伯利亚、叶卡捷琳堡到莫斯科，终点圣彼得堡。

的 5 倍。而且京津冀港口群每增加一万吨的吞吐量，就能带动腹地经济 GDP 增长 0.4488 亿元。[①] 因此基于现有的商贸优势，京津冀地区在推进"京津冀一体化协同发展"的同时，参与到草原丝路经济带的建设中，全面融入丝路发展体系中，对完善欧亚商贸发展，进一步促进三地商贸协同发展将具有重要意义。

（一）明确三地商贸发展定位，创新商贸功能，建立京津冀商贸合作机制

长期以来，京津冀三地由于受限于历史、社会、经济以及地域等不同层面因素的影响，三地商贸之间的同质化、无序竞争以及区域发展差距悬殊问题严重，由此阻碍了三地商贸的进一步发展。在"一带一路"和京津冀协同发展的背景下，京津冀应在明确定位的基础上，创新商贸功能，同时加强京津冀商贸合作机制的建设。天津的定位是北方经济中心的区域，以及对北京物流中心和商贸批发功能的承接，因此天津未来商贸发展应打造一个以电子商务、现代物流、总部营销、网络金融结算为基础的全新的商贸产业链，以适应市场集群的发展需要。就河北省而言，作为京津地区产业转移的承接地，其商贸行业变化明显，发展城乡商贸将是推进河北商贸行业发展的重点，其中可包括推动农产品市场的建设、完善农村市场体系基础设施、搭建城乡产销协作平台以及开展农村电子商务等。在商贸协作发展方面，三地在加强集群顶层设计的同时，加强商务方面规划衔接和政策统筹，推进三地城镇之间横向和纵向商贸发展战略联盟，并能够为市场转移提供方向性指引，促进商贸转型和异地重建。

（二）不断完善商贸通道，参与草原丝路经济带建设，扩大京津冀商贸辐射范围

不论是京津冀协同发展，还是草原丝路经济带建设，其共同的交叉点都是依托物流通道建设而推动区域经济协同发展。因此，京津冀要参与到草原丝路经济带建设中，并扩大本区域商贸辐射范围，完善商贸通道是关键。其中需要注意的问题是，一是蒙古作为京津冀通向俄罗斯的

① 参见李志伟《"一带一路"视域下京津冀港口群发展路径研究》，《河北学刊》2016 年 5 月。

必经之路，目前其国内铁路运载量尚不能满足日益增加的货运量；二是远离莫斯科的远东地区仍然是俄罗斯经济发展中的凹陷地区，铁路运输能力薄弱，所以优化商贸通路势在必行。以天津为例，天津目前有通往满洲里、阿拉山口和二连浩特三大海陆联运通道，借助铁路线，天津经蒙古国到俄罗斯只需要十多天，相较海运而言，运输成本大幅降低。更重要的是，随着"一带一路"战略对北京—莫斯科欧亚高速运输走廊的推进，天津—莫斯科的快速运输线联系也将会非常重要。此外，对现有一些物流通道的改造、升级、利用也是优化商贸通道的一个重要途径。比如，中俄相邻地区铁路、公路网的修建和升级，以及提高沿线站点物流消化能力，等等，都是京津冀参与草原丝路经济带，激活区域商贸发展的重要方面。

（三）"新丝路"：淘宝上的商机

随着互联网技术的发展，中国跨境电商的"井喷式"发展已是不争事实，特别是与传统外贸年增长不足 10% 的低迷相比，跨境电商的 30% 年增长速度使其成为外贸新引擎。因此，建立"互联网＋"运营平台不仅可以改变京津冀单一的对外贸易方式，而且也可促进京津冀商贸可持续发展。目前，京津冀开辟对蒙、俄跨境电商平台有两个优势：其一，新兴市场所蕴藏的巨大商机。以俄罗斯为例，虽然俄罗斯网络普及率在迅速提升，但其基础物流设施和邮政系统较为落后，电商起步晚，无法满足消费者对物美价廉的个人服饰及日用品高涨的消费欲望，而且据阿里巴巴提供的数据，2015 年上半年中俄罗斯成为"一带一路"国家中进口额最高的国家。其二，作为跨境电商进口试点城市的天津，"保税进口"业务可以大大降低进口商品的采购和物流成本，而且拥有新批建的全国首家恒温仓储分拨基地，在未来利好政策的支持下，将会对跨境电商大型企业起到聚集效应。在全球经济低迷的今天，跨境电商无疑是国际贸易交易中的新鲜血液，京津冀地区一些传统外贸企业通过电商平台将产品直接卖给国外消费者，将是叩开新兴市场大门的重要形式。

综上所述，在依托"草原丝绸之路"历史文脉的基础上，京津冀商贸协同合作因草原丝绸之路对接"一带一路"迎来了发展机遇。草原丝绸之路与"一带一路"的对接不仅可以打通京津冀商贸物流通道，而且中蒙俄经济走廊也为京津冀三地商贸向北对外发展提供了可能和机遇。总之未来京津冀商贸协同发展的路径，应是在借势"一带一路"国家战略发展机遇，从自身区域特点出发，依靠物流、互联网等平台，打造符合京津冀地域发展特点的商贸发展规划。

The Research for the relationship between "Grassland Silk Road" and the trade collaborative development of Beijing-Tianjin-Hebei

Wang Jing

Abstract：The collaborative development of Beijing-Tianjin-Hebei has the closely historical relationship with "Grassland Silk Road". With the development of "One Belt, One Road", it opens up new opportunities for "Grassland Silk Road", and in the meantime, the trade collaborative development of Beijing-Tianjin-Hebei will take advantage of it.

Key Words：Grassland Silk Road; Beijing-Tianjin-Hebei; Trade Collaborative Development

京津冀协同发展的思考与设想

李国红*

摘要：本文主要梳理了京津冀协同发展的历史脉络，记述了在京津冀协同发展大背景下，红色文脉资源取得的现有成果，京津冀协同发展的思考与创新，以及红色旅游发展的愿景与构想。京津冀文化一脉，地缘相接，历史渊源深厚，探求三地历史文脉的形成和发展，厘清历史文脉对京津冀协同发展的重要意义，思考京津冀协同发展的思路与模式，作为红色资源重要责任主体和实践主体，承载着传播红色文化的使命感、传承红色基因的自豪感、传递红色精神的庄严感，让红色基因代代相传，用实际行动扛起推动京津冀协同发展的重担。

关键词：京津冀；协同发展；红色文化；旅游；创新

2012 年年底，首都经济圈发展规划被列入国家发改委 2012 年区域规划审批计划，京津冀合作掀开新篇章。2013 年，河北省接连与天津、北京市政府签署合作框架协议，京津冀合作向纵深迈进。2014 年伊始，随着京津冀地方两会相继召开，京津冀如何协同发展，成为三地全面落实深化京津冀新一轮战略合作协议，建设经济发展新高地的重要议题。2015 年 7 月，中共北京市委十一届七次全会召开，在首都大地上奏响了一心贯彻落实全会精神、推动京津冀协同发展的最强音。2015 年 11 月，"薪火相传　再创辉煌"——长征精神红色旅游火炬传递汇集盛典系列活动在延安举办，同期举办"学习贯彻习近平总书记系列重要讲话精神　推动红色旅游创新发展座谈会"。

---

* 李国红（1973—　），女，香山公园研究室，中级职称，主要负责修志工作和红色文化研究。

京津冀协同发展开启了由"聚"到"疏"的重大深刻变革，吹响了由"分"到"合"的时代号角，是一次跨区域的在新的历史起点上的"大考"。协同发展红色旅游，京津冀已经在路上。

一 融入京津冀协同发展，红色旅游发展的现有成果

香山双清别墅依托自身的资源优势，主动融入京津冀，协同发展红色旅游，取得了阶段性的成果。

（一）提升景区建设

2012年6月，双清别墅进行重新布展，院内整体整修、地面重新铺装、故居全面整修、上展室展览整体更换，增加中共中央在香山、向全国进军触摸屏两个，开国大典背投互动系统一套，纪录片播放系统一套，增加复制品6份、展品8份，毛泽东手持《解放号外》黑白照片改为大型锻铜浮雕。重新布展后内容更加丰富完善，设计形式新颖，整体上突出红色主题，增强了展览的视觉冲击力、吸引力和影响力。2014年9月，香山公园举办北京陆军预备役高射炮兵第四团双清别墅预编官兵授衔仪式，双清别墅班组正式入编预备役，身着军装上岗，成为市属公园第一个入编预备役的讲解班组。通过对讲解员严格军训，培训学习，提升讲解水平和服务能力，内强素质，外塑形象。2015年6月，在双清别墅院内建设红色书屋，主要收集大量红色书籍，包括近年新出版与早年红色出版物，红色书屋是游客了解双清历史、倾听革命故事、探索伟人精神的一处佳所。书屋还售卖红色旅游纪念品，让人们接受传统教育的同时，提升了双清别墅的知名度和影响力。

（二）创新综合模式

在暑期红色绿色游活动中，双清别墅开展义务穿军装讲解、清凉绿色寻古、低碳环保大课堂，以及"红色之旅 绿色心情""红色记忆、绿色之旅"等主题活动。各大专院校及中小学生，通过丰富多彩的活动形式，收获历史，扩展学业，接受教育，坚定信念，是一所内容丰富、形式新颖的社会大课堂。双清别墅创新"红+绿""以红代绿""以绿促红"，构建"一心三区"的红色旅游空间布局，景区与特色主题的提炼，下展室、上展室、防空洞三个区域的精心打造，更是在原有成就基础上的突破跃升。

（三）加强宣传推广

通过拍摄《红色地图》《毛泽东1949》，以及在《人民日报》海外版刊登《双清别墅寻伟人》等，来讲述双清别墅作为中共中央进京赶考第一站，见证了中国共产党由革命党向执政党转变和中国革命的光荣历程。北京电视台、人民日报、北京日报、北京晚报、北京晨报、京华时报、新浪、搜狐、腾讯等多家新闻媒体进行大力宣传和报道。2005年5月，北京市红色旅游启动仪式，香山公园被列入"北京红色旅游精品线路·红叶霜天海淀游"中重要一站；2009年，"毛泽东在双清活动陈列"展览被评为北京市公园十大品牌展览；2011年6月，香山公园列入第二批红色旅游景区，双清别墅被北京市旅游委授予"红色旅游景区"称号；2011年7月，第二届中关村科教旅游节，双清别墅作为红色圣地被定位为"红色激情之旅线路"，同月，北京公园红色游启动仪式在双清别墅举办，市属11家公园和区属6家公园景区代表参加，香山公园等三家红色旅游景点代表先后进行典型发言，现场为红色旅游景区授牌；2013年4月，北京市旅游发展委员会主办"追寻红色印记"红色景区推广季启动仪式在香山公园致远斋遗址举行，以"重温历史革命事迹，传播红色精神文化"为主题，全国18家红色旅游经典景区代表出席，双清别墅是重要的红色旅游资源代表；2013年8月，北京市公园管理中心党的群众路线教育宣传活动新闻发布会在香山公园召开，主要围绕红色教育基地分布、背景、特点、创新服务举措等内容开展活动；2013年12月，双清别墅开展红色主题歌舞表演、京剧快板、毛泽东诗词笔会等活动，成为海淀区创建文明城区特色项目。

此外，在中共中央进驻双清别墅周年纪念、毛泽东诞辰周年纪念、建党周年纪念之际开展系列活动，做好红色旅游资源的推广，举办《重走红色进京路》《进京赶考路》等大型主题展览，开展"追寻红色记忆"、"红色之旅——香山寻访伟人足迹"、毛新宇讲述《领袖家风》等纪念活动，宣讲中共中央从西柏坡至双清别墅的感人故事，传承艰苦朴素、勤俭节约的传统作风，弘扬革命历史传统和爱国主义精神，激励后人不断进取的责任感和使命感。

（四）打造经典品牌

中国共产党一贯重视作风建设，在推进党的作风建设的系统工程中，努力践行"三个代表"重要思想、保持共产党员先进性教育、深入实践科学发展观、围绕"八项规定"、推进"四个全面"、深化"四风"整治、巩固和拓展以"三严三实"为主要内容的党的群众路线教育实践活动等，双清别墅发挥了红色阵地的教育作用，中央、市领导班子、重大企事业机关团体及广大党员到双清别墅开展专题教育及主题党日活动，干部座谈交流、重温入党誓词，听讲解，唱红歌，看展览，等等，对广大党员来说，不仅是一种精神上、思想上的洗礼，更是对领导干部思想政治建设和作风建设常态化的提升与巩固。这一活动解决了全面发展时期党的作风建设新问题，增强了党的创造力、凝聚力、战斗力，实现了由革命传统教育资源向党性教育资源的有效转化，使党性教育更加生动化、形象化、具体化。

自1993年对外开放以来，双清别墅树立"以人为本"的工作理念，突出教育基地的工作特色，强化教育基地的管理，拓展教育基地的空间，做好整体规划，加强基础设施建设，规范化管理以及加大宣传力度等，发挥了教育基地的积极作用。石家庄市委党校、中国地质大学、解放军后勤学院、航天研究所、南京炮兵学院等，多年来，一直坚持建党周年纪念、进京周年纪念、毛泽东诞辰周年纪念等主题活动，参观展览，交流学习，党员培训，专题教育，引导党员干部坚定信念、增强党性、涵养品德，坚守共产党人的政治灵魂和精神高地。

（五）融入协同发展

京津冀地区地域一体、文化一脉，历史渊源深厚，充分具备协同发展的资源环境承载力和人文社会基础条件。

2013年9月，石家庄市委党校组织教职工学员到双清别墅开展实地教学，参观《重走红色进京路》《毛泽东旧居陈列室》《毛泽东在双清活动陈列展》。此次交流与合作，对于深入挖掘其所承载的革命历史、革命事迹、革命精神有着重要的现实意义和深远意义，也是红色领域一次非同寻常的尝试与探索。2014年3月，在建国65周年、中共中央进驻香山65周年之际，为深入挖掘、提炼红色旅游资源文化基因特质，加大研究和宣传，创新发展红色旅游，香山公园考察组到石家庄市委党校、西柏坡纪念馆考察学习。双方从服务体系建设、资源整合、区域合作、提升青年导讲服务等方面，提出了促进红色旅游发展的愿景与构想，为红色旅游发展注入新的活力。2015年3月，香山公园赴西柏坡举办《1949·中共中央在香山》展览，通过重温历史伟人的生平事迹，感受新中国拓路寻梦之旅的艰辛与希望，思考新时代的责任与义务，成为教育全党、凝聚社会、鼓舞人心，推动社会向前发展的强大力量。此次展览不仅是一次交流之旅，也是一次探索之旅，是发挥两地区域特色，在红色教育领域协同发展的一次生动实践。2015年7月，为推进京冀协同发展，挖掘红色文化的溯源与根脉，传承红色基因的教育基地功能，拓展红色旅游外延，在世界反法西斯战争暨中国人民抗日战争胜利70周年之际，香山公园、石家庄市委党校、西柏坡纪念馆在双清别墅联合推出《党面临的"赶考"远未结束》展览，重走"赶考"之路，重温"赶考"精神，也契合了全党开展的思想政治建设和作风建设的新形势！

在京津冀协同发展背景下，创新红色旅游发展，是一重要的历史机遇，只要统一思想，齐抓共管，形成强大的合力，对开启红色旅游合作必将产生深远的影响。

适逢全国"红色旅游"工程的全面推动，红色"＋"不仅是一种方式方法，更多的是一个思路，不仅是一个红色景区，更是一个红色产业，只有实现格局的突破，才能实现大发展、大融合。

二　引领京津冀协同发展，红色旅游发展的思考与创新

（一）发展红色旅游，要理解习总书记深厚的人民情怀

习总书记在视察阜平、西柏坡、古田、遵义等革命老区及红色旅游景区时，反复强调发展红色旅游，为农民群众排忧解难，让老区人民过上好日子，不让革命老区在全面建设小康社会进程中掉队，等等，无不贯穿着"人民情怀"这一字眼。红色旅游发展，一方面各级领导干部，要有一种人民情怀；另一方面，要把爱党爱国的精神品质充分以红色旅游的形式恰到好处地传播给人民。承载神圣的使命与责任，将红色精神传播给人民，也更契合了习总书记的人民情怀。

（二）发展红色旅游，要理解习总书记深沉的红色情怀

2014年4月，习总书记在视察时多次强调，"要把红色资源利用好，要把红色传统发扬好，要把红色基因传承好"，"要注重发挥好文化资源和红色教育基地的作用，让广大党员、干部、群众，特别是青少年，了解党

的历史，传承党的优良作风，坚定跟党走"，"发展红色旅游，核心是进行红色教育，传承红色基因，让干部群众来到这里能够接受红色精神洗礼"。

（三）发展红色旅游，要理解习总书记深远的历史情怀

习总书记在西柏坡考察时说："历史是最好的教科书，对我们共产党人来说，中国革命历史是最好的营养剂。多重温这些历史，心中就会增添很多正能量。"这些论述揭示了红色旅游资政育人的本质和职责，明确了红色旅游创新发展的目标和方向。发展红色旅游就是要让人们走进历史，感悟崇高，走进景区，接受洗礼，用以"爱国主义"为核心的民族精神和以"改革创新"为核心的时代精神振奋起全民族的精气神。理解习总书记的人民情怀、红色情怀和历史情怀，是发展红色旅游的情感基础、思想基础和政治基础。

以上"三个思考"，正是对习近平总书记关于"红色精神""红色传统"与"红色旅游"的解读，在推进红色旅游时代背景下，发展红色旅游，无不充满与生俱来的朴素情感，充满人人向往的热烈情感，充满使命思考的深厚情感，更是传承红色精神、当好"接班人"的时代责任与美好愿景。

中国红色旅游走过了 10 年的辉煌历史，现已进入优化、提质、增效、融合、共享的创新发展期，主要是基于四个方面的创新发展。

第一，在历史积淀上创新发展。

红色旅游的历史积淀，以历史纪念地标志物承载的革命事迹和革命精神，以展览展陈所表现的主题性活动，具有政治的鲜明性、革命的典型性、精神的先进性、资源的巨大性、影响的广泛性和管理的多元性等多重特点。创新发展红色旅游，要从客观历史实际出发，尊重历史。如果红色旅游不注重历史而只注重创新，不注重历史强调发展，那就有可能破坏原址原貌，损毁文物文献。只有站在历史积淀上的创新，才有根有本有源及有红色旅游的生命力。

第二，在成就基础上创新发展。

据初步统计，全国参加红色旅游的人数由 2004 年 1.4 亿人次增加到 2014年 8.65 亿人次，建成 210 多个全国红色旅游经典景区，红色旅游 10 年发展形成规模体系，取得成就举世瞩目。在现有基础上的创新发展，红色旅游才能走得更稳、走得更快、走得更远，才能实现真正意义上的创新发展！

第三，在理论基石上创新发展。

习近平总书记关于"红色精神""红色传统"与"红色旅游"的讲

话，是我们今后一个时期实践工作的科学指南。红色旅游的理论建设一方面要从旅游文化、旅游要素、旅游市场、旅游产品、旅游服务、旅游规划、旅游管理等方面研究实践；另一方面，更要从关注国情、党情、民情、社情的变与不变，了解和把握新形势、新要求，这也是红色旅游提出的新命题、新任务、新挑战。

第四，在科学基准上创新发展。

红色旅游科学基准，首先要尊重自然规律，要坚持生态文明，着力推进绿色发展，循环发展，低碳发展。其次要尊重历史规律，有效保护和利用历史遗产，崇尚英雄，尊敬先辈，把"精神补钙"作为红色旅游重要的使命任务。最后要尊重旅游规律，结合传统旅游的基本要素与现代旅游发展要素，在景区规划建设、线路产品设计、旅游公共服务等方面，都必须以游客为中心，实现满意度的最大化，并做到文明旅游树形象，红色旅游做表率。

三 推进京津冀协同发展,红色旅游发展的愿景与构想

追忆革命岁月，翻阅历史画卷，传承红色精神，重要的使命就是要保护、挖掘和利用红色文化资源，提升红色旅游的文化品位，提高红色文化的震撼力、感染力和影响力，使革命传统教育入耳、入脑、入心。

(一) 以科学规划为先导, 实现红色旅游发展的整体性

规划是红色旅游发展的前提和基础，从基础设施建设、旅游景点开发、旅游项目产品等多方面入手编制规划，运用科学发展的理念，推动红色旅游科学发展。在建党 95 周年或 100 周年之际，五大革命圣地，三大革命摇篮，京津冀协同发展，把红色旅游景点扩展为"从一点红到一片红"，实现红色旅游资源的整体化、系列化。

(二) 以发展综合模式为重点, 实现红色旅游发展的创新性

以红色为基础，红色、古色和绿色相结合的发展模式，通过对"红、绿、古三色"旅游资源进行梳理，打造红红结合、红绿结合、红古结合、动静结合、历史和现代结合五大开发模式。前三个是从红色旅游资源联动开发的视角，促使红色旅游在正确、适度发挥"教育传承"功能的同时，实现红色旅游资源的跨区域整合，以及与自然生态旅游资源、历史文化旅

游资源的整合和联动开发；后两个结合是从红色旅游产品的视角，丰富红色旅游产品的表现形式，提高游客体验质量。

（1）红红结合。这是指把各地跨区域的、相关联的红色旅游资源以革命历史事件的经过为线索，以时间为序进行整合开发并设计产品线路的做法。这种做法能够加强红色旅游开发的区域合作，整合不同区域的优势资源，整合开发优质旅游产品。

（2）红绿结合。首先发展红色旅游需要绿色环境，适宜的绿色环境能够为红色旅游营造更加贴切的氛围。一方面优美的自然生态环境是改善红色旅游游客体验的基础，应该加大红色旅游景区的自然生态环境，维护景区生态环境的原生性；另一方面应立足红色旅游景点的主题特色，人为塑造与红色主题相应的生态环境，比如塑造类似"进京赶考"、渡江战役、阅读《解放号外》等具有革命战争符号的自然景观，能够更好地营造红色旅游氛围，唤起游客对革命战争年代的联想。其次，在红红结合的基础上，因地制宜地穿插一些自然生态旅游项目，可以丰富旅游活动，增加超出游客期望的经历，增强旅游体验。

（3）红古结合。把历史文化融入红色旅游之中。香山作为皇家园林，人文荟萃、历史底蕴深厚，为基于游客体验的红色旅游的深度开发提供了很好的古色人文背景。将皇家人文历史和红色资源整合，纵览古代名人和近现代的革命仁人志士，盘点古代技艺、儒家思想和近现代文化艺术、革命精神，红古结合，必将是现有基础上的突破跃升。

（4）动静结合。这是指红色旅游产品在展示方式上不能仅仅采用图片展示、文物陈列等静态方式，应利用现代科技，如多媒体、影视、情景剧等立体、生动的方式予以呈现，调动游客兴趣。开发一些具有体验性、刺激性和创意性的旅游项目，吸引游客深度参与。例如运用声、光、电等现代科技手段，全面而艺术地再现红色革命老区的重大革命历史事件和历史人物的全景式历程。让游客充分体验亲临革命时期战斗生活的氛围；还可以通过虚拟现实技术，组合电脑仿真、通信、人工智能、多媒体等多项技术，虚拟出一个在现实中并不存在而近似逼真的世界，开发出模拟战斗的场景，让年轻人在虚拟的世界中去感受当时战斗的场面，体会智斗敌人的乐趣，借此也可以更加直接地教育年青一代。同时，还可以配合开发参与性较强的体验项目，使红色旅游从静到动、从古板到鲜活、从观光到参与体验的系列转变，全面提升红色旅游的品位与档次，让游客产生"体验真实革命生活、感受穿越时空之旅"的感觉。

（5）历史和现代结合。红色旅游资源的开发，通过历史与现代的结合，是物质文化资源和精神文化资源进行时空的对话。一方面，要尊重历史，加强对于革命历史相关物质文化资源的保护。物质文化资源主要是指一些静态的、有形的资源，比如革命遗址与遗迹、英雄人物故居，这些都是真实的革命场所或集中展示当地革命遗物的场馆，很多资源具有不可再生性，对其进行旅游开发时应建立在保护的基础上。另一方面，要古今对话，加强精神文化资源的保护，以深刻体现民族自强不息的奋斗精神和强烈的爱国主义精神为核心内容的资源。这些精神文化资源可以通过文学艺术作品，如历史故事、红色歌曲、革命回忆录等形式进行呈现，我们还可以探寻、挖掘、传诵革命历史，并通过现代语言丰富其表现形式，例如采用"说、唱"结合，使珍贵的资料变成游客喜闻乐见的学习内容，通过"红色经典、现代表述"的独特方式将红色文化的内涵与精髓以轻松幽默的方式解说给游客。此外，红色旅游资源开发应尽量利用现代科技手段和现代文化理念。

（三）以建党95周年或长征胜利80周年为契机，提升红色文化传播的时效性

党的一大、二大、四大召开在上海，三大召开在广州，五大召开在武汉，七大召开在延安，八大至十八大召开在北京。开辟一条"中国共产党全国代表大会会址红色之旅"的国内线路，让人们亲见亲历，参与体验一个最初由58名党员创建的小党，到今天8700多万党员的大党，见证一条小船与一个大党经历了怎样的风浪，也见证了党的逐步壮大与成熟。党的六大在莫斯科郊外召开，开辟"满洲里—绥芬河—莫斯科的红色旅游国际线路"，也有许多创新发展的空间。满洲里是红色国际秘密交通线教育基地，入选全国红色旅游经典景区第一批名录，黑龙江省绥芬河市秘密交通线纪念馆入选第二批名录，以党的六大会址作为红色旅游目的地，把共产国际莫斯科中山大学、远东档案馆等，还有中苏友好同盟条约签订地，结合当年的苏联、如今的俄罗斯建筑物和域外风光，设计旅游线路，以国际共运史、中国共产党发展史等为历史背景，以国际共运史发生地、纪念地、标志物为载体，到莫斯科去看一看当年苏联的强大，以及亡党亡国的悲剧，开发旅游客源市场的广阔空间。

从某种意义上来讲，京津冀协同发展何尝不是一次远征？积极推进资源要素对接对流，积极主动作为，形成优势互补、互利共赢。在这样的文化上创新发展红色旅游，在景区规划、线路设计、前景开发、营销推广、景区管理等方面更加接地气，更加契合习近平总书记推进京津冀红色旅游的精神。

推进京津冀协同发展，是一场充满机遇和挑战的"大考"，作为红色资源重要责任主体和实践主体，更是一份沉甸甸的责任，信心百倍地迎接这场"大考"，用实际行动扛起推动京津冀协同发展的重担！

参考文献：

［1］范俊生（北京日报记者）：《用实际行动迎接京津冀协同发展"大考"》，2015年10月8日，http：//china. huanqiu. com/hot/2015 - 10/7704177. html。

［2］朱竞若（人民日报记者）：《协同发展京津冀 合力做好大文章》，2014年3月3日，来源：《人民日报》，http：//news. xinhuanet. com/energy/2014 - 03/03/c_ 1262 12277. htm。

［3］林艳、李泽伟：《北京将有序疏解非首都功能 推动京津冀协同发展》，2015年7月12日，来源：《北京青年报》，http：//www. enorth. com. cn。

［4］唐智慧：《京津冀协同发展的战略方向》，2014年12月1日，来源：《财经界》，http：//news. hexun. com。

［5］黄锐：《京津冀协同发展如何抓住"核心"》，2015年4月30日，来源：《新华网》，http：//news. xinhuanet. com/fortune。

Thoughts and Ideas on the Coordinated Development of Beijing, Tianjin and Hebei

Li Guohong

Abstract：This paper combs the historical development of the coordinated development of Beijing, Tianjin and Hebei. Described in the context of the joint development of Beijing, Tianjin, Hebei. The existing achievements of red cultural resources. Thinking and innovation of the coordinated development of Beijing, Tianjin and Hebei, Vision and conception of red tourism development. A culture of Beijing Tianjin Hebei, geo phase, deep historical origin, the formation and development of the historical context of the three dynasties, clarifying the significance of historical context to the coordinated development of Beijing, Tianjin and Hebei. Thinking and mode of thinking about the coordinated development of Beijing, Tianjin and Hebei. As an important subject and subject of red resources, carrying the mission of spreading the red culture, the pride of inheriting the red gene, the solemn feeling of passing the red spirit, let the red gene be handed down from age to age, with practical actions to promote the coordinated development of Beijing Tianjin Hebei shouldered the burden!

Key Words: Beijing, Tianjin and Hebei; Coordinated Development; Red Culture; Tourism; Innovation

打造京张体育文化旅游带
促进京津冀协同发展

安俊杰*

摘要：打造京张体育文化旅游带，是办好冬奥会的重要举措，是实现"带动3亿人参与冰雪运动"目标的强有力抓手。京张地区有条件、有能力办好这件事情。但是，两地要不失时机地迅速行动，紧密合作、周密策划，在做好规划的同时，进行具体项目建设。特别是张家口市要积极主动地当好小伙伴，与北京结成互助共同体，充分发挥自己的各种优势，进一步扩大开放步伐，确保把本市建设成为国际休闲度假旅游目的地和国际奥运名城。

关键词：打造旅游带；机遇；优势；合力

在北京与张家口联合承办2022年第二十四届国际冬奥会的大背景下，国务院明确提出"要打造京张体育文化旅游带"。这是深入落实京津冀协同发展这一国家战略的重大举措，是办好冬奥会的内在需求，也是京津冀在旅游、体育、文化及现代化农业等绿色产业领域融合发展的重要载体和平台，抓好这项建设，必将有力地促进京津冀协同发展。

一 京张体育文化旅游带提出的背景

2014年8月28日，京津冀文化领域协同发展项目对接洽谈会在天津举行。会上，三地文化主管单位共同签署了《京津冀三地文化领域协同发

---

* 安俊杰（1943— ），男，河北怀安人，张家口市政协原副主席，张家口晋察冀边区文化研究院院长、张家口历史文化研究会名誉会长。研究方向为张家口历史、地域文化。

展战略框架协议》。同时指出，鉴于北京与张家口联合申办 2022 年冬季奥林匹克运动会，国务院明确提出要打造京张体育文化旅游带。借此机遇，张家口的文化、生态、土地资源优势和京津的人才、创意、科技、金融资源优势将实现深度结合。

2015 年 3 月 27 日，北京冬奥申委副主席、北京市副市长张建东介绍，申办冬奥会已纳入京津冀协同发展战略，要在申办和筹办过程中建设京张体育文化旅游带。

2015 年 6 月，张家口市政府发出《关于支持旅游业发展的若干意见》一文，提出"以'打造京张体育文化旅游带'为着眼点，全面整合旅游资源，努力把张家口建设成为国际休闲度假旅游目的地和国际奥运名城"，并明确了发展目标，把旅游业培育成张家口市国民经济第一主导产业。

2015 年 7 月 31 日，国际奥委会主席巴赫宣布：中国北京携手张家口获得 2022 年冬奥会举办权。10 月 20 日，中共张家口市委书记侯亮在接受《北京日报》记者采访时说："我们要充分利用冬奥会的效应，发挥冰雪资源优势，全力打造辐射华北 3 亿多人的京张体育文化旅游带。"

由此可见，"打造京张体育文化旅游带"这一重大决策，是国家在申办冬奥会时就未雨绸缪，做出的决定。随着申奥的进展和成功，京津冀张便立即跟进，开始细化和行动。

打造京张体育文化旅游带，缘起我国申办冬奥会。奥林匹克运动发展的历史表明，奥运会和旅游是一对孪生兄弟。2002 年，奥林匹克研究委员会总结了百年来奥运会发展的历史贡献，归结为五大遗产：一是扩大了举办城市和国家的国际影响力；二是留下了体育馆场和体育人才；三是增加了人们对体育的参与和热爱；四是增进了举办国民众的向心力和凝聚力；五是促进了旅游业的发展。

因为旅游是人类对美好生活的向往与追求，是认识新鲜事物和未知世界的重要途径，而奥运会恰恰成为人们向往的旅游目标，所以二者之间关联密切。以澳大利亚为例，该国旅游协会的调查显示：在观看 2000 年悉尼奥运会的游客中，88% 的人表示，以后他们还要再来澳大利亚旅游。事实也正是这样，该届奥运会使此后 10 多年的澳洲旅游市场得以持续发展。

改革开放以来，我国的旅游业有了超常的发展，国家颁布了《旅游法》，出台了《国民旅游休闲纲要》，推出了一系列促进旅游业改革发展的政策措施，目的是把旅游业打造成国民经济的战略性支柱产业和人民群众更加满意的现代服务业，以迎接正在兴起的大众旅游时代。据统计，2015年我国居民国内旅游突破40亿人次，支出额占居民消费支出的10%。出境游客超过1.2亿人次，接待入境游客1.3亿人次，旅游收入4万多亿元。预计到2020年，我国居民人均出游次数和旅游收入还将翻一番。①面对冬奥会的绝好机遇和旅游市场可喜的前景，打造京张体育文化旅游带便成了京张地区旅游业大发展再好不过的契机。

二　"京张体育文化旅游带"的内涵

冬奥会的重要赛事是冰雪运动项目，作为我国历史上颇负盛名的两座北方城市，北京和张家口之所以能够成为举办地，就是因为具备了诸多的条件，特别是拥有冰雪资源和冰雪运动的传统。

北京与张家口联合申奥的历史渊源　远的不说，新中国成立以来，冰雪运动就一直延续了下来。2015年2月，习近平主席在北京雨儿胡同访问时回忆起自己少年时，冬天放学后到什刹海滑冰的经历，感慨地说"一个北京人如果冬天不滑冰，生活该多寂寞"。而张家口在20世纪中期，曾举办过全省滑冰比赛，培养了一批优秀运动员，成为关内冰上运动最为活跃的城市和运动员培训基地。1984年，全国冬季运动工作会议就提出我国冬季运动"以北京为中心，以东北、西北为两翼，北冰南展"的发展战略。近10多年来，由于城市经济发展和人民生活水平的不断提高，进行各种体育活动的人群越来越多。而北京地区，又拥有足够寒冷的冬季气候条件，周边的滑雪场也应运而生。其中张家口市崇礼区的滑雪场条件在国内尚属一流水平，最大客源就是北京。再加上张家口紧邻首都，有着直径约200千米的广阔地理空间和多条道路构成的多维交通体系，特别是张家口的生态环境良好，大气环境质量连续三年在京津冀地区保持了最好水平，又相继成为国家园林城市和国家森林城市。结果北京的"滑雪热"一轮超过一轮。"到崇礼去滑雪"成了人们的共识。足见北京与张家口携手申办冬奥会，并非仅仅是机缘巧合，而是优势互补、动能叠加，内含着历史的必然。

冰雪体育运动是发展冰雪旅游业的基础　只有广泛深入地开展群众性冰雪运动，持续承办国际和国内的冰雪体育赛事，才能为旅游业的可持续发展奠定坚实的基础。京张地区的冰雪体育运动就是这样走过来的。30多年前，北京龙庆峡的冰灯文化展打响了京张冰雪旅游的发令枪；20 多年前张家口崇礼县开始新建塞北雪场，拉开了京张冰雪运动的大幕；近 10 年来这里已成为京津冀地区和国外众多滑雪爱好者的乐园。

文化是体育与旅游的内核和本质属性　文化还具有反向调节功能，只有把中华优秀的传统文化和先进文化融合在体育旅游的全过程中，旅游业才能长盛不衰、历久弥新。京张地区是我国历史文化、中华传统文化以及近现代先进文化的荟萃之地，永定河上游的阳原县泥河湾是东亚古人类的发祥之地，涿鹿县一带是中华三祖黄帝、炎帝和蚩尤生息、争战乃至融合的地方，京张境内有从战国时期开始修筑赵长城等 8 个朝代修建的长城，被学界称为长城博物馆。长城文化、古建筑文化、民俗文化、邮驿文化、商贸文化、草原文化、察哈尔文化、红色文化异彩纷呈。桑干河—永定河把华夏民族第一城——黄帝城和建城 3000 年、曾为元明清三代王朝的首都、现在的国都北京城连接起来，孕育了丰盈博大的古今文化。从旅游的角度来看，京张地区乃是文明肇始的山水家园。北宋喜旅游、善观察的著名山水画家郭熙在《林泉高致》一书中说："世之笃论，谓山水有可行者，有可望者，有可游者，有可居者……但可行可望，不如可居、可游。"②京张地区可以说全占了，不但可行、可望，而且可居、可游。

"京张体育文化旅游带"的整体定位　旅游，写在纸上，是一条线，践行起来是一条带。因为旅游的人们要依线纵横观览景区、四处寻觅看点，尽情享受快乐。故而，策划旅游线路，必须放眼周遭，扩展延伸，通盘考虑。京张体育文化旅游带的空间布局，东连天津海港，西接山西大同，实为永定河—桑干河全域，内外长城之间。仅就张家口一段，坝上坝下，峡谷高山，河流湖泊，森林草原，寺庙古村，湿地草甸，景物各异，尽可浏览。在这个气象万千的地区铺陈开一条风光旖旎、人文荟萃、诗情画意、生龙活虎的旅游"宽带"，还有谁不想当一回徐霞客呢？专家们说，向往着这条旅游带的人至少有两个群体：一部分是直接参与者，如滑雪爱好者、接受冰雪运动知识教育和技能学习的学生以及从事冰雪体育的运动员、教练和裁判员等职业工作者；另一部分是通过观看比赛和诸如冰雪嘉年华、冰雪季、旅游节等而被吸引的"粉丝"类爱好者以及借助举办各种展览、表演、演讲的受众人群和从业人员。据权威部门测算，就华北范围内，可达 3 亿多人。如此众多的人参与冰雪运动，必将对我国乃至国际奥林匹克运动的发展做出巨大的贡献。

三　打造京张体育文化旅游带对张家口城市发展的作用和意义

冬奥会对张家口来说，是一个千载难逢的重大机遇。回顾历史，仅就张家口从明代宣德四年（1429）建堡算起，至今已有 587 年，期间曾经有过五次重大机遇，每次都使张家口发生了大变样：

第一次大变样是军堡变武城。张家口建堡后 52 年，即万历九年（1581），由长城线上的一个普通军堡变成了宣化、大同两镇首屈一指的武城。

第二次大变样是万历四十一年（1613），宣府巡抚汪道亨在张家口堡北的长城边修建了一座专事互市贸易的来远堡，从此一堡变两堡。既促成了蒙汉的全面互市，又实现了持久的和平。武城变商城，多了商贸的功能，实现了转型和跨越，意味着张家口向古代城市的蝉变。

第三次大变样是商城变大市。清顺治元年（1644）明亡清立，官方在小境门旁开了个大口子，修筑了大境门。这不但标志着北方民族关系实现了正常化，而且大大促进了与蒙俄贸易的发展。雍正五年（1727）中俄签订了《恰克图条约》，开通了两国间的贸易。随着张库商道的繁盛，张家口逐渐成为国际贸易城市。

第四次大变样是大市变省城。乾隆二十六年（1761）朝廷在张家口设立察哈尔都统，次年建都统署，管辖蒙古地区的察哈尔八旗四牧群。一直延续了 150 年。辛亥革命后，几经演变，成为察哈尔省省会，新中国成立后的 1952 年 11 月 15 日，察哈尔省撤销。

第五次大变样是省城变首府。抗战胜利后，张家口成为解放区最大的城市和晋察冀边区的首府，人称"第二延安"。

如今，与北京共同承办冬奥会、建设京张体育文化旅游带，业已开始为张家口带来一连串的机遇，如国家京津冀协同发展战略把张家口定位为京津冀水源涵养功能区、国务院批准张家口建设国家可再生能源示范区等，必将极大地促进张家口的城市发展。

这些叠加的机遇，首先，能够有力地促进全市的工农业生产和生态建设，加速众多贫困县脱贫的步伐；其次，随着奥运体育场馆的落地和前来滑雪、旅游人数的激增，各种交通、建筑、文化、休闲、娱乐设施都会如雨后春笋般地涌现；再次，与城市硬件建设相配套的市民思想道德素质教育、城市环卫管理水平的提高必将全方位地跟进。最后，面对这些历史性机遇，善于学习的张家口人，定能继承和发扬开放包容的精神，扩大自己的"朋友圈"，将张家口变成与世界互动、互学、互鉴的"孵化器"，全面发展、不断升级，从而实现历史性的跨越。

四　对策与建议

打造京张体育文化旅游带，需要我们做的事情很多，是一个重大的系统工程。笔者以为应采取如下对策。

第一，明确目标。

牢固树立"创新、协调、绿色、开放、共享"五大发展理念，把该届冬奥会办得"精彩、非凡、卓越"，将张家口建成国际休闲运动旅游城市和冬奥名城。

第二，搞清需要补足的短板。

短板表现如下：（1）旅游吸引核不足，没有全国性名片；（2）品牌形象不鲜明，文化创意与设计有待融合；（3）全域景点待开发，旅游线路需整合强化；（4）文创产品少，特色欠突出。

第三，加快编制《张家口市全域旅游产业发展规划》和《京张体育文化旅游带发展规划》。

围绕主导产业发展战略，坚持"全域布局、全季覆盖、全民参与"的发展思维，统领综合性多规合一的设计，在有效保护资源和生态环境的前提下，对旅游带内的项目建设、空间布局、整合管理以及具有国际水准的旅游服务体系建设等进行统筹安排。

第四，培育张家口四季旅游品牌。

全面强化体育产业、文化产业和旅游产业的具体项目建设，重点抓好冰雪产业链的延伸和群众性体育设施的建设；根据文化产业有逆势而上的特点，着力上一批高品位、有深度、有震撼力的文艺传媒项目，争取有较多的项目能够放入国家的总篮子里。特别是要精心打造"长城、泥河湾、三祖和春节民俗"四大文化品牌，以线挂点、点线辐射、渗透成带，着力谋划全域旅游的精品线路。

从 2017 年到 2022 年还有不到 6 年的时间，规划落地、项目建成应该在 4 年内基本完成。造就如此宏大的工程，2000 多天的时间，时不我待，是需要掰着指头倒计时进行的。因此，为了加快落实步伐，建议如下。

第一，构建京张互动合作机制。

当好北京的小伙伴，勇于担当，主动对接，紧密合作，形成互助共同体，实现共建共赢。

第二，搞好整合和结合。

全面整合张家口丰富的自然资源、历史文化资源，集中推出一批高端的、符合国际标准的旅游项目来。要与扶贫开发、美丽乡村建设、现代农业发展以及山区综合开发结合起来开展工作。

第三，抓规划和建设具体项目并举。

在制订规划的同时，就要同时谋划具体建设项目。不能等规划都制订完备了，才上具体建设项目。同样，制订规划、策划项目，既要由主管部门、专业单位主导进行，也需要同时发动群众，充分发挥民间团体和爱心人士的积极性，让更多的人参与进来。切莫只记得"高精尖"，忘了"群众性"。而考虑项目、提出要求，既要坚持国际水准、来"高端的"，也要注重地方特色，反映当地的历史和文化内涵。总之，就项目建设而言，无论是国家的，还是省里、市里的、北京的，还是张家口的，都要一齐上，尽快组织力量开展实地运作。唯其如此，才能实现已定的目标。

参考文献：

［1］李克强：《让旅游成为世界和平发展之母》，《人民日报》2016 年 5 月 20 日第 3 版。

［2］郭熙：《林泉高致》，山东画报出版社 2010 年版。

［3］丰若非：《清代榷关与北路贸易》，中国社会科学出版社 2014 年版，第 45 页。

［4］张伟良：《京津冀边区文化史稿》，解放军出版社 2005 年版，第 369 页。

**Promote Coordinated Development in the area of Beijing,
Tianjin and Hebei；Establish a Sports and Cultural Tourism
Belt in Beijing and Zhangjiakou**

An Junjie

Abstract：Establishing a sports and cultural tourism belt is a significant measure to hold the upcoming Winter Olympics as well as a forceful handhold to realize the goal of "bringing 300 million people to participate in ice-snow sports". Beijing and Zhangjiakou has both the conditions and abilities to make this a reality. Despite so, the two cities should grasp every opportunity to take immediate actions in strengthening cooperation and accurate planning when they are engaged in the construction of specific projects. Zhangjiakou, in particular, should take the initiative in playing its role as a partner, take full advantage of their respective resources and accelerate the steps in the reform and opening up drive to build up itself into an international resort and a renowned Olympic city of international popularity.

Key Words: Establish a tourism belt; Opportunities; Advantages; Combined efforts

从联合申冬奥成功议京张生态文明
协同发展的长期战略

李　全*

摘要：山水相连、地域一体的北京张家口地区，历史以来人
为地划分为两个行政区，长期形成了首都特大城市与落后地方的
二元化经济社会畸形发展格局，特殊的供需格局还导致了生态环
境持续恶化。基于加快生态文明建设"五位一体"战略和京津冀
协同发展战略，本文重点剖析张家口生态环境源头、上风上水特
点和水源生态涵养区定位，总结以往国家重点生态工程实施的成
就与缺憾，针对现实存在问题，依据生态环境自然属性，探讨未
来国家顶层设计与两地具体施政落实的可行性和长期战略要素，
以求实现京张大地人与自然和谐相处的互补双赢，重塑造福现
代、惠及子孙的永定河流域的青山、碧水、绿地、蓝天。

关键词：生态环境；唇亡齿寒；互补双赢；长期战略；京张
地区

北京张家口联合申办 2022 年冬季奥运会取得成功，开启了京张协同
发展的新时期，体现了党的十八大确立的建设中国特色社会主义，加快生
态文明建设"五位一体"战略的重要性。如何把国家顶层设计与北京张家
口协同发展有机结合，笔者根据唇齿相依的生态环境，亲身参与有关京张
地区实施国家重点生态工程的体会，基于张家口定位水源生态涵养区自然

---

* 李全（1951— ），男，回族，天津蓟县人，教授级高级工程师，张家口市水务局。现任
"全球水伙伴（Global Water Partnership，GWP）"中国河北理事，河北省老科学工作者协会水利分
会理事，张家口市晋察冀边区文化研究院研究员，《东西南北水文化》编委，《桑洋文化》编委。
专业方向：水资源与社会发展。

经济特点，就生态文明建设的特殊性，对京张生态文明协同发展的长期战略做粗浅探讨。

一　京张地区唇齿相依的生态环境

北京与张家口（以下简称京张）属于干旱半湿润向干旱半干旱过渡的水资源短缺地区，西北风气候明显，多年平均降水量自北京595毫米向西北递减至张家口的409.5毫米。京张地区地处内蒙古高原向华北平原的过渡地带，西北高东南低，燕山西支余脉与太行山北尾在此地区呈钳形交错相接，永定河水系和潮白河水系基本上在两山中汇流，劈山穿岭以山间盆地串联起京张大地，形成了山峦相接、水系同源、地域一体的整体地貌。自古以来张家口不仅是北京的水源地和生态屏障，还是京城的防卫北大门，也是距离最近的建筑与生活的林木采伐地。

然而，京张地区自然形成的地域环境一体性，历史上被人为分割为两个行政区域，导致京城和地方发展的二元性，特殊的供求关系还破坏了生态的关联性。这种长期分割造成了两地经济差距大，城市化程度不同，环境状况各异。自元明清北京建都以来，为都城建设、边防建设和宫廷生活（薪炭），就近掠夺式地长期砍伐上游林木，逐渐造成生态脆弱的张家口地区荒山秃岭、土地荒漠，加重了贫困。

新中国成立以来，特别是改革开放以来，地处北京两大水源地即官厅水库和密云水库上游的张家口地区，经济落后，自然条件差，只能以牺牲环境为代价来发展经济；加之北京特大城市的发展，两地超水资源承载力用水，造成了上游原本贫水区的河道干涸、地下水位下降、污染严重，土地沙化、风沙肆虐。上风上水的张家口生态环境恶化，反过来又影响北京。

进入新世纪，雾霾又成为河北省乃至首都的头号环境问题，由于国家确定张家口为水源涵养功能区，在经济社会发展中严格禁止上污染环境项目，故张家口空气质量一直居河北省之首。2015年河北省143个县，空气质量排在前10位的，张家口市13个县占了8个；国家环保部2016年1月和2月公布全国74个城市大气环境检测结果，张家口市均居京津冀13个城市之首，在全国排第12位和第17位。从整体环境来看，盛行西北风的张家口空气质量对首都雾霾的加重与清除，起着得天独厚的地理作用。北京张家口联合申办 2022 年冬季奥运会取得成功，就是互补双赢的结果。从过去、现在和将来分析，经济社会与生态环境使京张形成唇齿相依、唇亡齿寒的不可分割的整体发展单元。

二　京张地区生态环境工程的效果评估与经验借鉴

伴随着经济社会发展带来的生态环境问题，国家规划并实施了一系列有关生态环境的重点治理工程，取得了巨大的生态效益、经济效益和社会效益。然而，由于实施时代的认识水平和资金、科技、措施等因素，显现了一些在今后京张协同发展中应该借鉴的做法。

（一）以植树造林为主的国家重点生态环境工程项目

1. "三北"防护林大型人工林生态工程

"三北"防护林工程于 1978 年列入国家经济建设重要项目，由林业部实施，又称"绿色万里长城"。项目涉及中国北方半壁江山 406.9 平方千米，占国土面积的 42.4%，区域内沙化面积 149 万平方千米。这不仅是新中国成立以来的重大工程，更是全球生态环境建设的重要组成部分，成为"世界上最大的植树造林工程"，有德、日、美、意等 25 个国家、10 多个国际组织援助项目 58 项，先后有 50 多个国家、地区和国际组织的领导人和技术人员考察。1987 年联合国环境计划署授予我国"全球 500 佳"。项目区内的张家口不仅基本构建起带片网骨干防护林体系，同时大力发展经济林，林业产值由 9000 万元增至 3 亿元，有 240 村 15 万农民靠林果业脱贫致富。[①]

"三北"防护林工程规划 70 年，分 7 期治理，现在为第五治理期。由于从工程启动至今已过去 40 年，启动当时受政治形势"左"的思想影响，"一刀切"和"形象工程"比较普遍，急功近利，未能因地制宜、适地适树，造成水资源短缺的张家口坝上地区违背自然规律，大面积营造寿命短的速生杨，大量消耗本来就缺少的水资源，如今缺水造成大面积死亡。仅

---

① "三北"防护林工程，百度百科，2016 年 3 月 18 日。

张北县就达50万亩。①

2. 京津风沙源治理工程

2000年启动并实施1期项目，2期现正在筹划。这次工程启动背景发人深省：按常理"三北"防护林这个"世界上最大的植树造林工程"国家重大项目已实施20多年，而每年的地方植树绿化活动也搞得"有声有色"，可是2000年北方连续12次浮尘、沙尘和沙尘暴天气，频率之高、范围之广、强度之大，为首都50年罕见，主要原因是治理赶不上破坏。"防尘止漠刻不容缓，生态屏障势在必建"，国家紧急启动具有重大战略意义的生态建设工程。1期项目划分4个治理区，从北部干旱荒漠化草原，包括浑善达克沙漠，到农牧交错地带的沙化土地（包括张家口坝上地区），延伸到环京津的燕山丘陵山地水源保护区（包括张家口坝下地区），总治理面积22.2亿亩，总投资558亿元。以林草植被建设为主，采取综合治理，还首次实施规模化移民18万人。到2010年，沙化得到基本治理，沙尘和沙尘暴天气明显减少，总体上遏制沙化土地的扩展趋势，使京津周围生态环境明显改善。张家口项目区1800万亩荒漠化土地得到了控制，由于治理效果好，承办了由6部委参加的第二次京津风沙源治理现场会，笔者在筹备会务中，看到康保县满德堂与照阳河两乡一人高的围栏牧草千亩连片，再现"风吹草低见牛羊"草原美景。

本工程一改由单一部门实施为林业、农业和水利三部门，分别按统一规划负责完成，分进合击，为京张地区生态环境治理，开创了聚专业部门优势形成1+2＞3的合成优势新路子，取得比以往生态治理更好的效果，也为以后治理生态环境积累了经验。此工程缺陷是基于应急，虎头蛇尾，违反了生态环境是随经济社会发展人类活动活动而不断演化的属性，跟进治理措施与效果均不如前。

3. 退耕还林还草工程

从1999年国家开始在川、陕、甘试行退耕还林还草工程，2000年扩大到25省区。结合"三北"防护林、京津风沙源治理和水土保持等工程，规划为73年长期治理，基本是在山老边穷地区。从改善和保护生

---

① "三北"防护林张北段林木大批死亡，杨树一推即倒，搜狐新闻，2013年10月6日，央视网——张北防护林调查。

态环境出发，重点是将易造成水土流失的坡耕地有计划、有步骤地停止耕种，对退耕农民适当补助粮食、种苗、造林费和生活补助。按照适地适树（草）原则，一是坡耕地退耕还林还草，二是宜林荒山荒地造林种草。这项工程的成功特点是将治理和保护生态环境与补助农民钱粮脱贫致富相结合，取得很好的生态效益、经济效益和社会效益，张家口地区效果明显。①

退耕还林还草是生态环境工程的亮点，摈弃过去山老边穷地区"以粮为纲""越穷越垦，越垦越穷"长期禁锢我国"三农"问题的顽症，是实事求是、因地制宜、科学回归的时代进步。生态治理与农民脱贫致富相结合是今后必须关注的大问题，真正实现"退得下，稳得住、能致富、不反弹"，需政府给予长期重视。

（二）以涵养保护水土资源为主的国家重点生态环境工程项目

北京属水资源紧缺的特大型城市，新中国建立以来，曾多次发生严重的水危机。张家口全市水资源总量也从 1984 年到 2004 年的 20 年内衰减17%，官厅水库、密云水库年均入库量由 20 世纪 50 年代的 19.8 亿立方米和 17 亿立方米，下降到 90 年代的 3.0 亿立方米和 5.3 亿立方米，1997 年官厅水库还因上游污染被迫退出生活供水，水库淤积 6.46 亿立方米。② 永定河、白河（潮白河两大支流之一）是张家口和北京的母亲河，针对京张地区日益恶化的水环境，国家先后实施了包括永定河流域的全国八片水土保持重点防治项目、密云水库上游水土资源保护治理项目和 21 世纪初期（2001—2005）首都水资源可持续利用规划等国家重点工程项目等。

21 世纪初期（2001—2005）首都水资源可持续利用规划系统工程，该项目是为解决 21 世纪初期南水北调引水进京前，确保 2008 年"绿色奥运"和北京供水安全的应急工程，是新中国成立以来涉及京张地区首次实施最大规模的包括生产、生活、生态及水保、节水、治污的综合治理系统工程，从大生态大流域的观点出发，本着"量质并重、保障供给"和"挽

---

① 参见李全《水环境修复是 21 世纪实现人水和谐的基础战略——21 世纪初期首都水资源可持续利用规划实施效果剖析》，《第 11 届海峡两岸水利科技交流研讨会论文集》，中国水利水电科学研究院、台湾大学、美华水利学会，2007 年 9 月。

② 参见袁博宇、张跃武《官厅水库流域生态环境修复与治理效果研究》，《北京的母亲河——永定河论坛论文集》。

救官厅，稳定密云"的目的，以"流域上、中、下游相结合，点、线、面相结合，软硬件相结合及源头控制的原则，运用物理和生物生态等方法进行综合治理"工作思路，总结新中国成立以来单一水利工程模式的缺陷，以长期效益与近期效益相结合，工程措施与非工程措施相结合，旧有工程修复改造与新建工程相结合，着力生态效益、社会效益和经济效益相结合，体现了统筹区域整体、兼顾流域上下游之间共同富裕可持续发展的科学发展观。

全部规划包括 375 个子项目，内容包括：农业节水改造、水土流失治理、企业污染点源治理、建设污水处理厂、工业节水、水量水质监测和项目管理信息系统建设，工程总投资 221.47 亿元，项目区为山西大同、朔州、河北张家口、承德等 4 市和北京市。

工程效果与生态、社会和经济效益显著。河北、山西连续 6 年向官厅水库和密云水库集中输水 3.14 亿立方米，北京市年均节水超过 1 亿立方米，张家口市农业节水在 1 亿立方米左右；张家口市区铺设污水管网 40 千米，在纵贯市区 20 千米的清水河建 32 道橡胶坝取代了污水遍河流的污染现象。张家口市永定河、潮白河流域各县城都建起污水处理厂；官厅水库入库水质由规划实施前的 V 类水，稳定到目前的 Ⅳ 类水，入库 COD 浓度已降至 Ⅲ 类水标准以下，恢复试供饮用水，密云水库潮白河水质保持 Ⅱ 类。[①] 治理区林草覆盖率由 20% 提高到 50% 以上。原绝迹的野兔、山鸡、狐狸等野生动物成群出现在项目区；已治理 1000 多平方千米面积，年保土量达 300 多万吨，2003 年和 2004 年入官厅水库泥沙比 20 世纪 90 年代年减少了 100 多万吨；空气质量明显改善，2004 年春我国北方多次出现沙尘暴，张家口几乎没有发生。

本工程实施效果从张家口人均水资源不足 500 立方米，在不增加总用水量、保障当地 10 多年 GDP 近 10 个百分点的发展态势下，还能连续向北京集中输水，足以证明生态环境修复系统工程的重要性和可行性。该工程的主要缺陷是"21 世纪初期（2001—2005）"属"头痛治头、脚痛治脚"的权宜之计、短期行为，奥运会结束，南水北调进京，项目停摆，若继续

---

① 参见李全《从人定胜天到人水和谐水利发展转变的启示——冀西北六十年水利发展过程调查》，《第 12 届海峡两岸水利科技交流研讨会论文集》，中国水利水电科学研究院、台湾大学、美华水利学会，2008 年 10 月。

工程可获事半功倍的效果，可惜类似项目未能连续实施，但其设计理念应为今后生态环境工程项目所借鉴。

三　京张生态文明协同发展的战略与对策

国家确立京津冀经济一体化协同发展战略和党的十八大建设中国特色社会主义，加快生态文明建设"五位一体"战略的顶层设计，如何落实到京张生态文明协同发展的具体实践，最为关注的是十八大同时确定的全面推进城市化、工业化进程，怎样来实现"一体化生态城市群"和"首都绿色经济圈"，怎样避免重复城市环境和区域生态环境以往"先建设，后治理"或"边破坏，边治理"的顽瘤，关键是各级政府必须以创新视觉和观念，以历史责任和时代担当依法行政，保障京张协同绿色发展。

（一）经济社会发展方式是京张生态文明协同发展的战略核心

选择什么样的发展道路，决定着什么样的未来。早在 1983 年 12 月 31 日，第二次全国环境保护会议就确定环境保护是我国必须长期坚持的一项基本国策，并强调：经济建设、城乡建设、环境建设必须同步规划、同步实施、同步发展。党的十六大又提出了"可持续发展能力不断增强，生态环境得到改善，资源利用效率显著提高，促进人与自然的和谐，推动整个社会走上生产发展、生活富裕、生态良好的文明发展之路"的全面实现小康社会宏伟目标。紧接着党的十六届三中全会进一步明确"以人为本，全面、协调、可持续的发展观"，强调"统筹人与自然和谐发展"。然而 30 多年来，一些地方政府片面追求 GDP 政绩，忽视环境建设，以"跨越式发展"偷换"可持续发展"概念的内涵和外延，长期造成一系列环境问题，据有关研究多年计算评价结果，中国经济发展 GDP 中，至少有 18%是依靠资源和生态与环境的透支获得的。[①]

譬如张家口坝上是农牧交错生态脆弱带的草原内陆河地区，年均降水 400 毫米以下，水资源严重短缺，该县在世纪之交将"错季蔬菜"作为主导产业，而蔬菜是极耗水农作物，2004 年张北县有着 4000 多公顷水面、

---

① 参见姜春云《中国生态演变与治理方略》，中国农业出版社 2004 年版。

蓄水 1.2 亿立方米的安固里淖，因上游大力扩种蔬菜在降水偏丰年干涸。[①]
笔者 6 次去该县调查，2002 年夏秋该淖还是碧波荡漾、游船漂荡，仅两年
时间就干涸见底，湖底成为白花花的盐碱滩，10 多米长的 2 艘铁壳游船半
截埋着沙土中，北京投资人千万元的安固里淖度假村成为废墟。风一吹
过，湖底白细沙扑面而来，荒漠化隐患使人心忧。20 世纪 50 年代该县湖
淖 100 多个，80 年代初尚有 51 个，水面总面积约 6700 公顷，总蓄水 1.81
亿立方米。张北县城区近 20 年扩展了 5 倍，过去市民靠扁担不下肩就能
打井水，现在供水厂钻机井已超 200 米。前文所述缺水还导致 "三北" 防
护林枯死的杨树达 50 万亩。"张北现象" 说明农牧交错生态系统脆弱的内
陆河地区，环境一旦破坏，很难恢复。

（二）落实生态补偿机制是生态涵养区未来发展的生命线

张家口定位生态涵养区，这基本限定了经济落后的张家口今后发展的
项目，更多的是责任与贡献。生态经济学专家 1999 年对全球生物圈服务
价值的保守估计：生态系统提供的服务价值每年在 16 万亿至 54 万亿美
元，平均 33 万亿美元，相当于当年全世界 GDP 28 万亿美元的 1.18 倍。
生态与环境对人类的贡献是极其巨大的，但是人类对生态与环境的 "补
偿" 却十分有限。目前，一些发达国家每年生态与环境治理的投入约占
GDP 的 5%，而我国为 2% 左右，远不能补偿经济社会发展对生态与环境
的索取和损坏。"三北" 防护林工程实施 30 多年来，工程总投入不过 100
多亿元，还不及京沪高铁总投入的 1/20。而以往生态环境工程的单位治理
资金投入北京市数倍于张家口各县。

北京市生产生活现年需水 40 亿立方米左右。[②] 近期南水北调进京 12 亿
立方米虽有缓解，但 2/3 的水还需永定河与潮白河涵养和补充，现阶段每年
张家口入官厅水库 3 亿立方米水，入密云水库 2 亿立方米水，还有永定河河
床每年渗给北京地下水 2.59 亿立方米。[③] 然而，上游张家口市及 13 县生
产和生活总用水，靠节水措施 10 多年一直维持在 10 亿立方米左右，并且是

---

①　参见李全《安固里淖干涸析因》，载《水利学报》，中国水利电力出版社 2005 年增刊。

②　参见颜长远《调整用水结构实现 "三减两增两积累"》，《环首都水源地保护与生态建设
学术研讨会论文集》，北京市科协、北京水利学会、河北省水利学会，2001 年 9 月。

③　参见黄玉璋《永定河博物馆构思》，《北京的母亲河——永定河论坛论文集》，北京市水利
学会、北京永定河文化研究会。

在关停并转百多家耗水或污染企业，稻田全部改旱作情况下取得的。笔者在主持《环首都永定河、潮白河流域水环境修复发展战略研究》课题调研时，怀安县一位农民反映："国家一句话就让我稻改旱，我的产量少了，收入少了谁来管？我总不能成天就咸菜吃棒子面，看城市人大米饭炖肉住高楼吧？"张家口是经济落后地区，坝上地区基本上是贫困地区且资源缺乏。前述的"张北现象"说明经济发展项目在当地选择性很小，在全国发展全民致富大潮中，张北县及坝上地区不恰当的发展方式也是不得已而为之，全国像甘肃民勤县等因发展方式不当导致的生态灾难屡见不鲜。关于生态补偿机制已讨论了 20 多年，我国的国力现已具备实施的条件，落实是当务之急。特别是京张地域关系已雄辩证明，上风上水的张家口，假如像唐山、邯郸和邢台那样发展工业，北京的缺水、污染和雾霾该是何等程度？我们首都在世界的形象将是什么？其治理的难度与投入该是何等巨大！

张家口定位水源生态涵养区，而现状严峻，未来堪忧。桑干河上游因山西省册田水库控制，张家口境内桑干河已成季节河；洋河因大唐电厂和张家口、宣化两大给水厂在相邻区域集中抽取地下水，以使该区域地表河流断流，地下水位持续下降，今后若影响下游洋河再断流，永定河及官厅水库的未来可想而知。

建议一：国家和北京市应专题研究关于建设国际一流大都市与维系张家口水源生态涵养区的长期"特区政策"，针对经济落后的张家口水源生态涵养区的地理特殊性及今后发展，建立中央和北京两个层面对上风上水的张家口，资源与生态补偿机制和长效财政支持政策倾斜。

建议二：由于张家口不属南水北调受益区，而未来需水靠本地尚难保证，又承担北京水源涵养，国家要帮助张家口乌拉哈达水库尽快开工兴建，既能保障张家口市区供水和防洪，又能确保 2022 年冬季奥运会补水预案的需要；远期力促南水北调西线工程的实施，规划张家口从山西万家寨调水工程立项及分水指标。

（三）普及和创新生态文化是生态文明建设的战略基础

文化是人类在社会历史发展过程中所创造的物质财富和精神财富的总和，文明是社会发展到较高阶段表现出来的状态。生态文化是一种涉及人与自然关系的文化，是人类社会发展到近现代伴生的一种全新的文化，它探讨和解决的是人与自然之间的复杂关系。20 世纪 80 年代，对于大多数老百姓来说，"生态"还是陌生词。要建设生态文明必须从普及和创新生态文化做起，这是我国新时代提高国民整体素质的重要社会系统工程，也是中国未来发展的基础工作。包括学习生态学基本知识，树立生态自然观、生态世界观、生态价值观和生态道德观。人类要在自然界中永久生存下去，必须从价值取向到生产方式、消费模式来一个重大变革。在当前要从学生、社会公民、企业和政府四个层面进行不同重点的补课并形成全国的继续教育。特别是学生和公民的生活消费行为，企业和团体的生产自律，政府部门的决策与监管，要遵循可持续发展的生态道德准则，把生态道德准则纳入国家管理和政策的基本规定中，公民个人和团体企业被赋予与其权利相适应的义务，一定要使自己的行为基准尊重生命、尊重生态、尊重自然，人与自然和谐相处。京张经济社会、生态文明协同发展要在具体的项目对接中，将生态第一的理念落到实处，持之以恒，永葆京张大地青山、碧水、绿地、蓝天。

（四）全面贯彻法治是京张生态文明协同发展成败的关键

中国是法治国家，然而从地方政府和企业团体以及到公民个人，法治思想淡薄，口号多，行动少，违法多，处理少。从政治生活、经济社会到城市农村，违法违纪现象层出不穷，致使生态环境问题 30 年间全国留下无数沉痛教训。洪灾、缺水、沙尘暴、污染、雾霾等生态灾难已经成为中国现代化进程不可回避的顽症，抵消了改革开放创造的万亿元红利，留下了许多不可挽救的生态灾难，究其主要根源之一就是中国现代法治的缺失。本文前述党中央早在 30 多年前就将保护生态环境定为国策，而每年的两会和专门会议"雷声大、雨点小"，"前边治理，后边破坏"，我行我素，执法的效果大相径庭。张家口的生态环境问题及根源和全国相似，笔者 40 年工作经历感触颇深。对于生态环境问题的解决，习近平主席曾在 2015 年 3 月 6 日两会期间，参加江西省代表团审议政府报告讨论时讲："环境就是民生，蓝天也是幸福，要像保护眼睛一样保护生态环境，像对待生命一样对待生态环境。对破坏生态环境的行为，不能手软，不能下不为例！"愿习主席的讲话在京张生态文明协同发展中落地生根。

（五）京张生态文明协同发展战略的支撑要素

京张生态文明协同发展需紧跟时代、贴近民生和创新科技：（1）经济社会和生态文明协同发展的政府决策决不能违反以人为本、全面、协调、可持续的科学发展观；（2）立项要体现流域统筹，协调上下游共同治理，实现资源共享、利益双赢、社会公平；（3）项目设计要体现人与自然和谐理念和工程措施与非工程措施软硬件齐上的科学理念；（4）生态环境规划与治理要预防为主、体现标本兼治、综合治理，多部门集合，多学科渗透的现代系统工程思想；（5）京张生态环境建设要立足连续治理和常效管护，要加强项目区民生逐步改善，兼顾经济、社会和生态效益，体现近期利益与长远效益的有机结合。（6）京张生态环境建设鉴于张家口是国都的水源生态涵养区之特殊重要性，必须有国家专项和持续的资金支持。

A Long-term Strategic Discussion on Coordinated Development of Ecological Civilization about Beijing and Kalgan from the Successful Joint Winter Olympics

Li Quan

Abstract：Beijing & Kalgan is the same basin and mountains, but since the history of man-made divided into two administrative areas, long term formation of the capital metropolis and backward places duality economic and social deformity development pattern, the special supply and demand pattern causes the ecological environment to worsen continually. Be based on speeding up ecological civilization construction strategy, coordinated development strategy of Beijing, Tianjin and Hebei, this paper focuses on the ecological environment of Kalgan, windward and upriver features, location of ecological conservation area, sum up the achievements and defects of national key ecological projects, aiming at practical problems, according to the natural attribute of ecological environment, discuss the feasibility and long term strategic elements of future top-level design and implementation of two specific policies, in order to achieve harmony between man and nature complementary win-win of Beijing & Kalgan, remodeling Yongding River Basin's Castle Peak, green water, green, and blue sky, benefit modern, benefit descendants.

Key Words：Ecological Environment; Stake; Win-Win; Long-term Strategic; Beijing & Kalgan

北京与张家口联合申办冬奥会的自然环境与历史文化基础分析[*]

北京与张家口联合申办冬奥会的自然环境与历史文化基础分析[*]

何　露　张宝秀[**]

摘要： 北京与张家口联合申办 2022 年冬奥会是两地相辅相成、共同成长的一次双赢合作。此次合作以北京与张家口密切相连的地理环境和历史文化为基础，在体育文化、交通、经济、社会等多领域展开，将促进北京与张家口以及周边其他城市各方面的合作，有利于京津冀协同发展国家重大战略的实施和京津冀一体化目标的实现。本文着重分析北京与张家口两地联合申办冬奥会的地理基础和历史上的互动关系，以期能够为北京与张家口以及周边城市的协同发展和共同进步提供历史的基础认识、经验借鉴和文化的认同。

关键词： 北京；张家口；冬奥会；京津冀

2015 年 7 月 31 日，国际奥委会第 125 次全会投票决定，第 24 届冬奥会将在北京与张家口举行。这是中国首次成功申办冬奥会，也使北京成为全球首个夏、冬两季奥运会的举办城市，还将张家口推向了世界舞台，成为全球瞩目的焦点。对北京与张家口来说，申奥的成功不仅是一次与奥运的结缘，更是一次重大的发展机遇，将促进北京与张家口在社会、经济、

* 本文是"北京市社会科学基金重大项目元明清时期北京与周边地区关系的历史地理学研究：基于古地图的考察"（项目编号：15ZDA15）研究成果的组成部分。

** 何露（1991— ），通讯作者，女，江西九江人，北京联合大学专门史专业硕士研究生，专业方向为区域社会文化史。张宝秀（1964— ），通讯作者，女，山东即墨人，教授，博士，北京联合大学应用文理学院院长、北京学研究地主任、北京学研究所所长，主要研究领域为历史地理学、人文地理学。

生态、交通、体育文化等多领域的合作，推进京张之间乃至京津冀内部的快速联动与发展，为实现京津冀一体化提供更多的经验和认识。北京与张家口这一次难得的合作离不开两地"相连"的地理环境和"相融"的历史文化。

一 北京与张家口联合申办冬奥的地理环境基础

（一）区位

北京与张家口，即北京市与河北省张家口市所在区域，地处东经113°50′~117.4°，北纬39°30′~42°10′，总面积约5.32万平方千米。其中，北京位于华北平原北端，毗邻天津市和河北省。张家口市则是河北省西北部的一个地级市，其西南部与北京市西北部相邻，距北京约200千米，两地交通极为便利。

正如图1所示，北京与张家口山水相连，密不可分。从全国范围来看，京张位于华北平原、内蒙古高原、东北松辽平原和山西盆地等几大地貌单元的交接地带，且同处于我国北方农牧自然分界线即半干旱区和半湿润区分界线上。这一独特的区位使京张成为游牧地区和农耕地区不同的生活和生产方式、不同的社会结构、不同的政权组织以及不同的民族文化的交汇地带。在京张地区，这些不同的文明通过战争、贸易、和亲等不同的方式在各个历史时期不断相互交流、相互作用，最终形成了由北方游牧文化、中原农耕文化、西方外来文化、多种宗教文化等交汇融合而成的多元文化综合体，即"兼容并蓄"的京张文化。北京与张家口这一相融的、深厚的文化底蕴，为北京联合张家口申办冬奥会增加了浓厚文化认同感，也为京张联合申办冬奥会的成功提供重要的文化砝码。

（二）地貌条件

北京与张家口同处于第二级阶梯与第三级阶梯的交接处，地形地貌复杂，地势总体"西北高，东南低"，呈阶梯状分布。如图1所示，从北京东南到张家口西北，海拔高度由500米以下升至1500米以上，且有平原、丘陵、山地、山间盆地以及高原等多种地形地貌镶嵌其间，形成了各自不同的地貌单元。这些地貌单元有着适宜人类生存和发展的气候环境与自然资源，也为京张两地联合举办冬奥会提供了良好的地貌基础。

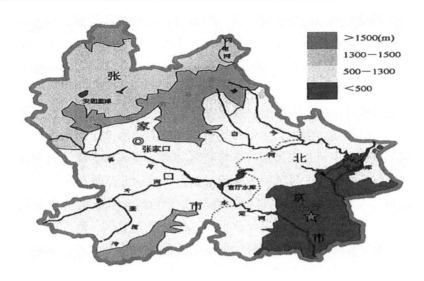

图 1　京张区域地势、水系略图①

国际奥委会评估团对北京与张家口进行实地考察后，也高度认可了北京与张家口赛区举办冬奥会场地的自然环境和山地条件。尤其是张家口崇礼境内多中低山脉，海拔在 814 米至 2174 米范围内，山地坡度多在 5 度至 35 度之间，山形、地貌条件十分优越。崇礼在这一地貌基础上建立了一些高级别的天然滑雪场，其山体高度、落差、坡度和朝向等都极其适合开展国际高端竞技滑雪运动，分担了北京赛区承办雪上项目的压力。

(三) 气候状况

北京与张家口同处在暖温带与中温带的过渡地带。受强大蒙古高压控制，北京与张家口夏季凉爽短促，冬季寒冷漫长。北京与张家口这种"冬季寒冷漫长"的气候特点，为北京与张家口联合举办 2022 年冬奥会也提供了良好的气候条件，尤其是张家口市崇礼县冬季降雪天气多，雪量大，雪质优，存雪期也长，符合降雪期在 4 个月以上为优秀的冬奥会评估标准，而且崇礼雪季温度、风速都适宜开展国际高端竞技滑雪运动。

相较于张家口，北京现有的硬件设施虽达不到冬奥会雪上项目的赛事要求，但北京在 2008 年曾成功举办过夏季奥运会，不仅拥有举办奥运会

---

① 王宝钧：《基于生态联系的京张区域整合研究》，硕士学位论文，首都师范大学，2006 年。

冰上比赛的场馆和设施，还拥有举办奥运会的经验值得借鉴。因而，北京与张家口联合申办冬奥会是两地发挥各自优势、互惠互利的高效行为。

（四）河流水文

北京地势西北高，东南低，其重要河流大多是自西向东流，与张家口境内水系一脉相连。例如，永定河是由张家口南部的桑干河水系与中部洋河汇流而成；潮白河是由张家口东北的白河水系与其他支流汇流而成。北京与张家口上水区和上风区的一致使得张家口成为北京重要的水源地和不可或缺的生态屏障。但张家口的洋河与桑干河水系因降水季节分配不均匀，流量不稳定，加之上游流经黄土区，植被覆盖率低，河水含沙量较多等原因，时常发展发生淤决，对北京地区的河流水系产生很大影响。历史上张家口与北京地区经常同时发生水灾。

因此，北京与张家口联合治理生态环境，保护与科学利用水资源极为重要。尤其是要重视张家口地区的水土涵养和生态环境建设，这不仅能为张家口绿色、生态和健康发展提供了良好的环境，也有利于保障北京的用水安全和生态环境的治理，符合 2022 年北京张家口冬奥会三大理念之一"可持续发展"的要求。

（五）植被情况

北京与张家口同属于温带落叶阔叶林和温带草原区的交界处。两地生态环境都较为脆弱，植被一旦遭到破坏，很容易造成灾害。尤其在风沙方面，北京冬春季吹西北风，大部分风沙来自北京的西北部，张家口作为北京西北的门户，其土壤状态和植被覆盖率对来自蒙古的西北风沙在北京能否形成风沙以及风沙大小起着关键作用，张家口北部坝上地区的草原植被变迁情况值得注意。①

毫无疑问，保护京张两地森林和植被，加强对张家口坝上草原植被的保护与土地沙漠化的治理，对北京地区的风沙以及雾霾天气治理将都极其有利。2013 年，北京市启动了为期 5 年的清洁空气行动计划。张家口政府

---

① 参见王玲《北京与周围城市关系史》，北京燕山出版社 2014 年版，第 185—188 页。

近年来也大力实施"退耕还林，治水节水，防风固沙"① 政策。现今，张家口生态治理取得明显的成效，不仅森林覆盖率上升，空气质量也成为京津冀地区的优良代表。京张两地在生态环境上的治理与合作，改善了北京与张家口的生态环境，也将为京张联合举办冬奥会提供良好的环境基础。

二　北京与张家口联合申办冬奥的历史文化基础

北京与张家口地缘相近，山水相连，在山形地貌、河流水文、气候、植被上密不可分。北京与张家口独特的区位和自然环境，使得从古至今有着诸多民族和文化先后在这里交汇融合，带动了北京与张家口在政治、经济、军事、文化等方方面面的联系与交流，为京张联合申办冬奥会提供了历史文化的认同。可以说，北京与张家口"相连"的地理环境造就了北京与张家口"相融"的历史文化。

（一）辽金以前北京与张家口联系的开始及初步发展

北京与张家口地区气候干湿、冷热适中，水源充足，植被茂盛，物种繁盛，很早就已经有了人类的生存痕迹。考古学家通过对战国以前北京与张家口各个时代重要考古遗址出土的文物分析和比较，发现北京与张家口地区一直有众多不同系统的考古学文化存在。"各类文化间既有继承和发展，也有共存与断续。诸文化间表现在文化关系上的这一相互交往、相互影响和考古学文化的变化过程，体现了北京与张家口在连接辽西、内蒙古和中原几大文化区中所起的重要环节作用。"② 战国后期，燕在与东胡的争夺中获胜，设五郡统辖东胡退出的地区。今张家口宣化、怀来、涿鹿等地都属于当时燕五郡之一的上谷郡管辖，与时为燕国蓟城的北京开始了政治、经济、文化等多方面的互动，并承担起了燕国西北屏障的作用。张家口地区对北京的军事作用开始显现。

秦统一六国后，在全国推行郡县制。北京与张家口地区分属于广阳郡、上谷郡、渔阳郡、右北平郡和代郡，共同承担着秦王朝北边防御东胡

---

① 耿建扩、刘永刚、张泽民：《张家口生态环境得到有效恢复》，《光明日报》2014 年 5 月 14 日第 1 版。

② 陶宗冶：《试论张家口地区战国以前的考古文化遗存》，《北方文物》1994 年第 2 期，第 21 页。

与匈奴的责任。汉初，匈奴常出没在长城沿线"攻城屠邑，驱略畜产"①。此时的张家口坝上地区为匈奴左地及乌桓族出没地区，张家口中南部与幽燕地区则成为匈奴自坝上南下的前沿阵地。武帝时，发动了反击匈奴的系列战役，解除了边境威胁。此后，汉将乌桓迁到"上谷、渔阳、右北平、辽西、辽东五郡塞外"②，设"护乌桓校尉"代表中央监护管辖。东汉时，乌桓和匈奴联兵多次劫掠汉边境，沿边各郡受损严重。东汉政府遂将上谷、代、雁门三郡人民迁往居庸关以东的幽州地区，同时征讨匈奴和乌桓。为了挟制匈奴，东汉以钱帛贿赂乌桓归附，并"复置校尉于上谷宁城，开营府，并领鲜卑，赏赐质子，岁时互市焉"③。东汉张家口、宁城一带与匈奴、乌桓等民族互市，发挥了张家口作为华北地区与塞北的交通枢纽作用，也促进了北京与张家口及周边地区人员流动和经贸往来。

"五胡乱华"后，北京与张家口全境大都被游牧民族政权先后统治，历经多次政权更迭，直至北周杨坚南下灭陈，统一全国。隋唐时期，北京与张家口再度成为其东北部一个军政中心，也是南北民族贸易和文化交流的前沿地带。唐太宗时对周边民族实行羁縻统治，与少数民族关系良好，北方民族常常派入幽州与唐朝进行朝贡。唐中期，府兵衰弱，地方藩镇兴起，镇守幽州的范阳节度发动叛乱，幽燕地区陷入藩镇割据的动荡时期。五代中期，后唐大将石敬瑭将包括幽州在内的燕云十六州割让给了契丹。

从这些零星的记载中，可见北京与张家口因独特的地理位置和多民族混居的状态，成为各方势力争夺的热点。尤其是张家口坝上地区，连接着蒙古高原，是匈奴、乌桓等北方游牧民族南下的门户和主要军事目标之一。秦汉至隋唐几百年的漫长时间里，北京与张家口时常被人为地分成不同的行政区域，虽然两地在军事、经济和文化等方面很早就有密切联系，但始终没有兴盛起来。

（二）金元明清时期北京与张家口联系的日益紧密

辽金以来，北方游牧民族壮大，对中原农耕政权产生极大威慑，与此同时，东北地区也逐渐得到开发，中国的政治中心开始东移。北京作为国

---

① 许嘉璐、安平秋等：《二十四史全译·汉书》，汉语大辞典出版社2004年版，第1075页。
② （唐）范晔：《后汉书》卷90，李贤等注，中华书局1974年版，上册，第2981页。
③ （南朝·宋）范晔：《后汉书》卷90，李贤等注，中华书局1974年版，上册，第2982页。

都，人口聚集，对木材、煤炭等资源的需求增大，加剧了对北京及周边地区资源的消耗，对自然环境造成了极大的破坏。但随着自然资源的开发，北京与张家口的政治、军事、经济地位得到极大发展。中原王朝防御重点也从西北逐渐向北方乃至东北转移。

金建中都于北京后，北京的地位发生了根本性的转变。为了防御蒙古兴起，张家口成为金防御西北的重要防线。其后，蒙古族南下，建大都于北京，北京的政治、经济和文化得到了极大发展，我国的政治中心正式东移和北移。此时的张家口属中书省上都路和兴和路管辖，作为元大都与元上都之间的重要通道，人员往来频繁，商贸繁荣起来。元中都建立后，张家口的地位变得更加重要。明时，蒙古族残余力量一直不停地骚扰长城沿线地区。为了抑制蒙古势力，明成祖迁都北京，5 次从宣府出兵亲征北元。《宣府镇志》载："上谷设官自郡守始盖治郡治，重边防也。自汉而降官制纷更，而文臣武将代不乏人……况有明以来巡抚将军之属皆驻宣化。"[①] 除了驻军张家口，明朝在蒙古族集中分布的地区修筑多处卫所作为防御蒙古族南下的据点，由重兵把守，最终形成著名的九边防御体系。此时，张家口地区作为保卫北京的门户，其军事地位到达顶峰。

北京与张家口的经贸联系亦是日益增多。尤其是隆庆议和极大地刺激了宣府地区长城内外的经济交流，据《宣化府志》载："宣府贡市起初无制度，巡抚吴兑始定番部贡仪与通使之礼。"[②] 地方官府的许可和支持使互市贸易更加繁荣，还拉动了张家口、万全右卫、怀安等城市的发展。张家口地区商业的发展和城市地位的提高，也促进了北京与张家口之间以及北京通过张家口与蒙古、山西等地的贸易往来。清时，通过武力征服、联姻、赐封等各种手段招抚蒙古诸部，巩固了对蒙古的统治，长城不再是中原王朝与少数民族政权的分界线，张家口军事地位大大下降。而作为京畿重地的张家口与北京的政治、经济联系却更为密切。尤其是张家口作为一个沟通北京政府与蒙古乃至俄国贸易往来的中心，其经济发展达到了一个高峰。1701 年，张家口开埠，以张家口为起点的张库大道正式形成；1727 年中俄《恰克图互市条约》签订后，张家口成为京畿、华北一带与恰克图贸易往来的货物中转站。随着张家口商贸的勃兴，张家口的政治地位也日渐提高。

---

① （明）孙世芳：《宣府镇志》，成文出版社 1970 年版，第 6 页。
② （清）王者辅：《宣化府志》，成文出版社 1968 年版，第 787 页。

雍正二年（1724），在张家口设理事同知厅，专门办理与蒙古交涉事务；乾隆二十七年（1762），又在张家口设察哈尔都统署，主要管理察哈尔军政相关事务。由此，张家口成为北京西北地区重要的政治经济中心。

（三）清末民国至今北京与张家口联系的变化

经过元以来长期的人为消耗，北京森林面积减少，生态平衡遭到破坏。张家口坝上高原草场沙化严重，永定河上游植被覆盖率降低，黄土覆盖广泛，水土流失多发，各种问题屡屡出现，造成了很大的破坏。例如明清时期永定河多次泛决，清朝时还曾有两次洪水涌入北京城，损伤惨重。但由于时代限制，北京与张家口的环境问题始终没有得到彻底解决。

鸦片战争后，中国开始沦为半殖民地半封建社会。随着《北京条约》《天津条约》等屈辱条约的签订，西方侵略者的经济势力逐渐渗透我国北方，半殖民地化逐渐笼罩北京与张家口，改变着张库大道上的经济格局。沙俄便是通过《天津条约》以及《陆路通商章程》等系列条约的签订，对库伦、张家口等地的经济有了很大的影响力。20世纪20年代初，京张铁路和张库公路的相继修建，张家口作为连接蒙俄、南北商贸的交通枢纽作用达到了顶峰，北京、张家口及蒙古等地间贸易往来也兴盛了起来。民国前期，中国民族资本主义发展进入短暂的春天，在较为稳定的政治环境和便利的交通环境下，北京与张家口经济发展进入了全盛时期。其后，中俄关系恶化，蒙古政权变动频繁，国内又逢军阀混战，时局动荡，北京与张家口政治环境恶化，经济一落千丈。到了"七七事变"，日本帝国主义侵略华北，北京与张家口被日本占领，成为日本侵华的后方基地，商业极为萧条。

抗日时期，日寇在北京与张家口等地建立了伪华北和伪蒙疆政权。中国共产党则在北京与张家口地区开辟了多个敌后抗日根据地，展开了英勇的抗争。在抗日战争的反击阶段，张家口配合共产党积极开展对日反攻战争，1945年5月，中共发动了察南战役和平北战役，最终收回了张家口。"张家口首次解放期间和延安一样是解放区的政治、经济、军事和文化的中心。"① 解放战争时期，国共双方在张家口发动了新保安战役，共产党取

---

① 陈昌、张金辉、郎琦：《"第二延安"张家口历史地位——兼论张家口和延安是解放区的中心城市》，鲁杰、陈韶旭《张家口历史文化六十讲》，国家行政学院出版社2014年版，第475页。

得了胜利，动摇了国民党华北驻军的信心，为和平解放北平、赢得平津战役的胜利创造了有利条件。从鸦片战争一直到解放战争胜利的上百年历史中，北京与张家口饱受战乱纷扰，但两地之间的商贸往来、文化交流乃至宗教信仰等方面依旧联系密切。

新中国建立后，张家口由于独特的地理位置和军政地位，一直被定义为服务首都建设、保卫首都安全的军事重地。张家口经济发展缓慢，"工农业不甚发达"，而且"草原退化，风沙日增"①，对北京的生态环境也产生不良影响。其后，张家口作为北京的生态屏障、水资源和蔬菜供给地开始受到北京重视，但经济建设一直深受北京"强势"影响，北京对张家口的补偿和帮助也有限。直到1995年，张家口才对外开放，开始追赶京津冀其他地区。

三　京张联合申办冬奥会是一种必然

近年来，随着世界各国经济的日益发展，区域经济一体化逐渐成为未来发展的重要趋势。以北京、天津以及张家口、保定、廊坊、唐山、承德等多个地级市为重心的京津冀地区同属京畿重地，有着优越的地理位置和历史文化渊源，战略地位十分重要。但京津冀区域内部地级市与地级市之间，地级市与北京之间的经济发展差异很大，张家口便是其中经济不甚发达的典型代表。因而，如何使得北京与张家口以及周边其他城市联动发展起来是国家关注的热点。2014年2月26日，习近平主席在京津冀协同发展工作座谈会上也指出："京津冀地缘相接、人缘相亲，地域一体、文化一脉，历史渊源深厚、交往半径相宜，完全能够相互融合、协同发展。"②随着京津冀协同发展国家重大战略的实施，北京与张家口以及周边城市的联动发展逐步展开，并在交通一体化、生态环境保护、产业升级转移等重点领域开始取得突破。京张联合申办2022年冬奥会便是北京与张家口顺应京津冀协同发展趋势，在体育文化等领域取得的重大突破，也将北京与张家口两地的关联推向新的高潮。

---

① 王玲：《北京与周围城市关系史》，北京燕山出版社2014年版，第189页。

② 习近平就京津冀协同发展提七点要求，新华网，http://www.hq.xinhuanet.com/house/2014-02/28/c_119548429.htm。

北京与张家口，由于联合申奥，成为一个整体。而真正地发挥好两地"一体化"的优势，办好 2022 年冬奥会，不仅需要强化京张"一体化"的发展理念，全面深化京张两地的对接合作，还需要十分了解、重视并充分利用北京与张家口的自然环境和历史文化上的关联。首先，基于京张"相连"的自然环境，北京与张家口应该在生态环境的保护与治理上全力合作，推进北京与张家口在水资源治理、湿地保护、环首都林业生态建设等方面的协作，努力将张家口打造成北京的产业转移承接地和生态休闲地，保证张家口产业优化升级的同时，也争取为 2022 年冬奥会提供一个绿色的环境；在交通建设上，应该推动京张两地的交通道路及相关基础设施建设，尤其是要完善京张、京北和京崇之间铁路、公路和高速等道路网，极力缩短京张两地的往来所耗的时间，为冬奥会的成功举办提供便利的交通；在旅游规划上，北京与张家口可以合作打造一个"雪季"旅游带，加强两地人民在以"雪"为主题的体育运动、体育休闲、生态旅游等方面的来往，推动群众性体育运动的发展，为冬奥会的举办提供良好的群众基础。其次，基于京张"相融"的历史文化，我们应该加大对京张历史文化的认识和宣传力度，鼓励学术界以"京张联合申奥"为主题进行各种形式文化交流与讨论，加强对京张相融历史文化的认识和认同。同时，把京张联合申奥作为一个的范例进行推广，探索京张乃至京津冀内部未来各种形式合作的可能性。可见，京张联合申办冬奥会既是一种历史的必然，也是未来两地发展的趋向。我们应该充分地利用好北京与张家口两地的密切关系，为未来北京与张家口之间各方面合作提供历史的经验借鉴。

四　结论

北京与张家口地缘相近、山水相连、军事相应、商贸相通、文化相融、人缘相亲，自古以来，政治、经济、文化交流频繁，除去人为的行政区划，北京与张家口就是一个地缘相接、文化相融的地域整体。特别是辽金以来，北京与张家口始终相互依存，长期处于同一行政区域内，张家口独有的地理位置既是北京抵御外敌的重要屏障，又是北京与山西以及蒙古等地经贸往来和文化交流的重要节点。正是北京与张家口这种"相连"的地域环境和"相融"的历史文化，为北京与张家口联合申办冬奥会提供了便利的交通、优越的地貌、历史的基础认识、经验借鉴和文化的认同。

京张联合申办冬奥会是历史发展的必然，也是京张一次难得的发展机遇。北京与张家口应该抓住此次机遇，大力推动两地在经济、交通等各方面合作，加深人们对京张互动关系和文化内涵的理解和重视，为"京张联合"在生态、文化等方方面面持续开展起到示范作用。

参考文献：

［1］许嘉璐、安平秋等：《二十四史全译·汉书》，汉语大辞典出版社 2004 年版。

［2］傅璇琮等：《中国华北文献丛书·华北稀见方志文献·宣化乡土志》，学苑出版社 2011 年版。

［3］孙世芳：《宣府镇志》，成文出版社 1970 年版。

［4］王者辅：《宣化府志》，成文出版社 1968 年版。

［5］王玲：《北京与周围城市关系史》，北京燕山出版社 2014 年版。

［6］韩建业：《先秦北京地区考古史》，文物出版社 2011 年版。

［7］北京大学历史学《北京史》编写组：《北京史》，北京出版社 1985 年。

［8］张育频、赵春、郭献崇、张甜：《基于北京张家口申办冬奥背景的生态环境问题研究》，《张家口职业技术学院学报》2015 年第 2 期。

［9］罗军委、李良：《关于 2022 北京——张家口冬奥会"三大理念"的探究》，《科技视界》2015 年第 31 期。

［10］关强：《从冬奥契机看京西北一体化》，《投资北京》2015 年第 9 期。

Fundamental Analysis of Historical Geography of Beijing and Zhangjiakou Joint Bid for the Olympic Winter Games

He Lu　Zhang Baoxiu

Abstract： Beijing and Zhangjiakou joint bid for the 2022 Winter Olympics is a win-win cooperation, in which Beijing and Zhangjiakou complement each other and grow together . This cooperation is based on closely related geographical environment and historical culture between Beijing and Zhangjiakou, it will be applied in sports, culture, transportation, economy, society and so on, will promote Beijing、Zhangjiakou and the other neighboring cities cooperation in all aspects, is conducive to the implementation of Jing-jin-ji coordinated development national great strategic and achievement of Beijing-Tianjin-Hebei Region's integration. This article will focus on the analysis of the geographical basis and the interactive relationship in history between Beijing and Zhangjiakou joint bid for the Olympic Winter Games, looking forward to provide the basic knowledge of history, experience and cultural identity for Beijing、Zhangjiakou and the surrounding cities collaborative development in future and mutual improvement.

Key Words：Beijing；Zhangjiakou；Winter Olympics Games；Jing Jin Ji

调整现行行政区划是京津冀
协同发展的关键

高　铭[*]

摘要： 在习近平总书记提出将京津冀一体化发展作为一项重大的国家战略两年多以来，三省市一直在为协同发展不懈努力，取得一定成效。但是针对三地协同发展，目前采取的主要措施多是从产业转移方面入手，进程较为缓慢。本文认为造成京津冀一体化进程缓慢的主要原因是行政体制的限制，在京津冀地缘相近、文化相接的历史背景下，协同发展的步伐需要加快。另外，承德市虽然归属河北省管辖，但是为首都的生态和生活一直提供不竭保障，因此改变现有局面的关键是调整现行行政区划，承德市划归北京管理，并且首都功能区实现充分转移，达到真正的疏解。

关键词： 京津冀一体化；行政区划；地缘；文化；疏解

一　承德与首都关系概述

（一）历史上承德与北京关系密切

承德原名为热河，因境内拥有世界上最短的热河泉。直到清朝初年，热河上营（现承德市区）始终没有设立中央或地方管理机构，只是一个小村落。清康熙四十二年（1703），清廷在此修建行宫，人口与日俱增。康

---

　*　高铭（1992—　），男，满族，籍贯：河北省承德市，学位：北京师范大学经济学学士（本科），2011—2015 年就读于北京师范大学经济与工商管理学院，目前就读于本校（北京师范大学）经济与资源管理研究院，研究方向：区域经济学。

熙四十七年（1708）热河行宫开始使用，标志着热河进入发展期。康熙五十年（1711）热河上营就已经是"生理农桑事、聚民至万家"的大村镇了。清雍正皇帝取"承受先祖德泽"之义而命名。承德与北京地缘相连，人脉相亲，文脉相承，承德市所辖县滦平县是我国普通话发源地，通过发展推广传向首都和各地。承德民族民俗文化别具特色，是少数民族聚居的地方，少数民族占全市总人口的40%还多。其中，满族人有100多万，居全国之冠，从而形成了特有的民族民俗文化。清朝皇帝为了安抚西边少数民族，在承德建立了"外八庙"用来专门接见少数民族首领，在民族融合发展上具有浓重的一笔。

历史上，承德因"京城夏都"而建园、聚业、兴城，是清朝时期第二行政中心，同时也是清朝皇帝处理朝政，休息避暑胜地。每年清朝皇帝有半年多的时间在承德理朝、避暑，素有"一部山庄一部清史"之称。

承德是中国旧行政区划的省会，1914年1月设置热河特别区，1928年9月改制为省，1955年7月30日撤销。热河省时期，承德管辖着现归属北京管辖的密云、怀柔、通州等地，经济社会极为繁荣，与北京联系极为紧密。

（二）承德市作为首都门关，自身战略地位重要

作为首都东北方向的门关，承德扼守首都东北出口，是连接东北地区重要的战略要地。新中国成立初期，在中苏关系紧张时，承德作为首都最后防线，没有进行修路架桥等基础设施建设。作为后备武装力量，搞军事设施建设，开放时间较其他各地晚20多年，铁路、公路等基础设施建设进程缓慢，最晚的丰宁县在2000年时才允许外国人进入，这严重制约了承德的城市与经济发展。

北京市与河北省由于空间关系、经济地理的特殊性和两市一省经济、社会、文化、民俗等方面的内在联系，客观上形成了一个具有人缘、地缘相近性的经济统一体。承德位于河北省东北部，南邻京津，北靠辽蒙，地理距离北京仅220千米，自古以来就跟北京关系密切，作为北京的"后花园"，一方面大量精力、财力用于发展生态环境、抑制工业发展；另一方面，向京津直辖市生活供水，成为保护首都生态环境的屏障。通过植树造林、小流域治理、退耕还林、砍掉中小企业、稻改旱、治理雾霾，把风沙阻在承德、把清水输给了京津，为京津的可持续发展做出了巨大牺牲。

（三）承德市自身发展优势

作为紧邻京津、地处河北的承德来说，在京津冀协同发展中，其地理区位还有文化风俗方面都有着天然的优势。在京津冀区域协同发展中，承德具有"五最一特"比较优势：区域面积大，全市总面积 3.95 万平方千米，是北京的 2.35 倍，产业发展有空间，生态建设有很大的前景，可以最大限度地承接北京功能疏解；森林覆盖率高，承德处于华北平原、燕山山地向内蒙古高原过渡地带，地形以山地高原为主，素有"八山一水半分田、半分庄园"之称。森林覆盖率高达 56.7%，是华北地区的"生态绿肺"和"天然氧吧"，生态条件华北最优，受雾霾影响最小，是名副其实的京津生态屏障和后花园；承德市水资源丰沛，全市四大河流每年径流量37.6 亿立方米，密云水库的 57.3%、潘家口水库 93.7% 的水来自承德；文化特色鲜明，是清王朝的第二政治中心，拥有世界上最大的皇家园林、皇家寺庙群——避暑山庄和外八庙，1994 年被列入世界文化遗产名录，是全国首批历史文化名城、中国优秀旅游城市、国家级园林城市、中外闻名的旅游胜地；承德文化多元而且厚重，以避暑山庄为代表的皇家文化，以外八庙为代表的佛教文化，以坝上草原为代表的游牧文化，以满族风俗为代表的满族文化和以地方风物为代表的民俗文化交相辉映，让承德这座历史文化名城具有了发展文化旅游产业的先决条件。区位优势独特，是连接华北经济区和东北经济区的重要区域性中心城市，2014 年，全市实现生产总值 1342.6 亿元，财政收入 196.5 亿元，社会消费品零售总额 441.9 亿元。构建了"两环十射"高速公路网络和"一环九射"铁路网络，京承、承朝、承赤、承秦、承围、承唐高速公路已经开通，承张高速公路已于2015 年年底开通，高速公路到北京、天津、唐山、秦皇岛、赤峰、朝阳两个小时车程。承德机场 2017 年年底具备通航条件、京沈高铁 2018 年年底通车，到北京时间 41 分钟。

（四）承德市目前承接首都产业转移情况

承德是名副其实的旅游大市，也是"依矿而起，因矿而兴"的资源型城市。旅游富民不旺市，财政收入上不来，基础设施建设和民生投入得不到有力保障，致使黑色冶金企业在承德难以发展。

因此，承德市围绕服务京津冀协同发展，建设了"1＋3"新兴产业发展平台和 10 个省级经济开发区，工信部出台的大数据产业总体规划，也将承德列入重点支持范围；京津冀"6＋1"合作协议，将承德确定为"京津冀大数据走廊"上的核心支撑城市；河北省也明确提出，支持承德建设"国家绿色数据中心"。承德明确优先发展高端旅游服务、先进装备制造、高新技术、清洁能源、钒钛新材料、食品加工、现代商贸物流、文化创意、电子商务等现代产业体系。承德具有承接健康养老、医疗、教育、大数据、服务外包、环保产业等非首都功能区转移的良好条件，但作为河北省的管辖市，与首都进行合作时，行政区划的不同制约了承德市开展全方位、全覆盖的发展模式，出现了"雷声大，雨点小"的局面，融入京津冀协同发展缓慢。

二　现行行政体制对京津冀协同发展的影响

（一）造成北京城市的膨胀，大城市病严重

北京目前作为首都政治中心，权力集中，功能集聚，政府公务部门、国企、央企总部基本都在市区内安营扎寨，截至 2015 年 3 月，国资委直接管理的央企数量 112 家。加上保监会、银监会、证监会直接管理的金融央企，一共有 124 家央企，使得市区的建筑空间越加拥挤。北京作为文化中心，历史悠久，它作为城市的历史可以追溯到 3000 年前。秦汉以来，北京地区一直是中国北方的重镇，名称先后为蓟城、燕都、燕京、大都、北平、京师、顺天府等。北京是中国四大古都之一，辽朝于会同元年起在北京地区建立了陪都；金朝皇帝完颜亮正式建都于北京，称为中都。此后元朝、明朝和清朝的都城均建立在北京。民国袁世凯从南京迁都到北京。因此每年的游客络绎不绝，2014 年北京市接待旅游总人数 2.61 亿人次，比 2013 年增长 3.8%。截至 2014 年年底，全市旅游业从业人员超过 35.9 万人，无形中增加了北京的人口压力。北京作为我国的教育中心，仍为全国高等院校中心，有将近 150 所高校，吸引全国各地学子纷纷报考。作为经济中心，北京的经济地位在不断强化：上市公司数量雄冠全国之后，IPO 申报企业数量也高居全国城市之首。作为医疗中心，北京拥有 403 家医疗机构，拥有外地无法匹敌的优良技术与先进的医疗设备，使得全国人民纷纷涌入首都看病，外来人口急剧增长。北京还是金融中心，截止到 2014 年 10 月，北京已拥有法人金融机构 650 余家，居全国首位，同时稳步发展 35 家要素市场，拥有创业投资机构 915 家；北京的 A 股上市公司

已达 228 家，在全国股份转让系统中累计挂牌企业数量占全部挂牌企业的 35.8%。

近年来城市人口的急速膨胀，大量外来人口涌进北京，并定居下来，城市中心功能过于集中，政府舍不得将城市功能区进行疏散，由北京市统计局、国家统计局北京调查总队首次发布北京环路人口分布数据：数据显示截止到 2014 年年底，北京五环以外有 1098 万常住人口，占全市51.1%；三环至六环间聚集了 1228.4 万常住人口，占 57.1%；常住外来人口与常住人口在环路分布情况上基本一致；交通拥堵问题迟迟未得到有效改善，2013 年，工作日平均每天堵车 1 小时 55 分钟；医疗保障一直处于较低水平，"看病难、看病贵"的阴云依然笼罩在就医患者们的头顶上，北京的"大城市病"十分严重。

（二）行政成本高，人才资源倒吸，没有形成生态补偿机制

承德归属河北，但距离北京和天津都十分近，承德有 4 个县、174 个行政村，304 千米边境线与北京接壤。承德距省会石家庄 500 多千米，石家庄的城市辐射效应很难惠及承德，到省政府和厅局开会办理公务，一个小时的会议往返需要 2 天，经费支出需要 3000 元以上。不仅在经济得不到省会支持，反而大大增加了贫困地区的公务人员们的行政成本。

北京对承德不是辐射作用而是倒吸，将人才、资金吸引到北京，例如承德市考上名牌大学的学生、家庭经济状况相对较好的孩子大学毕业后基本在北京安营扎寨，不仅使得北京城市人口的膨胀，还加剧了承德经济的进一步贫困，回承德的优秀人才逐渐减少。

由于国家没有建立生态补偿机制，承德付出多、回报少。承德人民为了保护好京津水源，80 年代以来砍掉了上万家乡镇企业，少上了许多高税收项目，造成了财政乏力。为多给北京供水，承德稻改旱 20 万亩，农民每年减收 5 亿元（北京每亩补助 750 元），此事已引起新华社和有关科研单位重视。为保护首都安全，维护治理首都的护城河，承德每年投入了巨大的人力、物力和财力，坚持把苗头、隐患、风险化解在承德。

由于所属行政区域存在巨大差异性，一方面承德农民要脱贫，但缺少政策和资金的有效支持；公务员、事业单位人员要供养，但是地区差异造成工资差异巨大，所以必须加快经济发展，并入北京，受首都政策、人才、市场的惠顾。另一方面，还要着重缩小巨大的教育、养老、医疗等的

差距，实行同样的保障政策，否则会影响政府部门、农民对保护水源和生态建设的积极性。

（三）造成承德的贫困

由于中央在改革开放后逐渐向地方放权，导致地方权力过于集中，形成了明显的地区竞争模式。承德在自身经济发展的过程中，地理位置等因素的限制，很难得到省会的惠顾，与北京地理距离近，却因行政区域规划的限制，不能享受更好的来自首都的发展优惠。2015 年，承德市 GDP 总量在河北省 11 个地级市中排名第 9，地区生产总值增量幅度小，增长方式相对单一，人均总量小，结构层次低，发展质量差，经济发展一直落后。目前，承德市内国家级贫困县还有 5 个，贫困户 7014 户、贫困人口 15752 人，贫困问题成为阻碍承德经济发展的一大难题。

由于城市空间发展上的局限性，资源流动较少，又缺乏吸引高技术人才的独特优势，没有一体化的软件环境，因此无法产生聚集效应。一方面在东部大开发时期没有把握住机会；另一方面，在西部大开发的战略中没有得到惠及，至此形成了"紧邻首都，经济贫困"的"环首都贫困带"。距首都这么近，经济发展差距却十分明显。

三　打破现行管理体制是京津冀协同发展的必然选择

要突破现行京津冀协同发过程中的"瓶颈"，最主要也是最直接的应该是打破现行管理体制，推进政策共享，深化交流合作。让承德并入北京市所辖，各取所需，互帮互助，共同发展。

（一）统筹行业发展，实现产业合理布局

打破现行管理体制可以统筹各个行业的发展，在政策上开放绿色通道，摒弃不同政府行政管理所带来的一系列弊端。而且整合行业，同时加强合作共建以共享市场，使产业得到合理的布局，发展绿色产业和经济，促进整体经济增长，最终实现协同发展。

1. 保证产业的有序转移与技术创新

承德优先进行基础设施改造与建设，并加强保护生态环境，还要以承接北京非首都核心功能疏解和产业转移作为重点，把推进市场和公共服务

一体化作为对接难点，在协同发展的过程中，逐步克服体制障碍。承德目前已经确定承接中关村相关产业，打造中关村承德产业基地。

因此，北京适时转移一些产业不仅为承德提供了经济发展的契机，也缓解了自身的空间资源紧张带来的强大压力。北京要发挥首都的创新资源优势，在周边区域建立基地与企业分公司，在产业转移的同时，鼓励人才外移。承德已在大学新城区规划出高新技术发展区，目前已吸引微软、唐人等企业入驻，并且对于优秀人才到承德工作有相应的奖励措施。京承产业联合发展趋势大大加强，以打造工业资源综合利用产业技术创新链为着力点，加快建设支撑区域产业发展的技术创新平台，加强先进适用技术工艺装备开发和推广，解决制约废物资源化利用技术"瓶颈"，提高高端产品比例和产业竞争力。通过带来的新的技术配合产业转移，大大提高效率。

2. 开启合作共建模式

政府仍将是协调、整合区域经济发展的发动者和组织者，政府的作用仍然是首位的。政府不仅要制定符合区域发展建设的良好政策，还要负责调控市场，减少市场运行的交易成本，确保区域发展机制良好运行。在区域经济市场一体化的制度供给上，充分发挥市场机制在区域资源配置中的基础性作用。

2015 年 8 月 17 日，中关村科技园区管理委员会与承德市政府在北京签署合作协议，双方将围绕共同建立"2 + 3"合作体系，构建"领创空间 + 协同创新共同体基金"两大市场化运营服务平台，促进大数据、节能环保、大健康三个重点领域合作，特别是着力在承德建设绿色数据中心。京承联手建设绿色数据中心，为双方日后协同发展提供强大的技术支持，创造一个具有极大发展空间的平台。加强技术交流和人才培养。在能源、旅游、教等方面多方位开启合作共建，达到真正的互补互助。

3. 促进绿色生态的发展，改善环境

承德围绕建设北京水源涵养功能区，开展生态共建，打造首都绿色生态屏障。通过抓住生态建设与北京加紧合作，积极推进京冀"6 + 1"合作协议中《共同加快张承地区生态环境建设协议》落实，深入开展水资源环境治理合作，提高整体环境质量和可持续发展能力。在水资源保护方面，继续实施"稻改旱"工程、水资源治理、水源保护林建设、引滦水源保护治理工程等京承水资源环境治理项目，同时推动尾矿综合治理合作，确保首都水源地生态安全。

在加快绿化建设方面，大力实施京津风沙源治理、再造三个塞罕坝等重点生态工程建设。力争到 2020 年，全市森林覆盖率达到 60%，重要水功能区水质达标率达到 88%，各流域 Ⅱ 类水质达 85% 以上，为京津新增供水 10 亿立方米以上，一方面缓解北京严重的雾霾污染，另一方面持续增强为北京提供生态服务的能力。

4. 进一步促进文化产业一体化发展，提高社会效益

京津承三地地缘相接，文化一脉，具有广泛的合作前景。从历史入手，从未来着眼，创造性地打造京津冀面向世界的新的有机体。文化决定了一个城市的气质，因此通过文化产业的一体化，可以让三地能够打破地域限制，使广大市民从中受益。另外，通过发挥各自文化的比较优势，可以促进人才的资源共享、信息互动、人才交流，并且增强城市间的文化认同感。

在"十三五"规划中提出的打造文化产业战略部署上，要让其成为"国民经济发展支柱性产业"，可见文化产业在经济发展中占据越来越高的比重，其作用不可小视。京津冀一体化已在国家决策的层面上稳步推进，被割裂的文化空间正在被重新榫合。在提高社会利益的同时，政府间的合作有了更广泛的开展。不断加强京津与承德之间的制度文化建设，从政策上保障京津冀一体化发展的方向，最终形成与社会、经济、政治、生态的良性互动，达到一致的文化认同。

（二）实现真正意义的疏解

承德市通过打造国际旅游城市的品牌效应，进一步加强与北京在旅游会展、文化创意、教育科研、医疗卫生、健康养老和战略性新兴产业发展的协作配套，创建生态文明与经济社会协调发展示范区，打造世界文化遗产保护传承和创新发展示范城市，建设面向北京的节点城市，所辖县滦平县与兴隆县要着力建设功能齐全、生态优美、生活便利、成本低廉的适宜居住、适宜发展产业的卫星城市，增强就地城镇化能力，形成对首都的反磁力，将首都的优质资源和优秀人才吸引出京，为北京疏解人口压力。

坚持同网覆盖、同等同级建设，加快与北京基础设施一体化步伐，加快推进京沈高铁、承平高速等重大交通基础设施建设。结合普通公路国道网规划，共同推进现有公路改造升级。积极推动环首都县与北京公交对

接，构建一小时交通圈。四通八达的高速公路交通网络，使得京承之间的协同发展不再受到地理距离的限制，为北京缓解交通压力，实现真正意义上的疏解。

（三）解决周边贫困问题、实现真正协同发展

打破现有行政体制，政府间关于贫困地区制定政策不再区别对待，特别贫困的地区还可以有具体政策对应，享受同首都周边地区一样的待遇，可以缩小贫富差距，改善当地的经济发展状况。首都可以提供专项资金进行精准扶贫，可以大大缩短扶贫的时间。

京承协同发展，北京通过对承德的技术和人才支持带动承德当地经济发展，还可以创造大量就业岗位，并且带动周边贫困地区的旅游业发展，牵引当地的基础设施改善，增加当地居民经济效益，从而大大改善周边县区的贫困问题，为民生发展提供助力。

调整现行的行政区划是京津冀协同发展的关键，承德市并入北京市的管辖，对于承德市的综合发展、摆脱现有贫困局面是具有重大意义的，而北京也将通过其巨大的影响力，进行合理疏解，将功能区有序划分，在京津冀一体化的打造中更加精炼，对于双方来讲将是双赢的。

参考文献：

［1］《北京求解"大城市病"》，2014 年 1 月 20 日，财经国家新闻网（http：//news. sina. com. cn/c/sd/2014 - 01 - 20/113129295027_ 2. shtml）。

［2］《北京交通报告：平均每天堵车 1 小时 55 分钟》，2014 年 2 月 12 日，法制日报网（http：//finance. youth. cn/finance_ gdxw/201402/t20140212_ 4648627. htm）。

［3］李建成：《疏解首都非核心功能打响"第一枪"》，《第一财经日报》2015 年 5 月 7 日。

［4］孙丰：《京承两地深度对接通力合作推进协同发展》，2015 年 5 月 22 日，河北经济网（http：//www. hbjjrb. com/gedi/CD/201505/768677. html）。

［5］刘勇、张悦：《京津冀文化协同应如何入手》，《渤海早报（天津）》2015 年 8 月 11 日。

［6］《推进京津冀协同发展，京承联手建设绿色数据中心》，《河北日报》2015 年 8 月 18 日。

［7］《京津冀协同发展看承德（一）》，《河北日报》2016 年 4 月 27 日。

Reshuffling Current Jurisdiction: Key to Coordinated Development of Beijing, Tianjin and Hebei

Gao Ming

Abstract: Since two years ago when Xi Jinping, Secretary General of CPC Central Committee proposed the integrated development of Beijing, Tianjin and Hebei as a significant national development strategy, all the parties concerned have been devoting unremitting efforts to the coordinated development and have make incessant headways along the way. However, the main measures thus far taken are mainly in the transference of industries. Besides, the process is slow. This article holds that the main reason for this slowness should be attributed to the restrictions in administrative system. Against the historical backdrop of similar geographical affinity and cultural identity, the pace of coordinated development in Beijing, Tianjin and Hebei needs to be accelerated. On the other hand, Chengde as a city under the jurisdiction of Hebei Province has been providing inexhaustible resources for Beijing in maintenance of its ecological and living needs. The key to change the status quo is to reshuffle currentadministrative division and include Chengde into the jurisdiction of Beijing, thus realizing full transference of the non-functional areas of the capital and reaching the goal of real scattering of non-functional areas.

Key Words: Integration of Beijing, Tianjin and Hebei; Administrative Division; Geographical Affinity; Culture; Dredging

比较研究

从公祭轩辕黄帝大典到宗庙祭礼：
中韩传统庆典的旨趣[*]

高小岩　全美英^{**}

　　摘要：节庆活动可以拓展文化空间，彰显文化风格与标记，互为东亚近邻的中韩两国都有民间的传统大型公共庆典仪式，以韩国的宗庙祭礼和中国的公祭轩辕黄帝大典作个案对比，通过分析中韩对历史文化的细化演绎和庆典仪式分类培育的做法经验，体会近邻对历史文化遗产"本真性"的态度，借鉴以庆典仪式呈递民族文化遗产的做法，挖掘文化底蕴和传统内涵，提出重塑文化空间的尝试在于以节庆文化为依托，软实力精神资源为内核，使历史贴近现实，最大覆盖认同，从而培育和体现"中华魂"凝聚力与感召力。

　　关键词：公祭轩辕黄帝大典；韩国宗庙祭礼；非物质文化遗产

　　仪式作为人类社会一种典型的形制文化模式，对人群共同体彰显存在感的作用无可替代，可以界定与建构共同体的内外边界，并对中心内核周围受感知的个体产生辐射力，发生机理类似虹吸效应，尤其在大型公共庆典仪式中，参与者与受众更能明显地感知庆典影响力的真实存在。从结构主义视角来理解仪式，维克多·特纳（Victor Witter Turner）说："从一种

---

　　* 本文系国家社科基金（11CSH032）和中央高校基本科研业务费（buctrc201519）的阶段性成果。

　　** 高小岩（1978—　），女，博士，北京化工大学文法学院副教授，硕士生导师，研究方向是公共事业管理和民族社会学、文化人类学研究。全美英，女，朝鲜族，博士，吉林延边人，北京市工贸技师学院讲师，研究方向是民族学与社会学。

状态进入另一种状态之时，伴随变化的就是仪式。"① 而从功能主义视角来看，利奇（Edmund Ronald Leach）则认为仪式是人类把自身知识传承下去的一种形式。在以传统性与现代性相得益彰闻名世界的东亚地区，除了我国有以追忆华夏人文初祖轩辕黄帝的清明公祭大典外，韩国也有彰显高丽古国神韵的宗庙祭礼，中韩两国的大型传统庆典既有深植各自独特的民族文化艺术的鲜明个性因素，也有异曲相通的一些相似点，比如两者都有悠久的传承历史，参与人数众多，在国内节庆文化资源里首屈一指或名列前茅，有很高的知名度，属于国家级的非物质文化遗产。后者还申报成功，入选了世界全人类非物质文化名录，成为国家文化名片。

一　韩国无形文化遗产的国家名片：宗庙祭礼

韩国庆典仪式的重头戏是浸润浓厚儒家色彩的宗庙祭礼（종묘제례）。在韩国古代封建统治中，祭祀被认为是国家的伦常。② 早在秦汉年间，孔子学说就已越出中国国界③，儒家思想也随之进入朝鲜、越南等国。宗庙祭礼，是韩国宗庙祭祀朝鲜王朝君主、王妃与国家功臣的典型儒家文化仪式。在每年 5 月的第一个星期天隆重登场。宗庙祭礼在 1995 年被联合国教科文组织指定为世界文化遗产，韩国宗庙祭礼着力于在华丽隆重的仪式庆典中展现韩国的历史传统与礼记纲常，对外强化儒家文化、礼仪之邦的国家形象。它是遵照儒家传统与仪制举行的最大规模、最高等级的朝鲜王室仪礼，主要是为了在国家层面倡导与实践"孝"（효）的东方理念，进而承担维系民族共同体的价值纽带和社会秩序的功能。

在宗庙祭礼中，观众可欣赏到盛大的礼乐艺术表演，原汁原味的宫廷服装以及仪式重现，特别是承袭源自中国的周礼雅乐又有创新发挥的朝鲜古祭祀音乐，给人以深刻印象。据说，朝鲜王朝世宗不仅创作出宗庙祭礼乐的母体《保太平》和《定大业》，还创作出《与民乐》《致和平》《醉丰亨》《凤来仪》这样的新乐曲。世祖把世宗时期创作的《保太平》和《定

---

① ［美］维克多·特纳：《仪式过程——结构与反结构》，黄剑波、柳博赟译，中国人民大学出版社 2006 年版，第 171 页。

② 参见谭绍玉《韩国社会重视祭祀文化的原因考察》，《文教资料》2010 年第 8 期。

③ 参见颜文《河内文庙——越中文化交流的标志》，《中外文化交流》1995 年第 1 期。

大业》正式确定为宗庙祭礼乐。① 宗庙祭礼由当年末代王朝——李氏王室的后裔主祭，他们人人身着古代礼服。数百名的艺术家和学生化妆后作为演职员，在现场充当随祭人员。祭礼在里里外外观众的围观欣赏下，要数小时才能完成。② 宗庙祭礼沿袭朝堂仪礼之一，兼有垂范教化之用，形式隆重、庄严而繁复。主要分为四大部分。"一、御驾出行。二、宗庙祭礼程序。具体又分为以下环节：（一）迎神程序：斋戒；就位；请行礼；晨裸礼。（二）进馔程序：进馔；初献礼；亚献礼；终献礼；饮福。（三）送神程序：撤笾豆；送神；望礼。三、八佾舞。四、祭后事宜。"③ 四大部分紧凑而有序，参祭人员各司其职，有条不紊地完成。韩国通过严格按照儒家典章礼仪的要求，注重细节和真实性，在 1462 年定型以后几乎原封不动地传承了 500 多年，是世界上罕见的综合性礼仪文化④，再现了朝鲜时代国家大祭的盛大场景，在场目睹盛况的观众无不为其华丽的布景、厚重的历史感和鲜明的文化特色所感染，祭礼已成为国际舞台上宣示和标记韩国文化的首要平台。2001 年 5 月 18 日，宗庙祭礼被联合国教科文组织选定为"世界无形遗产杰作"。

二　炎黄追忆人文初祖：公祭轩辕黄帝大典

民族传统节日作为中华民族一种生活方式和生存寄托，虽经异族入侵、战乱频仍、水旱间至，但依然带给人们"寒随一夜去，春逐五更来"⑤的民族自信心和自豪感。特别是人们在清明时节对中华人文始祖轩辕黄帝的祭拜，最能唤起同血缘、同地域、同文化的民族亲情。⑥ 仪式的发生并非偶然，而是遵循着一套完备、正式与严密的演进逻辑。通常说来，神圣仪礼以展示圣物［遗物、面具和宗教器具，即"所示"（What is shown）］、

---

① 参见［韩］宋慧娜《有关中国礼乐思想之朝鲜式体现的考察——以朝鲜宫中的祭礼乐与宴礼乐为中心》，《当代韩国》2009 年冬季号。

② 参见张一鸿《韩国宫廷宗庙祭礼及其礼乐》，《世界文化》2006 年第 2 期。

③ 《韩国的世界非物质文化遗产介绍之一——宗庙祭礼和宗庙祭礼乐》，2011 年 12 月，搜狐（http://roll.sohu.com/20111201/n327571289.shtml）。

④ 参见王继庆《韩国境内世界文化遗产初探》，《黑龙江社会科学》2003 年第 5 期。

⑤ （唐）史青：《应诏赋得除夜》。

⑥ 参见王树臣《民族传统节日：中华民族凝聚力的倍增器》，《天津市社会主义学院学报》2008 年第 2 期。

行为［舞蹈，即"所做"（What is done）］和揭示［神秘的历史，即"所说"（What is said）］，把祖先赋予它们的秘密的象征传授给仪式的参加者，这些象征表示该社团的统一和延续；由于它们所承载的文化内涵十分丰富，必须举行复杂的仪式。① 这里以笔者调研的壬辰龙年公祭轩辕黄帝大典为例来展开。2012 年 4 月 4 日清明节，公祭轩辕黄帝大典在陕西省黄陵县黄帝陵隆重举行。一进黄陵县，就可以见到道路两侧写着"壬辰年祭祀黄帝拜祖大典"的统一路标，祭祖广场上人山人海，鲜花点缀。景区入口到处是等待入场的陕北腰鼓队、金甲武士队和儿童舞蹈队等承担文艺表演任务的团队。祭陵现场的祭亭大殿轩辕殿上悬挂一横额，上书"壬辰年清明公祭轩辕黄帝典礼"，祭亭内悬挂吊幅，两边柱子上悬挂每年新撰的对联，祭桌上摆放祭品、时鲜水果、鲜花、面花面点等，公祭大殿两旁放置花篮、香炉。很多海内外媒体都派驻专人报道，中国中央电视台向全世界现场直播这一文化盛事。

　　相对官方色彩更重的公祭活动，平时的黄帝陵祭祀活动几乎贯穿全年，目前是淡化官方、民间祭祀的分野，合二为一，集中在清明节举行公祭仪式，清明公祭轩辕黄帝典礼已成为例行的年度重大活动。祭祀流程中，突出祭祀的中心环节如诵读祭文和进行祭黄歌舞表演，以黄钟大吕的古乐表演和海内外华人天涯共此时的凝聚功能营造仪式的神圣氛围，烘托和聚焦祭祀庆典的精神内涵和升华意义。著名学者张光直认为："如果说祭祀及有关的物事如祖庙、牌位和礼器有加强和叮咛的作用，并作为氏族凝聚的象征，神话赋予氏族典章，以证明其存在的合理性。英雄神话总是讲述宗族祖先的公德行为，他们正因此而在祭祀时受人赞颂。"② 从早期华夏大地文明肇始到"华夷之辨"，再到近现代随着欧洲民族国家概念传入，对中国社会思潮审视自身的开始，直到中华民族的提出和深入人心，黄帝被公认为华夏之祖，是和追求统一的社会价值取向相一致的，而且符合人类心理共通性对于英雄的推崇，是一个超越历史和阶级概念的图腾，所有关于文明起源和民族存续合法性、合理性的争论与困惑已经在象征符号引导下，让位于现实性和存在合理性，正如萨特

---

① 参见陈霞《维克多·特纳的仪式象征分析述评》，《宗教学研究》1993 年第 1 期。

② Kwang-chin Chang. Art, Myth, and Ritual: The Path to Political Authority in Ancient China, Cambrige: Havard University, 1983, p. 42.

（Jean-Paul Sartre）的存在主义（l'existence précède l'essence），历史发展也给出了一个炎黄子孙、中华儿女不断认识和识别自身的完整链条，因此，黄帝尊崇无论是从历史发展逻辑，还是从人类心理发展进程来说，不仅是合理的，也是必然的。

作为一项流传数千年的祭祀礼仪，没有典籍或是代际重复、眼耳相传的程序语言，是很有可能消失或是失传的，而不会承袭下来。历经如此漫长的时间跨度，历朝历代都会根据自身的境况和选择予以增删，但是作为仪式主体的献祭、致礼、乐舞和敬拜等不可或缺的环节基本支撑了仪式的主干，值得注意的是，近两千年的封建王朝历史，不可避免地在仪式中间打上了其寻求政权承继合法性价值判断的烙印，比如黄帝陵祭祖活动的运作流程，凸显对轩辕黄帝的尊敬，通过时间节点的慎重选择和严格遵循，增强仪式的神圣感和众人的礼序意识，祭祖活动都是选择在清明节当天早上的9点50分来举行，这个时间象征黄帝之位至高无上，九五至尊，事实上是和历史上封建王朝背书皇权合法性息息相关，隐性表明统治天下承袭黄帝，无论是汉族皇帝还是入主中原为"天下主"的少数民族君主，概莫能外。事实上，国家和社会对于仪式需要的异同古而有之，国家关心的是政权合法性，而民间更关心其社会和集体认同功能，以及衍生的潜在社会生产和合作力量。实践中更多的是采取功能主义的取向，通过繁复的礼制安排来加强神圣感和秩序感，同时尽可能多地赋予其现代意义，即团结社会、凝聚人心。

民俗是活着的历史，历史是现实的线索，公祭轩辕黄帝大典以官民同庆的历史、现实共时性场景阐释了地方性知识是如何演绎升华为民族国家的象征性标志的。会场延续了往年明黄色基调，嘉宾都佩戴了黄帝丝巾。与此同时，公祭现场的工作人员也都统一穿上了宽袍大袖的汉服，并且以不同颜色和式样的汉服标记出不同的分工。现场直播中，主持人和访谈嘉宾也通过汉服和明黄丝巾来突出炎黄子孙寻根问祖的意涵。就时空关系来说，仪式是一个特定的"事件"。以"事件"充当主轴来看，仪式主办者和主持者顺其自然成为事件的"中心角色"，通过它凝聚各种社会关系，并达成各种关系在仪式中的交融与沟通。与民众自愿穿汉服、唐装或者黄帝丝巾所不同的是，政府各级领导和工作人员以及演艺人员穿汉服，是经过一番考量与安排。而这两种行为所表现出来的差异在于：前者是自发自愿行为，透射出质朴的民族感情和身份认同；后者有组织的行为中所要传递的是国家的一种姿态，对外，宣扬和表达其炎黄子孙身份，无形中形成区分"我们"和"他们"的"边界范畴"是建立在血缘和人文基础上的，而绝非分散在世界各地或者海峡两岸的国籍或者地理屏障所能阻遏；对内，形成一种隐性的"权威"。政府组织方将自我塑造成为维护与彰显"民族身份"的"标杆"，旨在向共同体内成员输入一种价值导向，以实现群体的向心力内聚。据了解，公祭轩辕黄帝大典早在 2008 年就被公布为国家级非物质文化遗产，因此公祭轩辕黄帝大典在仪程上是沿承规制，共有九项仪程，分别为：盛世礼炮、敲响黄钟大吕、敬献花篮、恭读拜文、高唱颂歌、乐舞敬拜、净手上香、行施拜礼、祈福中华、天地人和。

上午 9 时 15 分，海内外嘉宾陆续进入桥山轩辕黄帝广场南入口，陆续通过轩辕桥，进入公祭大殿广场。

9 时 25 分，嘉宾们至大殿广场，头戴金冠、身穿汉服礼衣的礼仪小姐手捧鎏金色洗盆，轻轻以嫩绿柳枝蘸水，为嘉宾洗尘，佩戴黄帝丝巾。

9 时 50 分，大典主司仪宣布公祭轩辕黄帝大典开始，全场肃立，鸣 34 声响礼炮。撞 34 声黄钟大吕，代表了 34 个省、自治区、直辖市和特别行政区。接下来大典主司仪俭致欢迎辞，对来自世界各地的炎黄子孙参加清明公祭轩辕黄帝典礼表示欢迎。随后，领导致辞，祝清明公祭轩辕黄帝典礼取得圆满成功！祝愿中华民族更加繁荣昌盛！

10 时，中央政府代表、国家部委与地方主承办单位领导代表等先后敬献花篮，鞠躬致敬，陆续净手上香，行施拜礼。

随后，恭读《祭祖文》。

10 时 20 分，音乐响起，80 名儿童集体咏诵《黄帝谣》。

10 时 25 分，祈福中华，祭祀乐舞敬拜。

10 时 35 分，巨龙飞升。上百位金甲武士进行舞龙表演，然后集体放飞，由地面飞升起一条长达数十米的巨龙，向天空缓缓飞去，众人都抬头仰视神龙消失在了视线之中，共同祈福炎黄子孙、龙的传人、中华民族蒸蒸日上。

10 时 40 分，人潮涌入祭黄大殿依序进行敬拜，清明公祭轩辕黄帝大典圆满完成。

从清明公祭轩辕黄帝大典的盛大呈现可以看出举办方的独具匠心，通过特定的时间（每年清明）和特定的空间地点（陕西省黄陵县黄帝陵）来奠定庆典仪式构建的前提和合理合法性，在仪式展开中，通过参加嘉宾的影响力、参加人数的广泛性和组成结构的多层次性，包容各方利益格局的最大公约数，展演中借助儿童（预示下一代）和龙（中华文化图腾符号）等典型象征来烘托主旨，加强仪式的肃穆性和神圣感，营造集体记忆氛围和群体认同感。庆典仪式的很多方面和细节都做了精心安排，以最大限度地浓缩庆典仪式的象征功能。经过庄严隆重、充满神圣感的仪式环节之后，重新回归民众生活，成为全民祭祖、群众交流的民俗盛事，达到了贯通国家职能和民间社会生活空间的双重目的。

三 传统节庆形塑民族文化空间

当今各国的竞争合作中，在经济、军事等硬性因素之外，比拼的文化"软实力"所占份额越来越大并突显出来。谁能更好地演绎文化"抓住人的眼球"，引起人的内心共鸣，就直接决定了国家的文化辐射力强弱。较之近邻韩国，中国的国土幅员广度与历史文化深度有过之而无不及，作为一个拥有 13 亿人口和 56 个民族的东方大国，尤其是在民族地域文化方面明显具有多样性资源优势。但是，简则明，多则惑，较之相对简约文化格局的韩国，中国的多样性文化如果没有在价值凝练与表述演绎上配套跟上的话，则很可能落入"多样性陷阱"之中，天然优势反而很难转化为实际优势。这就涉及一个问题，我国的庆典仪式究竟是作为一个概括性个体还是一个代表性体系来存在？比较中不难发现，多元一体的文化生态结构在赋予中国文化无与伦比丰富内涵的同时，也最怕陷入繁多迷乱的陷阱，多点并放的文化生态中很难找到统一涵盖其他的文化符号，二维背反效应的吊诡就在于对常规判断的颠覆，丰富的多重性文化资源可能会造成认知图谱的迷乱，一定程度上制约了软实力的发挥，而通过观察宗庙祭礼，发现其立足点在于"礼"与"孝"的价值伦理，作为一个完整、集中、系统地向世界讲述东亚儒教文化故事的仪式范例，贯穿其中的礼乐、仪制、服装等元素其实都是为了烘托非常具有东亚传统价值中的"礼"与"孝"的思想内涵。由此不禁思考的是我们的很多仪式庆典在讲述什么，会传递何种信息给大众与外部世界，受众最终感受到的是否符合期望表达的预期。循着此逻辑思路出发，再次审视与全面梳理现有的形制符号系统与节庆文化资源，在典型例证的统领下走出试图涵盖的泥沼，从而筛选出具有鲜明个性与文化价值以及精神价值的精品非物质遗产，放大最具备旺盛生命力与民众号召力的庆典仪式，最大限度地浓缩其精神力量和思想精髓，来巩固和加强民族国家层面的内聚力。简而言之，整合和打造有深厚文化底蕴和视觉冲击力的民族传统文化精品推向世界，是不仅需要具备长远眼光和博大胸怀，也亟待在人文理念上与时俱进，在文化"软实力"较量的全球棋局中，对内增强凝聚力与对外发散辐射力，是庆典仪式在当下文化复兴战略中应被赋予的题中之意。

作为世界四大文明古国之一，中国拥有全球不多见、从未中断过的漫长历史，有得天独厚的历史文化资源，恰如韩国每年举行宗庙祭礼是为了不让历史的一页缺失，将历经岁月变迁沉淀下来、有价值的东西留给后代，中国传统文化保护的准则也是一线以贯之，避免留下断层或空白，只有把过去和现实嫁接好①，相对清晰的、完整的文化发展脉络才能留给世人。文化自觉是在跨文化交流下对文化自我的自知之明。② 包括公祭轩辕黄帝大典在内的一些中国节庆文化，无论是在文化意涵层面上的象征意义，还是在审美层面上的艺术价值，抑或在超越时空藩篱的历史底蕴中来讲，都是并不逊色于世界其他文化遗产的民族财富，然而，较之于文化输出与"软实力"经验和技巧运用相对娴熟的国家与地区，价值提取的肤浅，阐述语言的空洞，表现手法的单一，演绎方式的静止和僵化，国内外两种语境的不对接，种种原因制约妨碍了我国的文化"软实力"并未取得与国力和自身艺术人文价值相匹配的位置。因此，善用和依托传统文化遗产，通过庆典节庆资源的构建和提升来扫去封存历史的灰尘，清晰文化象征符号，借鉴近邻再现历史的纵向感与全民参与的横向面，让鲜活生动的庆典仪式的"磁场"把每一个国人链接起来，从而让国家的文化品位和民族文化得以升华，就愈加紧要了。

文化认同的研究不局限于国家层次，而且涉及文化怎样在地方性知识中施展影响。中国存在着各种地方性民俗活动，构成了多元化而又丰富多彩的地方性知识图谱，其中就包括很多大型传统庆典，比如从 2006 年起被列入中国第一批国家级非物质文化遗产名录的陕西黄帝陵祭典，

---

① 参见李颖伯、王燕美《对北京历史文化保护区发展前景的思考》，《北京联合大学学报》2002 年第 1 期。

② 参见高丙中《传统节日与社会文化再生产》，《学习时报》2006 年第 006 版。

和福建湄洲的妈祖祭典、山东曲阜的祭孔大典并称为"中华三大祭典"，对这些国内家喻户晓的民族文化遗产，目前需要思考的就是提高其在世界级人类非物质文化遗产殿堂的位序与地位，增强我们的文化故事与艺术审美对世界的辐射力。另外也要看到，国家力量、文化语言和民间社会三维对接的组合，已经预示出公共节庆突出的社会效应和不可低估的文化效应，所以应考虑集中最强资源，培育有历史传统与民间土壤的节庆"航母"，精选最有代表性、影响力与深厚底蕴的传统庆典，比如传承历史已数千年的清明公祭轩辕黄帝大典作为国家层级的历史遗产，在当代社会和可预见的未来该如何呈现与传承发展，应该是非常值得探索的国家级人文课题，倘若进一步洞察与凝练主题，并且在丰富表现手法上有所创新，不仅名列国家级非物质文化遗产名录，而且能够有可能继韩国的宗庙祭礼，成为东亚地区又一个申报成功、跻身世界人类非物质文化遗产名录精品的文化资源，相信对内对外的意义将会是前所未有的。

涂尔干（Émile Durkheim）认为在集体活动中，个人才能感受到来自集体的情感和力量，但是，集体活动并不能直接产生认同，它须借助集体记忆（collective memory）的力量才能实现向社会认同的转化。① 庆典仪式作为人类认知图式的独特性在于搭建了一个文化展演与活力释放的平台，以程序的规范性，历史性和共时性的统一，以及营造神圣感的特点成为文化诠释、集体记忆和共同体认同的不二渠道。整体氛围古风醇厚的韩国宗庙祭礼，旨在将逝去的历史与现今真实的生活中已经脱节的纽带重建起来，其间有大量演员和观众装扮的历史人物巡游与场景再现，让当今的人们通过直观生动的感受，加深对这个国家厚重历史和文化遗产的敬重感，也满足了信息时代通常以具体场景消解历史抽象给受众带来的真实感、亲切感，更是无形中唤起了国民内心潜意识深处对民族文化艺术瑰丽篇章的自豪感。整体观感既直观生动，又通俗易懂，还富有仪式的美感。中国数千年的文明史不知积累了多少已成经典的永恒片断，如何使部分有价值的场景印记在现代场域中再现，修复与弥合渐已模糊的集体记忆，并获得契合当代价值和审美取向的当代旨趣与生命力，无疑是比原有偏重文化抢救

---

① 参见薛亚利《庆典：集体记忆和社会认同》，《中国农业大学学报（社会科学版）》2010年第2期。

的手段方法与人文意涵还要高出一个层次的。

文化遗产是过去真实存在过的事件的某种标志，韩国的文化遗产保护是力图把昔日已"死"的物质灌注进新的生命。① 宗庙祭礼让个体享受其中的做法是将庆典仪式做"活"的尝试，极大拉近了普通国民和抽象的国家概念之间的距离感，增加了生活真实感和人性化因素。因此，不能止足于只能观看、不能参与，将国家和民众之间隔离的静态、机械、僵化的模式。需要指出的是，单纯物质层面的遗产，没有"人"的因素与庆典仪式支撑的生动平台，是很难凭空产生想象力空间和足够磁场的。每年清明节气举行的公祭轩辕黄帝大典作为全年黄帝祭祀中最隆重盛大的节庆活动，在礼宾献花和礼乐钟吕表演环节之后，如果在仪式环节设计上考虑创新观众既可观赏，也可有序参与的某种方式来修复集体记忆中的鲜活一幕，适当移植宗庙祭礼的人性化做法，实现从特定祭祀仪式到全民文化艺术庆典的跨越提升，相信在全球化时代文化竞逐的大背景下，对地方性非物质文化遗产的保护与国家民族文化品位的萃取提升，甚至对民族共同体与个人文化自信心的增强，都是有里程碑意义的。

四　结语

总而言之，文化空间的构建是民族国家塑造文化形象的重中之重，传统意义上的文化遗存作为可依托资源，在价值意义层面上负有特殊使命。因此，有必要借助大型传统性庆典仪式的公共平台与辐射力，衔接好传统与现代，沟通好国内与国际，使之转换为国家发展的软实力助力"引擎"。

通过公祭轩辕黄帝大典和宗庙祭礼的审视与评析，一方面要对中国独有历史人文资源的魅力充满信心；另一方面也要借鉴近邻韩国对文化遗产"本真性"无比珍惜的姿态，汲取以庆典仪式平台讲述文化故事的经验，重新理解与高度凝练我国无形民族文化遗产财富的文化底蕴和传统意涵，这对于增强中华民族的向心力，培育循回不息的"中华魂"民族精神，在世界民族文化图谱中添上来自东亚中国的独有烙印，是有大众旨趣与重大人文意味的。

---

① 参见李春泰《在世界化进程中的韩国文化遗产年》，《当代韩国》1997 年第 4 期。

图 1　韩国宗庙祭礼（종묘제례）（引自韩文网站）

图 2　中国壬辰龙年公祭轩辕黄帝大典（高小岩摄，2012.4.4）

From Memorial Ceremony for the Yellow Emperor to Dynasty Temple Priest: Purport of Public Cultural Celebration in China and Korea

Gao Xiaoyan   Quan Meiying

Abstract: Festival activities can expand the cultural space, reveal the cultural styles and marks, as the East Asian neighbors, China and South Korea have their own traditional large public ceremonies. This paper is to study the remodeling of festivals, cultural activities and cultural space, at the same time comparing Memorial Ceremony for the Yellow Emperor in China with Worship for Ancestral Temple of a Ruling House in South Korea, by presenting analysis of China and Republic of Korea on the refinement and deduction of culture and the practice experience of ceremony classification. Learning "authenticity" attitude of neighbor to historical and cultural heritage, referring to the practice of presenting ethnic cultural heritage by ceremonies, excavating culture and traditional connotation, try to put forward the remodeling cultural space which lies on the festival culture, soft power of spiritual resources as the core, and then make the history close to reality, maximize coverage of identity, thus cultivating and enhancing the cohesion and charm of the Chinese soul.

Key Words: Memorial Ceremony for the Yellow Emperor in China; Worship for Ancestral Temple of a Ruling House in Republic of Korea; Intangible Cultural Heritage

清代藏传佛教影响下的北京颐和园
四大部洲与承德外八庙

王　娴　周建伟[*]

摘要：北京与承德地缘相近，关联密切，承德位于北京的东北方向，是北京与内蒙古高原、东北平原的咽喉之地。清朝前期面临的主要威胁是北方的蒙古族，承德成为北京与蒙藏民族往来的前沿阵地。清代统治者推行"兴黄教以安众蒙古"的民族宗教政策安抚蒙藏等族。北京颐和园四大部洲和避暑山庄外八庙的修建，是清代推行民族宗教政策的物化体现，促进了清代多民族国家的统一。藏传佛教影响下的北京和承德之间文化紧密相连，形成了高度的文化认同感，促进民族的团结、宗教的和谐。在京津冀一体化的今天，研究两地的文化对于促进京津冀文化繁荣有重要意义。

关键词：藏传佛教；北京颐和园四大部洲；承德外八庙

一　北京与承德的地缘关系

北京有着悠久的历史，特殊的地理位置、自然环境，自古以来就是民族融合的前沿，也是农耕文明与游牧文明的交汇点。北京有 3000 多年的建城史，800 多年的建都史。中国历史上北方少数民族获得全国的政权后，多以北京为都城，包括辽南京、金中都、元大都、清代北京城。这与北京

---

* 王娴（1991—　），女，硕士，北京联合大学应用文理学院 2014 级专门史研究生，宗教文化史方向；周建伟（1990—　），男，硕士，北京联合大学应用文理学院 2014 级专门史研究生，宗教文化史方向。

的地理位置密切相关。

北京位于华北平原的中部，北临燕山山脉，是华北平原与北方的山地之间南北交通的交会点。燕山山脉既是华北平原、内蒙古高原、东北平原之间的自然分界带，也是农耕文明和游牧文明的分界线，更是北京北部的天然屏障。燕山山脉中有天然的峡谷与北京的北部地区联系，其中重要的有位于北京西北的南口，位于东北部的古北口。南口和古北口也成为北京与北方地区联系的交通咽喉。[①] 承德正位于古北口以外，是从北京向北出发通往东北和内蒙古的必经之地，也是连接关内外的咽喉，地理位置非常重要。

北京与承德在中华民族的发展史上，尤其在民族关系史上，占有特殊的地位。从地理形势看承德地区处于坝上草原和中原农业区的接合地带，历史上常为各民族杂居之地；而北京地区又是中原汉族向北方开发的基地和民族融合的熔炉。[②] 历史上北京与承德就有密切的联系，西晋以前，幽州与承德地区人员往来密切，共同促进了北京经济发展。魏晋南北朝、隋唐时期，幽州与承德民族融合不断，和平共处。之后北京与承德一直保持经济、文化等各方面的联系。明代，承德成为阻挡蒙古族南下的前沿阵地。

清朝是东北地区游牧民族——满族建立的政权，在满族实力壮大和进攻中原的过程中获得了蒙古族军事方面的大力支持。蒙古族强大的军事实力是助力，也是满族政权潜在的威胁。清朝需要笼络蒙古族的同时，对蒙古族进行军事上的防范。承德特殊的地理位置是清王朝选择其为塞外都会的重要原因。清代的承德地区，仍然是由北京去东北及内蒙古草原的重要交通要道，也成为战时调集军队、运送粮草的交通线，更是和平时期蒙古王公进京朝觐的必经之路。清代，承德成为北京东北部的交通咽喉，也成为拱卫北京城的重要力量。曾担任过承德知府的成格对承德的重要性有这样的描述："由都城东北出古北口，山川绵亘，越数百里，而承德为之都会，外连沙漠，控制蒙古诸部落，内以拱卫神京。"承德"北压蒙古，右引回回，左通辽沈，南制天下"[③]。而且"惟兹热河，道近神京，往来无过两日"。[④] 北京与承德的地缘关系，使得清朝选择在北京西郊修建皇家园林

---

① 参见侯仁之《北平历史地理》，外语教学与研究出版社 2013 年版，第 9 页。

② 参见王玲《承德的历史发展与北京的政治社会渊源》，《河北学刊》1986 年第 2 期。

③ 金毓黻辑：《辽海丛书》第一集，《滦阳录》，辽沈书社 1985 年版，第 9 页。

④ 康熙五十年（1711）《御制避暑山庄记》。

"三山五园"的同时，也选择在承德修建避暑山庄。避暑山庄名为皇帝避暑之所，其政治、军事的意义不言而喻。三山五园与避暑山庄在高超的造园技巧、精美的园林布局的基础上，还尊重少数民族的宗教信仰、风俗习惯，这些皇家园林中大量的宗教建筑，为清代民族宗教政策的见证。

二　清朝"兴黄教以安众蒙古"的民族宗教政策

清朝入关以前，在东北建立了后金地方政权。后金建立政权初始，实力较弱。努尔哈赤与皇太极为了利用蒙古铁骑增强自身军事实力，与明朝争夺天下，遂采取了结交蒙古的政策。由于蒙古族信仰藏传佛教，为了取得蒙古族的支持，后金的统治者把尊崇、扶植藏传佛教当成一项统治政策，用来笼络蒙古王公。明万历四十三年（1615），努尔哈赤时在赫图阿拉修建七座大庙。皇太极在征服察哈尔之后，在沈阳修建实胜寺，迎请蒙古的护法神供奉。努尔哈赤和皇太极还颁布一些在战争中保护藏传佛教的命令，优待战争中投奔清朝的喇嘛，免除赋税徭役。皇太极还派遣使者带其亲笔书信到西藏给达赖和班禅，称"延致高僧，宣扬佛教"①，使得后金与藏传佛教的首领建立了直接的政治联系。

清朝统治者这些优待藏传佛教的政策笼络了蒙古王公和西藏的上层，在其与明的战争中，获得了蒙古的军事支持，也确保了在其与明朝战争中西藏的稳定。在清朝掌握政权之后，蒙古王公也成为清代国家政权的有力支撑。蒙古信仰藏传佛教，在解决部落之间以及内部的纠纷，或者有重大的政治行动时，一定会咨询喇嘛之后才实施。这足以说明藏传佛教在蒙古和西藏的影响力，也是清朝的统治者崇奉藏传佛教的最为主要的原因。

清朝在入关之后、建立政权之初面临最大的问题就是实现国家的统一。康熙时期，统一了江南地区，击退了沙俄对东北的进攻，之后面临的边疆问题主要是西藏和新疆。清代初年，西部地区的喀尔喀、和硕特、准噶尔诸部力量强大，直接威胁到内地的稳定。清朝建立初期，忙于统一江南地区，与喀尔喀经过几次较量，双方势均力敌。清朝继续使用尊崇藏传佛教的政策来安抚蒙古。顺治时期，迎请五世达赖，笼络其支持清朝，利用其在蒙古地区的影响力，安抚蒙古，保持边疆的稳定。顺治帝也给了五

---

① 陈庆英：《五世达赖喇嘛传》，中国藏学出版社 2006 年版，第 323 页。

世达赖以极高的礼遇，册封其为"西天大善自在佛所领天下释教普通瓦赤喇达赖喇嘛"，还赏赐大量的财物，这就以国家的角度承认五世达赖为藏传佛教宗教首领，同时也在一定程度上将藏传佛教纳入国家的管理之中。

清代推行"兴黄教以安众蒙古"的民族宗教政策，笼络了蒙古王公、西藏宗教首领，维持国家的统一和统治的稳定。清代推行的这一民族宗教政策，也减轻了以往历代为了抵御少数民族南下修建长城的成本。王钟翰先生认为："从康熙中叶以后 150 多年的历史事实可以得到证明，长城以北内外蒙古的广大地区相安无事，满、蒙两家的命运与清王朝共始终，此乃清代对蒙古政策的成功之处。说蒙古人是清代北方一道钢铁长城，这话实不为过，与汉唐相比，说'清得上策'，也是当之无愧的。"[1]

三　北京颐和园的四大部洲

清朝的统治者在北京修建了大量的藏传佛教寺院，以推行其"兴黄教以安众蒙古"的民族宗教政策。在北京修建了西黄寺、雍和宫、香山宗镜大昭之庙、颐和园四大部洲等众多藏传佛教寺院。这些藏传佛教寺庙中，留下了许多藏传佛教宗教首领的足迹。其中，五世达赖、六世班禅、章嘉活佛、哲布尊丹巴等藏传佛教高僧都曾在北京活动。这些宗教首领为蒙藏与清王朝的民族团结贡献过重要的力量。

乾隆十五年（1750）在清漪园中的万寿山后山仿照西藏桑耶寺修建了一组汉藏结合式的佛教寺院。其中位于万寿山后山的四大部洲与香岩宗印之阁，也是现今为止"三山五园"中保存较为完整的藏传佛教建筑。四大部洲和香岩宗印之阁，位于万寿山后山的山坡上，以 10 米高的金刚墙为基位于后山中轴线的中央，建筑形制仿照西藏桑耶寺修建。以汉式建筑为主，位于大红台上，点缀有藏式盲窗。万寿山后山的寺院依照佛教的世界观修建，香岩宗印之阁代表佛教世界的中心须弥山，东西两侧为日殿、月殿，四周环绕象征佛教世界的四大部洲，依次为东胜神洲、西牛贺洲、南瞻部洲、北俱卢洲。[2] 四大部洲每一座又有两小部洲拱卫，称为八小部洲。

---

①　王钟翰：《清心集》，新世界出版社 2002 年版，第 182 页。

②　参见张明义、翟小菊主编《北京志·世界文化遗产卷·颐和园志》，北京出版社 2004 年版，第 198 页。

阁之四角分别建有象征佛教四智的红、白、绿、黑四色喇嘛塔。咸丰十年（1860）被毁，光绪时重建，香岩宗印之阁由原来的三层改建为一层，南瞻部洲也改建为山门。现存的四大部洲与香岩宗印之阁保存光绪时期的样式。香岩宗印之阁两侧分别又有汉传佛教寺院云会寺和善现寺。须弥灵境是一组汉式的佛教寺院，位于万寿山后山的山前，是清漪园内最大的建筑，由于地形原因省去了山门和天王殿，只保留了东、西配殿。乾隆时期，清漪园成为清代民族宗教政策推行的见证。六世班禅进京时曾游览清漪园，称赞清漪园造园精美，庙宇恢宏。

四大部洲与香岩宗印之阁是汉藏结合式的建筑形制，具有很高的艺术价值，说明了清朝在学习汉文化的同时，尊重藏传佛教的民族宗教政策。四大部洲与香岩宗印之阁也成为北京皇家园林中极具代表性的藏传佛教建筑，体现了清代在藏传佛教影响下对蒙藏宗教文化的认同与尊重。清朝在京城皇家园林中修建藏传佛教的同时，为了尊重更广大蒙藏及其他少数民族的宗教信仰以及利用藏传佛教维护国家统一和民族团结的需要，同时还在承德避暑山庄修建大量的寺庙。

四　承德避暑山庄的外八庙

由于清代的民族关系和宗教政策，以及清代为了保持满族骑射的传统，清朝初年在东北和古北口外，建造了许多围场。康熙二十二年（1683），建立了木兰围场，为了出行的方便，还在围场和北京之间修建了多处行宫。康熙四十二年（1703）扩建热河行宫，康熙五十年（1711）扩建完成，改名为"避暑山庄"。避暑山庄的修建前后经历了将近100年，到乾隆五十七年（1792），才全部完成。避暑山庄占地500多万平方米，利用天然的山水布局，运用高超的造园技艺修建，将江南的园林建筑与少数民族的建筑风格融合为一体，成为清代初期统一多民族国家的象征。

清代统治者之所以要建立避暑山庄，主要出于一种政治上的考虑。乾隆曾有言："我皇祖建山庄与塞外，非为一己之豫游，盖贻万世之缔构也。"这使得避暑山庄与清代政权的巩固、国家的长治久安联系在了一起。康熙、乾隆时期基本上每年都要到承德避暑山庄驻跸，一方面是为了训练八旗军队，另一方面是要会见少数民族的王公和外国的使节，特别是加强与蒙古王公的联系。蒙古族骁勇善战，曾建立元朝，明朝时又对北部构成了严重的威胁，在清朝入主中原的过程中贡献过力量，这些都使清王朝的统治者认识到，蒙古的安定直接影响到清朝政权的稳定。因此，避暑山庄成为清代皇帝安抚蒙古各族以及与蒙古王公联络感情的重要场所。

避暑山庄外八庙的修建，是清代统治者尊重蒙古王公宗教信仰，以及运用藏传佛教来安抚和化导少数民族，维护多民族国家统一的见证。外八庙的修建与当时清王朝的一些重大事件紧密相连。外八庙不仅仅指八座寺庙，而是十二座寺庙的简称，因为当时有八座寺庙属于理藩院直接管理，又位于关外，因此称"外八庙"。这些庙由国库出资供养，喇嘛们每月都能领到俸银。

康熙时期，"三藩之乱"平定后，影响国家统一进程的就主要集中于北方，一面是沙俄的侵略，另一面是新建的噶尔丹政权的分裂势力。康熙二十七年（1688），噶尔丹进攻漠北，喀尔喀蒙古战败，归顺清朝，之后清朝击溃噶尔丹。康熙三十年（1690），举行历史上著名的多伦会盟。康熙五十二年（1713），康熙六十大寿，蒙古各部的首领王公聚集在承德为康熙祝寿，在武烈河东岸建造了溥仁寺、溥善寺。溥仁寺内有康熙撰写的碑文，通过其可以了解当时的建寺缘由与经过。溥仁寺的寓意为施仁于荒远之地，是清政府在平定了噶尔丹的叛乱后，康熙皇帝为了巩固边疆，加强对厄鲁特、喀尔喀等蒙古地区的管理，巩固中央政府与蒙古各部的关系而兴建的。溥仁寺建筑形制为汉族的"伽蓝七堂"式，山门内主轴线上有主殿三座：天王殿、慈云普阴殿、宝相长新殿。溥善寺也是一座汉式的佛教寺庙，其建筑被毁于20世纪20年代汤玉麟统治热河时期，现仅存基址。

乾隆时期，新疆问题成为当时需要解决的关键问题。准噶尔占据天山南北，游离于中央政权的管辖之外，是当时国家和民族统一的最大障碍。乾隆二十年（1755），清朝出兵伊犁，打败了准噶尔，之后在避暑山庄举行重大的庆典，宴请厄鲁特四部（准噶尔、杜尔伯特、和硕特和土尔扈特）并封爵。因其信仰藏传佛教，乾隆下令在山庄东北部仿西藏的桑耶寺修建了普宁寺，以期各民族"安其居，乐其业，永远普宁"。普宁寺的主要建筑有钟楼、碑亭、天王殿、大雄宝殿、大乘阁。大乘阁为庙内的主体建筑，外观六重檐，内供千手千眼观世音菩萨，其具有极高的文物价值和艺术价值，是世界上最大的木雕佛像，已被载入吉尼斯世界纪录。普宁寺是一座汉藏结合式的寺院。寺内有三块碑《普宁寺碑》《平定准噶尔勒铭伊犁之碑》《平定准噶尔后勒铭伊犁之碑》，三块碑文都用汉、满、蒙、藏四种文字书写，分别记述了修建普宁寺以及清朝平定达瓦齐和阿睦尔萨拉的叛乱的经过。至今保存完好。普宁寺也是中国北方最大的藏传佛教活动场所。清代时，每年的腊月二十五至二十七日、正月初八至十五日，普宁寺都要举办庙会。目前，普宁寺也是外八庙中唯一一座有喇嘛的寺庙。

乾隆二十二年（1757），由于阿睦尔萨拉叛乱，达什达瓦部落数千人，历经千辛万苦，举部迁居热河。乾隆二十九年（1764），乾隆皇帝下令仿新疆在避暑山庄东边修建安远庙，寓意为安定远方，团结边疆各民族，其成为达什达瓦部众宗教活动的场所。安远庙是仿照伊犁的古尔扎庙修建，建筑形制为蒙古藏传佛教寺庙中传统的都纲法式，布局严谨。主殿普渡殿，殿顶全部覆盖黑色的琉璃瓦。

乾隆三十一年（1766），清政府在避暑山庄以东修建普乐寺，普乐寺的修建主要是供来避暑山庄朝觐的哈萨克、维吾尔、柯尔克孜等西北少数民族王公贵族瞻礼之用。乾隆皇帝的《普乐寺碑记》中有建寺缘由的说明："且每岁山庄秋巡，内外扎萨克观光以来者，肩摩踵接，而新附之都尔伯特，及左右扎萨克、东西布鲁特，亦宜有，以遂其观瞻，兴其肃恭，俾满所欲，无二心焉。"普乐寺为汉藏结合式建筑，西部为汉式寺庙建筑，依次为山门、天王殿、钟鼓楼、配殿、宗印殿、正殿等。

乾隆三十二年（1767），为了庆祝乾隆的六十大寿和皇太后的八十大寿，仿照西藏的布达拉宫修建普陀宗乘之庙。乾隆皇帝在《普陀宗乘之庙》中有言："自旧隶蒙古喀尔喀、青海王公台吉等，暨新附准部、回部众藩长，连轸偕徕，胪欢祝嘏。"普陀宗乘之庙落成之时，从伏尔加河流域率众返回的土尔扈特部首领渥巴锡，来承德觐见乾隆皇帝。为了对这一伟大的历史事件进行记录，乾隆皇帝撰写了《土尔扈特归顺记》和《优恤土尔扈特部众记》，刻碑立于庙中。寺庙依山而建，布局灵活，分为前后两部分，前部位于山坡，由白台、山门、碑亭组成；后部位于山巅，由大红台和房堡组成。寺内主体建筑为大红台，中央主殿为万法归一殿，此殿也是举行庆典的场所。每年的七月十一日在殿内举行佛教学位考试。清代时期，内外蒙古王公往来进香的人络绎不绝。

乾隆时期，平定了珠尔墨特那木扎之乱，使西藏与清朝中央的关系进一步加强。乾隆四十五年（1780），六世班禅来承德为乾隆皇帝庆祝七十大寿。为了以最高的礼遇接待六世班禅，乾隆皇帝下令在避暑山庄之北，仿照日喀则的扎什伦布寺修建班禅行宫，也称为须弥福寿之庙。须弥福寿之庙，是一座汉藏结合式的寺院，前部是石桥、石狮、山门、碑亭、琉璃牌坊等。中部为大红台，正中有妙高庄严殿，屋顶有八条铜制金龙，栩栩如生。后部为班禅及其弟子的住所"万法宗源殿"。最后为万寿塔，塔身用绿色的琉璃砖砌成，塔顶覆黄色琉璃瓦。

"外八庙"建筑风格多样，有汉式寺庙，有藏式寺庙，也有汉藏结合的寺庙。每一座寺庙都有其修建的原因，多为临时因事而建。外八庙的建筑形制，供奉佛像、法器都具有极高的艺术价值，体现了清代对蒙、藏等少数民族"因其教不易其俗"的宗教政策，又通过"深仁厚泽"来"柔远能迩"，以达到清王朝实现全国统一的政治目的。外八庙依次分布在山庄周边的山冈上，形成了"众星捧月"之势，其以山庄为中心呈辐射状，更加彰显了避暑山庄的至高无上，同时也是"万法归一"的最好诠释，体现了多民族国家的统一。外八庙的修建体现了清代"兴黄教以安众蒙古"的民族宗教政策，成为各少数民族文化与汉族文化交流融合的场所，也成为塞外藏传佛教文化的中心。

避暑山庄的兴衰与清朝的历史紧密相连。"避暑山庄和外八庙的建造历史，是清代前期的历史，与清代前期多民族国家巩固和发展的历史进程，紧密联系在一起的。一定意义上可以说，避暑山庄与外八庙的兴盛，是清代前期政权巩固、国家统一、经济发展、文化发达的反应，也是统一多民族国家巩固和发展的象征。其衰落也深刻反映了清王朝的衰败。"[1] 避暑山庄在清代前期为第二个政治中心，也成为当时清王朝民族宗教政策推进的重要基地。

五 结论

颐和园的四大部洲和承德外八庙的修建成为清代推行"兴黄教以安众蒙古"的民族宗教政策的物化体现，实现了清王朝统治广大信仰藏传佛教的蒙、藏等少数民族之间的民族文化认同，也使得蒙、藏等少数民族的宗教情感得到了尊重，使得满、蒙、藏等民族之间建立了深厚的民族情感，

---

① 张羽新、张双智：《清朝塞外皇都——承德避暑山庄与外八庙研究》，学苑出版社 2013 年版，第 156 页。

也为清朝实现全国统一大业奠定了思想基础。承德地区特殊的地理位置和便利的交通，对首都北京有重要的作用。承德避暑山庄也成为解决一些清朝不便于在京城解决的民族宗教问题的前沿阵地，也成为清朝时塞外的第二个政治中心。

承德外八庙与颐和园四大部洲也成为清王朝推行统一战线的重要场所，清王朝推行"因其教，不易其俗"的民族宗教政策，建立颐和园四大部洲和外八庙，每一座寺庙的修建都是清王朝各民族团结和国家统一的见证。西北少数民族、西藏政教首领、蒙古王公和满族统治者通过藏传佛教获得文化认同，以此为基础实现各民族之间的团结。

北京与承德之间地缘相近，文化融合，形成共同的文化积淀。从康熙到乾隆将近 150 年的历史中，北京与承德之间紧密相连，特别在藏传佛教影响下，促进清代多民族国家的统一、民族融合、文化认同。北京和承德在藏传佛教影响下，形成了高度的民族认同感，追求民族统一的家国情怀，这对于中华多民族国家的统一具有重要意义。北京和承德也成为民族团结、社会和谐的代表。在党和国家提出"京津冀一体化"规划的今天，北京与承德既有地缘关系，又有历史联系，在文化上一脉相承。结合历史和现存的文化遗产，发掘和研究两地文化，对于促进京津冀文化繁荣、促进民族团结、宗教和谐等方面有重要意义。

参考文献：

[1] 侯仁之：《北平历史地理》，外语教学与研究出版社 2013 年版。

[2] 张羽新：《清政府与喇嘛教》，西藏人民出版社 1988 年版。

[3] 金毓黻辑：《辽海丛书》第一集，《滦阳录》，辽沈书社 1985 年版。

[4] 陈庆英：《五世达赖喇嘛传》，中国藏学出版社 2006 年版。

[5] 康熙五十年（1711）《御制避暑山庄记》。

[6] 王钟翰：《清心集》，新世界出版社 2002 年版。

[7] 张羽新、张双智：《清朝塞外皇都——承德避暑山庄与外八庙研究》，学苑出版社 2013 年版。

[8] 王玲：《承德的历史发展与北京的政治社会渊源》，《河北学刊》1986 年第 2 期。

[9] 张明义、翟小菊主编：《北京志·世界文化遗产卷·颐和园志》，北京出版社 2004 年版。

Four Great Regions of the Summer Palace and the Eight Outer Temples of the Chengde which was influnced by Tibetan Buddhism in the Qing dynasty

Wang Xian   Zhou Jianwei

Abstract: There were many closed relationships of regions between Beijing in the Qing Dynasty and Chengde. Chengde is located in the north-east of Beijing. It proves to be a location of the throat between Beijing and the Northeast Plain, and the Mongolian Plateau. The primary threaten they faced in the previous period of Qing Dynasty was the Mongolian nationality of North. Therefore, Chengde became the principal stronghold for serving the Mongolian nationality and the Zang nationality to contact in Beijing. And the Qing Dynasty's dominator spread the policy of national religion named "pacify the Mongolian nationality by holding high the Yellow Hats in esteem" to make them peaceful. The Four Great Regions of the Summer Palace and the Eight Outer Temples of Mountain Resort have showed the policy that was implemented effectively, and promoted the formation of the unitary multinational country in Qing Dynasty. Benefits from the Tibetan Buddhism, the culture Between the Beijing and Chengde can be combined together tightly, so then may form highly the cultural sense of identity. It helps to enhance the national unification and religious consolidate. In the age of Integration of Beijing-Tianjin-Hebei regions, researching the culture of Beijing and Chengde is propitious to promote cultural prosperity and realize the fatal significance of them.

Key Words: Tibetan Buddhism; the Four Great Regions of the Summer Palace; Eight Outer Temples of Chengde.

地方案例

大京西文化线路旅游发展战略
与对策研究

安全山*

摘要：门头沟等区与张家口市有着山水相连、文化同源、人缘相亲、功能一体的地缘优势，有着打造大京西全域景区的自然与人文资源。如果按照以线挂点、点线结合的思路，发展文化线路旅游产业，具有广阔前景。建议加强接待站点和旅游连线建设，开辟主题旅游组团活动及路线，建立协同联络机制，加强文化与宣传工作，确立整合资源、发展旅游、增加就业的总目标，不断创新工作思路和旅游模式。

关键词：京津冀；协同发展；文化线路；旅游产业

北京西部地区素称京西，加上河北省张家口地区及保定市可称为大京西，抗日战争期间因北京名曰北平而称平西。基本上以永定河中上游流域地区为主。在地图上，张家口、北京、天津三市可用一条直线串联起来，空间距离不过200余千米；在地理上，一条永定河把三市串联起来；在历史上，京西门头沟的商户们曾有"上口外，下天津"之说，并有商旅古道相连；今天，党中央提出的"京津冀协同发展"和"一带一路"国家战略，仍可以把三市紧密相连，并有广阔的拓展空间。在此背景下，山水相连、文化同源、人缘相亲、功能一体的门头沟区与张家口地区（重点是涿鹿县）如何协同发展，已成为必须思考并行动起来的重要课题。笔者以

---

* 安全山（1950— ），男，北京市人，京煤集团退休干部，中国民间文艺家协会、北京市暨北京史地民俗学会会员，北京永定河文化研究会、门头沟区民俗协会副会长，北京京西古道文化发展协会名誉会长，北京门头沟京西古道文化创意工作室主任，门头沟区政协学习与文史委员会特聘副主任。研究方向为京西古道和京西地区史地民俗文化。

为，以点线结合方式，携手发展文化线路旅游产业，可作为首选。

一　大京西文化线路旅游发展的地缘优势

北京及周边地区，国家有"京津冀协同发展"战略，与"一带一路"战略亦有关联，一条永定河连接起北京、天津两直辖市和河北省西北部张家口市及山西省北部与内蒙古自治区中南部。北京市已着手打造西山、长城和运河三个文化带，北京西部地区位于西山文化带，与长城文化带亦有关联，历史上属于西部军事屏障，至今尚有关隘、敌楼和城墙遗存；今则为生态屏障，功能定位于生态涵养发展区。太行山脉北京西山，东临北京小平原，西至北京市西界，南达拒马河，北接怀涿盆地，涵盖房山、门头沟、丰台、海淀、石景山五区和昌平区西部及河北省怀来、涿鹿、涞水三县。源于山西宁武县的桑干河、内蒙古兴和县的洋河在怀来汇合后为永定河，穿过北京西山，流经北京、河北、天津交界处，在天津入渤海，涉及五省市（区），形成一道天然走廊。北京西部地区（包括张家口市范围）可称为大京西，大西山是核心。

门头沟区与张家口市同为地级市区，同属大京西和京西北门户，同在永定河流域，同处京津冀协同发展的山区生态文化带。有着直径100余千米的广阔地理空间，有着100余万年的人类活动历史，有着多条古今道路（包括永定河天然廊道、京西古道及张库古道、近现代公路铁路）构成的多维交通体系，有着一河多山的山水自然优势和不仅同源而且多元的人文资源优势，有着同样的功能定位和发展需求。张家口地区位于太行山、燕山、阴山山脉及坝上草原交汇处及北京、河北、山西、内蒙古接合部，包括4区13县，总面积3.63万平方千米，总人口约470万。门头沟区位于太行山脉北京西山，总面积1450平方千米，人口近30万，临近北京，距京城仅25千米。怀来、涿鹿两县的瑞云观乡、小南辛堡乡、官厅镇、孙庄子乡、卧佛寺乡、谢家堡乡与门头沟区的雁翅、斋堂、清水三镇接壤，现有大镇公路、沿幽公路、灵山公路和109国道相通。门头沟区和涿鹿县已结成"对子"。

在京津冀协同发展战略布局中，门头沟与张家口同属山区生态文化带，适宜并需要发展旅游文化产业，也具有发展旅游文化产业的资源优势，联手打造大京西全域景区，可以产生1＋1＞2的效果。当然，如果有意愿，海淀、昌平、延庆、石景山、丰台、房山等区也可以参与其中。

二　大京西文化线路旅游的内涵挖掘

(一) 自然资源

北京之美，美在京西；京西之美，美在山水。海淀、石景山、门头沟等区地处太行山脉北京西山，其中，门头沟区山地面积占全区总面积的98.5%，域内名山名峰名谷众多，如东灵山、百花山、黄草梁、髫髻山、清水尖、棋盘山、笔架山、大寒岭、妙峰山、九龙山、香峪梁、定都峰、天门山、卧龙岗、万佛山，海淀"三山"及石景山区天泰山，房山区石经山、猫耳山、白草畔等及永定河大峡谷、南石洋大峡谷、石羊沟与龙门沟大裂谷、东西龙门涧、聚灵峡、双龙峡、百花谷、玫瑰谷、京西十八潭等景区。有的以自然取胜，有的以人文著称，有的二者兼长。张家口地区东接燕山山脉军都山，南依太行山脉北京西山和小五台山，西连阴山山脉北岳恒山，北靠内蒙古坝上草原，中有怀涿蔚盆地，涿鹿山、笔架山、长安岭、黄羊山、历山、西灵山、小五台山、大海坨山、大马群山、桥山、鸡鸣山、金莲川、大龙门峡谷、飞狐峪等举世闻名。借用一句老话："路线是个纲，纲举目张。"那么，京西山水的"纲"是什么？是永定河；"目"是什么？是众多支流及其相连的自然与人文景观。

永定河，是北京的母亲河。它裹胁着的泥沙垫起了北京湾平原；它的水源、能源及建材等促进了北京由城镇到都市的发展；它承载着的文化是北京文化的哺育母体与重要组成部分。发源于山西宁武的桑干河与发源于内蒙古兴和的洋河都进入张家口地区，在怀来县的夹河村汇合后流入官厅水库，又接纳源于延庆的妫水河后，进入官厅山峡，于门头沟三家店出山后进入北京平原及华北平原，最后流入渤海。永定河支流众多，著名支流也多，如壶流河、清水河，其中叫清水河的至少有3条，即张家口清水河、斋堂川清水河、大台清水河。永定河及其支流沿岸游山玩水，风光无限，景观无数。

(二) 人文资源

永定河中上游流域地区历史悠久和重要，文化深厚与丰富，也是得天独厚的。

1. 东方人类的起源地

阳原泥河湾遗址群、周口店"北京人"遗址，包括"东胡林人"的门头沟古人类遗址带，贯穿了 200 万年以来东方人类从起源到往来迁移，从旧石器时代到新石器时代，再到有文字记载历史的全过程。其中，阳原泥河湾小长梁遗址铸刻在北京中华世纪坛青铜板甬道上第一级上，表明这里是中华文明的起源地之一。从桑志华、德日进、步达生、裴文中、贾兰坡、谢飞、卫奇等中外科学家进行考古发掘与研究，到刘云山、李长春等中央领导同志赴泥河湾视察和权威媒体关于"东方奥杜维"的宣传报道，以及《中国文化报》发表史享瑞、叶莎关于"三源说"的文章，都证明永定河中上游流域地区是东方人类（或者说史前文明）的摇篮。

2. 中华文明的发祥地

中华上下五千年，千古文明开涿鹿。中华文明有文字记载的历史，从司马迁《史记》记载的"五帝本纪"开始，即从黄帝、炎帝、蚩尤阪泉之战、涿鹿之战、釜山合符开始。在怀涿蔚盆地，考古工作者发现"中原仰韶文化庙底沟类型人群中的一支向北方扩展，北方红山文化人群中的一支向西南行进，而河套文化人群中的一支向东南延展，这三支不同类型文化人群曾在张家口蔚县一带汇聚，组合成新的族群，在这里生活了几百年"。① 众多文化遗址及包括《山海经》记述与民间流传的大量传说故事，使黄帝城遗址文化景区充满了无穷魅力，三祖堂、合符坛的建立，不仅勾动人们的寻根祭祖情结，也有利于中华民族的统一大业。

3. 纵贯古今的军事要地

我国的军事文化贯穿于中华文明的发展史，阪泉之战、涿鹿之战，是有文字记载的最早的战争。太行山北麓、阴山、燕山，是游牧民族与农耕民族的过渡地带，也是文化碰撞、融合的地带，是古往今来的兵家必争之地和军事防御重地，曾发生过很多战事。北京是华北与东北的咽喉要地及古代军事重镇，大京西是防御重点和内外长城间的纵深防御地带，门头沟沿河城修城碑曰："国家以宣云为门户，以蓟为屏。"这里城堡相连，烽火不断，战事纷繁；特别是抗日战争和解放战争，这里都是重要战场。军事文化与红色文化非常丰富而深厚，且遗址众多。

4. 遍布京西的古城古堡古村落

涿鹿黄帝城是传说时代中国最早的都城，还有尧舜之都（保岱）、禹

---

① 史享瑞、叶莎：《永定河流域文化与中华文明起源》，见《永定河》（阳原·泥河湾特刊）第 77 页。

都。蔚县代王城则为诸侯王国代国之都城，张北县西北还有元中都。除此之外，还有一大批州、郡、县城及卫所之城和驿站之城，数不胜数，张家口之大境门、宣化古城、蔚州县城、鸡鸣驿等至今保存尚好。至于堡城、堡村，是张家口地区一大特色，兴起于金代"明昌边堡"，今之所存者，多为明清时所修建。门头沟区因处于山区，保留下来很多古村落，如中国历史文化名村爨底下、灵水、琉璃渠，传统文化村落沿河城、马栏、碣石、燕家台、千军台、苇子水、三家店，还有房山区水峪村等。

5. 灿若群星的古寺庙及其庙会

门头沟和张家口地区古寺庙之多难以计数，且门类齐全。不少寺庙在华北乃至全国赫赫有名，如门头沟区的潭柘寺、戒台寺、灵岳寺、仰山寺，张家口地区的涿鹿黄羊山清凉寺、蔚县玉皇阁及重泰寺、宣化县时恩寺等。寺庙多，庙会也多。最具代表性的当属门头沟的妙峰山庙会和怀来鸡鸣山庙会。妙峰山御封金顶，香火之盛甲华北，还是中国民俗学田野调查发祥地；鸡鸣山三月三庙会是怀来盆地中最大的庙会，其影响也至大至远。除释、道、儒三教庙宇外，这里还有洋教教堂。如宣化县的天主教堂、涿鹿县的杨家坪教堂、门头沟的后桑峪教堂等，各具特色。

6. 绚丽多彩的非物质文化遗产

大京西的悠久历史孕育出了灿烂的民族民间民俗优秀传统文化，除地域、地貌、气候、土壤、物产、人口、宗教信仰等因素形成的"十里不同乡、五里不同俗"的生产生活方式、语言、饮食等形态各异的民俗文化以及蕴藏于民间的传说故事外，还有很多堪可称绝的非物质文化遗产。如蔚县剪纸、打树花、拜灯山，门头沟区的妙峰山庙会、京西太平鼓、千军台庄户古幡会、柏峪、苇子水等诸多村庄的山乡戏曲、琉璃渠村琉璃烧造技艺，房山区水峪村的女子中幡会，等等，享誉国内外。

7. 物华天宝的经济物产

永定河中上游流域地区自古为物产丰饶之地。东方古人类之所以起源并活动于永定河中上游地区，炎、黄、蚩三大部族之所以在涿鹿聚会，很可能与这里的自然资源有关。尤其辽金元以来，北京的都城建设与发展，除了地理位置及水源等因素外，还与京西地区的丰富物产密不可分。城市建设所需的木材、石材、砖瓦、石灰，朝廷及市民所需的木柴、木炭、煤炭及农副产品，多取自永定河中上游流域即京西山区和怀涿蔚盆地。《卢沟运筏图》与京西古道上的蹄窝，以及"上矾山，下城子，上口外，下天津"的民谚和张库古道的形成都是物产繁盛及商贸发达的体现。

8. 血肉相连的移民文化

对张家口地区，门头沟人有大、小口外之说。由于内长城的关系，门头沟人及部分房山人将怀来、涿鹿等地称为"小口外"，将外长城以北地区称为"大口外"。这种说法的由来基本上是源于移民，如民国三十二年（1943）口外逃荒潮中，门头沟人逃荒落脚的地方多在小口外。当时，因为天灾人祸，包括旱、虫和瘟疫等自然灾害，还有侵华日军的扫荡和所谓"强化治安运动"，很多人在当地无法生活，携儿带女甚至全家到"口外"逃荒，其中有不少人就留在了所到地方。因当兵或者当干部，到张家口地区或牺牲在张家口地区的也不在少数，张家口地区也有一些人由于各种原因到了门头沟区，例如清水镇江水河村几乎都是涿鹿人。门张两地的人口中，可谓你中有我，我中有你，有很多亲戚或血缘关系。

9. 横连八方的交通路网

东起北京城，西到张家口的京西古道，因学界认识较晚，所以有人说它名不见经传，近年揭开其面纱以来，其资源优势已经凸显，在全国第三次文物普查"100项重大新发现"中名列榜首。古人类及考古学家贾兰坡先生讲，永定河谷天然走廊，早在更新世时期，"既是动物迁移的通道，也是人类移动的路线"。[①] 这点明了京西古道的起源。汉代司马迁《史记》和宋代罗泌《路史》先后讲到黄帝"披山通道"并"使竖亥通道路"，开启了人工修路的历史，其始发点应在涿鹿矾山，京西古道在"披山通道"之列。在随后的社会发展中，京西古道又陆续形成了水路和陆路两种形态，修路和用路两大文化，商旅、军用、进香三大功能，纵贯南北、横连东西各地的网带状交通道路体系，张库大道又进一步伸向蒙俄及欧洲，形成了辽金元明清以北京为起点的"草原丝绸之路"。如今，通过天津港，又与海上丝绸之路相连。

除以上所讲外，还有名人、水利、地质、古戏楼、古树、古井、古墓等文化资源。

---

① 贾兰坡、黄慰文：《周口店发掘记》，天津科学出版社1984年版，第211页。

三　大京西文化线路旅游的发展战略与对策

　　虽然社会发展，特别是近现代交通取代了古代道路，但是京西地区尤其是门头沟、海淀、房山区仍有大量古道保留着原貌，是符合联合国教科文组织相关定义的文化线路遗产。包括张家口地区，虽然有些路段的古道已被破坏，但作为文化线路仍然是畅通的，它们与公路、铁路相配合，能串联起大部分自然与人文景区，形成多维交通网络，促成大京西全域景区化的蓝图及实现。关于文化线路，联合国教科文组织的定义："是一种陆地道路、水道或者混合类型的通道，其形态特征的定型和形成，基于它自身具体的、历史的动态发展和功能演变；代表人们的迁徙和流动，代表一定时间内国家、地区内部或国家地区之间人们的交往，代表多维度的商品、思想、知识和价值的互惠和不断交流，并代表因此产生的文化在时间和空间上的交流与相互滋养，这些滋养长期以来通过物质和非物质遗产不断得到体现。"[1] 北京故宫博物院院长单霁翔在担任国家文物局局长时曾讲到这一定义有如下特征："首先，它的本质是与一定历史时期相联系的人类交往和迁移的路线，包括一切构成该路线的内容：城镇、村庄、建筑、码头、驿站、桥梁等文化元素，还有山地、陆地、河流、植被等和路线紧密联系的自然元素。其次，作为一种线形文化景观，它的尺度是多种多样的：可以是国际的，也可以是国内的；可以是地区间的，也可以是地区内部的；可以是一个文化区域内部的，也可以是不同文化区域间的。第三，它的价值构成是多元的、多层次的；既有作为线路整体的文化价值，又有承载该线路的自然地本身作为山地、平原、河谷等生态系统拥有的生态价值，不仅包括分布在其内部的建筑和其他单体遗产自身的价值，还包括非物质文化遗产所蕴涵的价值。"[2]

　　大京西古道线路及与之相连的各种物质、非物质文化遗产，与上述定义和特征无一不合。在地图上，一个个的村庄、寺庙、山峰、城堡，就像是一个个的点，而道路则像是一条条的线，有了线，才能把一个个的点串

---

　　[1]　单霁翔：《关注新型文化遗产——文化线路遗产保护（一）》，中国地图出版社《北京人文地理》2009增刊，第7—8页。

　　[2]　同上书，第8页。

联起来。这就是以线挂点，点线结合。在发展旅游问题上，有人喜欢将古村与古道合为一体，即以点挂线，称之为古村古道游，其实是不妥当的。因为这样做，等于把一些寺庙、山水景区排除在外了。例如门头沟区的潭柘寺、戒台寺、东灵山、百花山等，并不隶属于单独某个村、某个镇。但是，如果讲文化线路旅游，就不一样了，可以全部结合在一起，甚至不受行政区划的制约。尤其是门头沟区与张家口地区，位于京津冀协同发展的"山区生态文化带"功能区内，"山区"是指其地形地理特点，"生态"是对首都北京承担的环境涵养功能，"文化"是自身发展的空间，即发展旅游文化产业。人们常讲，文化是旅游的魂。没有文化，旅游没有魅力；没有旅游，文化没有活力。如前面所说，门头沟等区与张家口地区有丰富的自然与文化资源，利用文化线路，编织大京西全域景区，不仅切实可行，而且前景广阔。有几点思考，或者说是几点建议供参考。

第一，加强接待站点建设。

旅游离不开食宿，食宿点与景区、景点是旅游产业的经济收入点。我们可以将市区县政府所在地作为中心接待点，周围原有的民俗户、旅馆等可以利用起来，同时还可以新建一部分站点，就像是一个个驿站，分布于这个大景区上。每个站点，不仅仅提供食宿条件，还应该突出所在地文化特色（包括风土人情和饮食文化），加以文化包装，让游客感受到浓郁而有特色的文化氛围；应该加强通信网络建设，满足游客通信及上网需求；应该提供旅游咨询及食宿以外的其他服务，包括旅游用品和纪念品、娱乐项目等。

第二，加强旅游连线建设。

在充分利用古道和现有交通道路及基础设施的基础上，加强旅游交通建设，方便游客以不同体验方式到达要去的景区、景点和下一个接待站点。很多地方不通公交车，应该或可以增设旅游专线，也可以由接待站点提供交通服务，如旅游车辆、骑乘牲畜等。

第三，开辟主题旅游组团活动及路线。

充分利用大京西文化资源，以主题活动组团方式，开发旅游项目。例如：东方人类探源之旅、中华文明探源之旅、京西古道探源之旅、京西山水风光游、辽金元皇帝避暑路线游、古城古堡古村文化游、冀热察抗战故址游、红色交通线体验游、解放战争战场遗址游、古道蹄窝探秘游、进香古道探秘游、塞北风光观光游、历史名人足迹游等。每次或每项活动，确定一个主题，选好一条路线，安排好食宿站点和交通工具，发布消息、广为宣传、精心组织、保障安全，最终形成品牌。

第四，建立协同联络机制。

发展大京西文化线路旅游产业，必须建立一套联络机制，如驿站联盟、旅游网站、联络热线、官办或民办旅游协会等。还可以确定路线及景区景点接待点，实行 IP 卡刷卡办法或会员制度，对会员给予一定优惠，对完成定点刷卡者给予一定奖励。

第五，加强文化与宣传工作。

发展旅游文化产业，必须搞好文化及宣传工作，要加强三个方面工作及三支队伍建设。一是史地民俗研究及其队伍建设，不断丰富文化内容，为景区景点、线路及接待站点和宣传工作者提供文化素材；我们已经有了一支具有文化自觉性的队伍和一批研究成果，要壮大这支队伍，不断产出新成果。二是文学文艺创作及演出队伍建设，把史地民俗文化变为群众和游客喜闻乐见的形式，包括文学作品和艺术产品，并以各种方式、渠道宣传出去，相关社会文化组织和文化人可以尽展才能。三是文化创意产品开发转化及其产业队伍建设，把优秀传统文化寓教于新型表现形式和产业之中，既扩大宣教影响和效果，又可以新形式创出新价值。

第六，利用社会组织搞好相关服务。

可以通过政府购买社会组织服务项目机制，调动各社会组织资源优势和积极性，加强文化及相关公益服务。

总之，为了实现整合资源、吸引游客、发展旅游、增加就业的总体目标，我们可以发挥智慧、利用技术，想出很多办法，创新工作思路和旅游模式。

Development Strategies and Policy Study in the Cultural Tourism Routes in Great Western Suburbs of Beijing

An Quanshan

Abstract：Districts like Mentougou have geographical advantages with Zhangjiakou as seen in the stretching mountains and running waters, cultural origins, similar folk customs and integrated functions. These areas boast natural and cultural resources to build a panorama in the great western suburbs of Beijing.

If all connecting elements in this area can be seamlessly integrated, the development of cultural tourism industries will see a broad prospect. It is suggested that more efforts should be devoted to the following areas including construction of reception areas, connection of tourist sites, organization of theme tourism groups and tourism routes, establishment of coordinated liaison mechanism, enhancement of publicity efforts and establishing the overall goal of integrating resources, developing tourism, expanding employment opportunities while engaging in constant innovation in working methods and tourism modes.

Key Words: Beijing-Tianjin-Hebei; Coordinated Development; Cultural Routes; Tourism Industry

北京运河沿线古村落文化价值评价研究*

陈喜波**

摘要：北京运河沿线古村落是体现运河文化的重要载体，迫切需要加强保护。针对北京市运河沿线古村落保护和利用不足的情况，本文梳理了北京运河沿线古村落分布情况及类型，提出应加强对北京运河沿线古村落的调查研究和文化价值评估。本文尝试提出评估运河沿线古村落文化价值的指标体系，并以平家疃村为研究个案探索运河沿线古村落文化挖掘和文化价值评估方法。

关键词：运河古村落；文化价值；评价；北京

一 引言

北京地区运河沿线分布着众多的古村落，这些古村落是运河文化的重要物质载体，也是运河沿线人们的乡愁寄托所在。由于近些年来城镇化的建设性破坏和保护工作不力，运河沿线的古村落、运河水道、文化遗产和非物质文化遗产资源日益消失，大运河遗产的真实性和完整性正面临着严重的威胁。2013 年习近平总书记就古村落保护提出建议："建设美丽乡村……不能大拆大建，特别是古村落要保护好。"2014 年，国家住建部、文化部、国家文物局、财政部联合发出了《关于切实加强中国传统村落保护的指导意见》，

* 国家自然科学基金项目"历史时期京津地区运河水道变迁研究"（41371157）研究成果；国家自然科学基金重点项目"基于《水经注》的华北地区自然景观演变过程重建及其人类影响机理研究"（41230634）研究成果。

** 陈喜波（1971— ），男，吉林省梨树县人，博士，北京物资学院商学院教授，主要研究方向为文化遗产管理和物流史。

又提出了新型城镇化建设中文化遗产保护原则、方向和相关政策。《国家新型城镇化规划（2014—2020年）》强调："保护有历史、艺术、科学价值的传统村落、少数民族特色村寨和民居。"2014年，大运河申遗成功，运河成为中国最重要的文化名片之一。在北京地区，运河作为与北京古城和长城并列的具有世界影响力的文化品牌，是展现中华文明的标志性文化载体，运河古村落是承载运河文化的活态文化遗产。截至目前，北京市古村落保护范围均分布在长城沿线、西山地区，而在运河沿线地区竟无一个古村落，凸显出运河沿线古村落文化保护的滞后性。究其原因，这与运河沿线古村落文化挖掘整理、价值评价等工作不到位有关。本文拟探讨运河古村落文化价值评估问题，为运河古村落保护工作提供学术支撑。

二　北京地区运河沿线古村落分布、类型

（一）运河沿线古村落的分布

北京地区的运河水道以北运河为主干，另有三个支流水道：通惠河、温榆河、古潮白河（今中坝河）。在这四条主要运河河道沿线，分布着众多的古村落。历时千年的漕运历史使得分布在运河沿线的古村落打上了深深的运河文化印记。

北运河沿线村落：北运河河段位于北京市东南郊，除了北端位于通州城区内运河沿线的村落受城镇化影响较大外，自小圣庙以下大部分村落保留着乡村聚落形态，村落风貌依旧得以保持。

通惠河沿线村落：北京至通州段，由于城镇化进程较快，通州已经和北京市区连成一体，通惠河两岸的古村落的聚落形态已经发生极大改变，通惠河两岸已经呈现为城市聚落形态。自北京城至昌平白浮泉的通惠河水道久已湮废，其河道大致与今日京密引水渠一致。比较著名的古村落当属白浮村，元代即有记载，历史悠久。

温榆河沿线村落：温榆河自通州北关至昌平巩华城河段明清时期曾作为漕运通道，历时不长，但也有一些村落拥有较为丰富的运河文化。如葛渠、富豪（河）、孙河、巩华城等。

潮白河故道沿线村落：今通州中坝河为潮白河旧道，明清时期为通州至密云的漕运通道，沿线分布着一些古村落，如平家疃、双埠头、河南村、临河村、牛栏山、河漕村等。

图1　北京地区运河沿线古村落分布示意图

（二）运河沿线古村落的类型

运河两岸的古村落按照其与运河的关系划分为以下几个类型：

（1）运河码头：里二泗、张家湾、马头村、上马头、双埠头、河漕村、巩华城。

（2）物资运输：皇木厂、盐滩、瓜厂、砖厂。

（3）商业功能：葛渠、双埠头、张家湾镇村（长店）、上店、夏店、烧酒巷、辛集。

（4）交通功能：和合站。

（5）堤防建设：萧家林、儒林、陈圹、耿家楼、崔家楼、平家疃、杨堤、马堤。

（6）水利设施：八里桥、土桥、二闸。

（7）河流特征：张家湾、吕家湾。

（8）寺观庙宇：小圣庙、龙旺庄。

（9）运河地貌：沙古堆、杨坨、金坨、平家疃、望君疃。

（10）其他：白浮村、河南村、临河、富豪（河）。

上述几种类型的运河古村落反映了村落形成原因以及其与运河的密切关系，因此均含有一定的运河文化内涵。但是，相比西北部的山区，北京市平原地区因城镇化发展较快，城乡建设对古村落冲击很大，有关运河文化的遗物遗存保留的不多，运河沿线基本没有保留下来完好的具备较高文化价值的古村落。然而，根据调查，北京地区运河沿线还存在部分古村落，具备较高的运河文化价值，有待于进一步进行文化挖掘和价值评估。

三　运河沿线古村落文化价值评估方法

（一）基于认知过程的运河沿线古村落文化价值评价体系的构建

根据人的认知过程，运河文化村落首先在感官上要有村落的形象，同时满足位于运河附近，即要在人的感性层面形成运河村落的认知；其次，运河文化意象要依靠历史遗迹遗存和风俗习惯等因素来塑造，是在人的理性层面形成深层次认知。凯文·林奇将城市景观的可读性定义为容易认知城市各部分并形成一个凝聚形态的特性①，同理，运河文化古村落意象的形成同样建立在乡村景观中体现运河文化的各组成部分所构造的文化生态。运河文化古村落的保护其实是整个文化生态的维护，其文化价值体现在"古运河—村落风貌—物质文化遗产—非物质遗产"的有机组合当中，一旦其中某个构成要素丧失，就会彻底破坏掉古村落的文化氛围，致使其文化价值大大降低。1976 年联合国教科文组织大会在内罗毕发布《关于历史地区的保护及其当代作用的建议》指出："每一历史地区及其周围环境应从整体上视为一个相互联系的统一体，其协调及特性取决于它的各组成部分的联合，这些组成部分包括人类活动、建筑物、空间结构及周围环境。"②

1. 指标构建与指标赋值

运河古村落文化价值判定应从以下几个方面入手：（1）拥有相应的农

①　参见［美］凯文·林奇《城市意象》，华夏出版社 2001 年版，第 2 页。

②　《关于历史地区的保护及其当代作用的建议（内罗毕建议）》（1976），国家文物局法制处编：《国际保护文化遗产法律文件选编》，紫禁城出版社 1993 年版，第 102 页。

村聚落形态；（2）要有运河或运河故道遗迹；（3）具有一定历史文脉或相应的风俗习惯。按照上述原则，从运河沿线古村落是否具备村落形态风貌、是否位于运河附近、是否具备一定历史文脉和风俗习惯四个方面来构建一级指标，然后在上述四个指标之下再设置二级指标。接下来把每个二级指标划分为 2 个评分细目，每个细目赋予相应分值，以此对运河沿线古村落进行打分，筛选出那些具有开发利用价值的古村落。

表 1　　　　北京地区运河沿线古村落文化价值评价指标体系

序号	一级指标	二级指标	细目	分值
A1	村落形态风貌	聚落形态	农村聚落形态完整	1
			农村聚落形态不完整或城镇形态	0
		街巷肌理	完整保留	1
			破坏或无存	0
A2	是否位于运河故道附近	运河河道完整性	运河故道完整、可辨认或有遗迹	1
			运河故道识别困难或已不存在	0
A3	历史文脉	历史意义	体现运河文化并有较大影响	1
			体现运河文化但影响不大	0
		典型建筑	有体现运河文化的典型建筑	1
			无保留	0
		文物遗存或遗址	保留或可辨识指认	1
			无保留或不可辨识	0
A4	风俗习惯	有反映运河文化的口语	有与运河有关的习惯性口语	1
			无	0
		与运河相关的习俗	有明显的与运河相关的习俗	1
			无或不明显	0
		故事	有	1
			无	0
		饮食等	有与运河相关的饮食	1
			无	0

2. 古村落文化价值确定

按照上述指标体系，本文对北京地区目前公认的部分运河沿线典型的古村落做一下文化价值分析对比，选取的村落为通州区的张家湾村、里二泗村、皇木厂村和昌平区的白浮泉村，各个村落的具体文化价值情况如下表所示：

表2　　　　　　北京地区部分运河古村落文化价值综合评分情况表

运河古村落	物质文化与非物质文化遗产资源简况	文化价值综合评分情况
张家湾村	运河古河道遗址，元代通惠河古河道；张家湾古城内村落已经拆迁，街巷肌理无存；但城南的长店村（现为张家湾镇村）村落风貌保存较好，有馆驿胡同（合河驿）；通运桥、东门桥、虹桥、张家湾南门及古城墙，客运码头遗址、曹家井；民间有"先有张家湾，后有北京城"的说法	满足所有4个一级指标，总分为7分
白浮泉村	古运河（京密引水渠）遗址，通惠河源头白浮泉遗址、龙山、都龙王庙；村落形态、风貌保存较好；民间有运河的说法	满足所有4个一级指标，总分为7分
里二泗村	运河故道（小盐河）、古码头遗址、佑民观；村落形态、风貌保存较好	满足3个一级指标，总分7分
皇木厂村	有古槐、运河故道遗址、出土盐权、出土花斑石等；村落风貌无存，街巷肌理无存	满足2个一级指标，总分2分

从实地考察来看，白浮泉村、里二泗村落形态完整，保留乡村风貌，运河故道和重要文物遗迹均可辨识，故其文化价值较高，可以认为是运河文化古村落。相反，古村落一旦失去乡村风貌，古村落文化价值会在直观感觉上大打折扣，这在通州皇木厂村体现最为明显。皇木厂村拥有40多块出土的花斑石，还有盐权等。皇木厂村自20世纪90年代开始旧村改造，全村建起数排宽敞明亮的别墅，并按照打造"北方江南"的设计思路，村内还先后建起了竹木牌楼、竹木休闲长廊等只有南方才能看到的景观，2008年还被评为北京最美乡村。在旧村改造中，不仅运河古河道被填埋，传统的本地乡村风貌失去，还移植外来文化景观，导致原有的运河文化韵味荡然无存，尽管有数块巨大的花斑石摆放在村内街道上，但与整个村落环境极不协调。

根据遗产评定的真实性、完整性原则，依据上述指标体系构定运河古村落文化价值指标体系，将运河文化古村落分为四个等级：

一级古村落：满足所有 4 个一级指标，总分大于等于 4 分，10 分价值最高；

二级古村落：满足任意 3 个一级指标，总分大于等于 3 分，9 分价值最高；

三级古村落：满足其中 2 个一级指标，总分大于等于 2 分，7 分价值最高；

四级古村落：满足其中 1 个一级指标，总分大于等于 1 分，4 分价值最高。

结合实际调查分析，本文认为真正具有文化价值的古村落应是那些能够满足一级运河古村落标准的乡村，还有具有乡村风貌的二级运河古村落，即那些位于古运河畔的具有乡村聚落面貌的、拥有物质和非物质文化遗产的古村落，这些古村落应当加以保护和利用，使其成为弘扬运河文化的重点阵地。

四　运河古村落文化价值挖掘和评价：
基于平家疃村的个案考察

在运河沿线还有一些运河文化丰富的普通村落还处于"养在深闺人未识"的状态，其所具有的运河文化价值尚待发掘和弘扬。下面，本文以通州区平家疃村为例进行说明。

（一）平家疃村运河文化遗产考察

平家疃村坐落在北京市通州区北部古运河畔，是一个有着悠久历史的古村落。平家疃村现有人口 4000 多人，最多时达 5000 多人，号称京东最大自然村。平家疃村西有条河，叫作中坝河，曾经是潮白河故道。古运河的滋养和长期的漕运使平家疃积淀了深厚的文化底蕴。

1. 运河漂来的人家

地处运河之滨的平家疃，得运河水运之便，村落的发展演变与运河息息相关。明清时期，潮白河是一条重要的物资运输通道。明代，潮白河就担负着自通州向密云一带长城沿线驻军输送漕粮的功能，清代也曾利用潮白河向北部驻防的军队输送漕粮。因此，民间又把潮白河称作运粮河，平家疃村村民至今仍把中坝河叫作运粮河。潮白河除了运输漕粮以外，还是其他物资交流的重要通道。古代来自北京北部密云、怀柔以及口外地区的木材等物资曾借助潮白河向下游运输。平家疃村中有一户人家,至今仍然居住着祖上留下来的老屋,房屋主人留存的地契显示,这个老房子至少也有130年的历史了。房主人介绍,建造该房屋所用的大梁、椽子等木材都是北山松,是经运河运来的,房屋的地基是用柏木桩钎入地下打成的,基础相当牢固。这里所说的北山松,就是来自北京北部山区的木材。潮河和白河均发源于口外,经古北口,流入密云县后合流为潮白河,至通州与北运河交汇。清代康熙年间,随着塞外山场的开发,许多商民进山伐木,从潮河上游地区砍伐的木材沿潮河顺流而下,运木到通州发卖。清政府在古北口征收木植,木材包括椴木、杨木、松椽、松木、松板等。同时,清政府将原属于工部管辖的通州皇木厂划归通惠河分司管理,不再承袭明代惯例接收来自南方的木材,专门接收来自口外潘桃、古北等口的木材。据《北宁铁路沿线经济调查报告》记载,民国时期,通州地区的木料依旧"由密云、牛栏山水道而来"。这所房屋打地基的石料也是来自北部山区。中国传统建筑以砖木结构为主体,木材在民间房屋建筑中作为房梁、立柱、檩子、椽子等建筑构件而得到广泛使用。平家疃村这户人家保留至今的祖传房屋,建筑所用松木、柏木等木材以及石料都是从运河漂来的,说是"运河漂来的人家"也不过分。

图 2　运河漂来的人家

2. 盐店大街与运河的关系

平家疃村中共有十三条有名的街巷，如平家街、蔺家街、马石街等。不过，这些街道当中有一条叫作"大街"的街道，是村中最有"商业特色"的一条街。这条街，虽然没有专名，但指位性相当强，在平家疃村，只要说大街，那一定就是这条街。通过访谈得知，这条街原名为盐店大街，顾名思义，这条街上原来设有盐店，村中老人尚能指认其故址。据《北宁铁路沿线经济调查报告》，民国时天津华姓包销通县之盐，设有总公司一处，统制全县销盐事务。于城内东关、南关即各大村镇共设公销处二十余处①。平家疃村的这个盐店应该是当时村中售盐的公销处。历史上，北京地区一直食用天津长芦盐，来自天津的食盐经北运河运至通州张家湾，并从张家湾分销至北京各个地区。京北地区的食盐及通过潮白河和温榆河运输，平家疃村民食用之盐就是从潮白河运来的。近代以来，随着运河运输功能的丧失，食盐不再经由运河运来，位于村中盐店大街上的盐店也消失了。缺少了盐店的大街，再以盐店称呼显然名不副实，渐渐地，"盐店"两个字也渐渐退出了人们的日常生活，于是就剩下"大街"两个字，这就是平家疃村"大街"的由来。

3. 西大堤与清末潮白河治理

平家疃村西有一条路，村里人将其称作西大堤，据村中老人介绍，原来西大堤很高，后来因为建筑取土等诸多原因，现在大堤已经变成平地，成为村西的一条道路。1939 年以前，潮白河与温榆河在通州北关东关一带汇合。由于潮白河含沙量大，由古潮白河冲积而成的京东平原土质含沙量高，土质疏松，河床不稳定，因而潮白河在京东平原上摇摆不定，故有"自由自在潮白河"的说法。清代中后期以来，潮白河河道有逐渐向东摆动的趋势。道光七年，潮白河在北寺庄决口东流，次年修北寺庄坝，使潮白河回归正道。咸丰初年，潮河再次决于东岸北寺庄，东趋箭杆河，咸丰三年堵北寺庄决口。同治十二年，潮白河决口东注，次年潮白河再次东注箭杆河。为了迫使潮白河回归北运河，直隶总督李鸿章修筑了一条北自顺义安里，经平家疃再向南到北寺庄的潮白河大堤。同时，又筑护堤，北自

---

① 参见北宁铁路沿线经济调查队编《北宁铁路沿线经济调查报告（二）》，北宁铁路管理局1937 年版，第 572 页。

安里村南至平家疃南，防备潮白河决口东趋①。该庙一直保持到新中国成立后，现已无存，村民称其为小神庙。1939 年，潮白河改道，夺箭杆河道形成现代潮白河，平家疃村西的原潮白河大堤遂成历史遗迹。

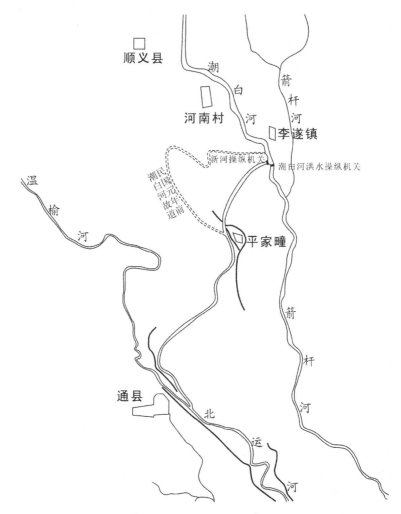

图 3　潮白河变迁以及平家疃护村堤和村西潮白河大堤（图中黑线）

（本图来自民国 21 年铅印本《潮白河苏庄水闸之养护与管理》书中之
《苏庄潮白河挽归北运河图》）

---

①　参见（清）周家楣、缪荃孙等编纂《光绪顺天府志》，北京古籍出版社 1987 年版，第 1658 页。

（二）平家疃村运河文化价值分析

平家疃村运河文化在物质层面表现为运河故道、带有护村堤遗址的街巷完整的古村落、运河大堤、从运河运来建材而修建的民房、龙王庙遗址等，在精神层面上表现为牢固的运粮河观念、人所共知的（盐店）大街的称谓等。此外，平家疃村还是清初帝王前往东陵御道上的一个重要节点，康熙皇帝曾经三次驻跸平家疃，《畿辅通志》上还有康熙"驻跸平家疃"的诗作，这无疑又为平家疃村的运河文化增添了神韵。在平家疃有一个"一宿建成大寺庙"的传说，有马石街及街上的上马石和下马石，其背后反映的就是康熙在此驻跸的历史事实。下面是按照运河古村落文化价值评定标准制作的关于平家疃村运河文化价值分析的情况：

表3   平家疃村运河文化价值分析表

序号	一级指标	二级指标	细目	分值
A1	村落形态风貌	聚落形态	农村聚落形态完整，有护村堤遗址	1
		街巷肌理	大小13条街，皆有专有名称	1
A2	位于运河故道附近	运河河道完整性	中坝河为古潮白河故道遗迹	1
A3	历史文脉	历史意义	体现运河文化但影响不大	0
		典型建筑	运河漂来的民房	1
		文物遗存或遗址	潮白河大堤遗址、龙王庙遗址、上马石、下马石	1
A4	风俗习惯	有反映运河文化的口语	运粮河、大街、西大堤、平滩	1
		与河相关的习俗	无或不明显	0
		故事	一宿建成的大寺庙	1
		饮食等	无	0

按照上表统计，平家疃村满足了运河古村落4个一级指标要求，综合得分7分，具备较高的文化价值。尽管平家疃拥有较为丰富的运河文化内涵，但在运河沿线的古村落中，平家疃在人们的心目中并没有形成运河文化古村落的意象，本地的村民对于村内外的运河文化遗产认知度不足。比如村中的马石街，一宿建成大寺庙的传说、西大堤、小神庙等，人们均不知其背后隐含的历史文化内涵，并且在一代一代的文化传承中，这些物质文化遗产和非物质文化遗产日渐减少并消失。特别是在当前，北京郊区村

落当中的年轻人大量外出工作的背景下，村落文化传承出现了严重的断层，若不及时对村落中的文化进行挖掘和抢救，古村落文化有灭失的危险。从平家疃的个案研究中，可以看出北京地区运河沿线还有一些古村落蕴含着丰富的运河文化内涵，目前还缺少深入的研究，更多古村落的运河文化需要挖掘、保护、弘扬并得以传承。

五　结论

大运河是典型线性文化遗产，河道作为遗产本体如同一条长长的链条，运河沿岸的古村落如同一个个串珠镶嵌在运河这条长链之上。运河文化的彰显并不仅仅通过运河遗产本体来体现，更多的要通过运河沿岸的古村落、各种物质和非物质文化遗产来体现。

第一，在当前文化遗产保护日益重要的背景下和新型城镇化建设过程中，古村落在文化传承和弘扬当中具有极其重要的作用。北京地区运河沿线古村落开发利用程度严重滞后，其根本原因在于对运河古村落文化遗产价值缺乏有效的认知手段和有效的保护措施，北京需要加强运河沿线古村落文化的发掘、保护与利用。

第二，目前对于运河文化古村落缺乏统一的、有效的界定，本文通过对运河沿线古村落进行了初步研究，尝试建立一套指标体系分析运河沿线古村落的文化价值，对运河沿线古村落文化价值进行等级划分，以此确定运河沿线古村落的保护范围。

第三，本文通过平家疃村的个案研究，提出应通过实地调查研究，加强对运河沿线古村落进行运河文化考察，去发现新的运河文化遗产，挖掘其文化内涵，确认其文化价值。通过古村落运河文化的发掘和弘扬，进一步彰显北京地区的运河文化。

Research on The Cultural Evaluation of Ancient Villages Along the Great Canal in Beijing Area

Chen Xibo

Abstract：As carries of the Great Canal culture, ancient villages along the Great Canal in Beijing area should be evaluated correctly and protected properly.

This article has a study of distribution and types of ancient villages along the Great Canal, then attempts to establish an evaluation index system of the cultural value of ancient villages along the Great Canal, at last an empirical study of Pingjiatuan village of Tongzhou District has been made to exlore the method of evaluation of cultural value of ancient villages along the Great Canal.

Key Words: Ancient Villages along the Great Canal; Cultural Value; Evaluation; Beijing Area

京张铁路对张家口现代化的影响

陈韶旭*

摘要：京张铁路修建运营是张家口城市发展历史上重要的转折点，催生了具有现代特色的桥东区，开启了张家口地区的近代工业，繁荣了张家口开放多元文化，是京津商业模式和文化推动张家口向现代化转型的大通道。

关键词：京张铁路；京津商业模式和文化；张家口；现代化

京张铁路是中国人自主设计修建的第一条铁路，是百年前铁路建设史上的中国创造。京张铁路 1905 年 9 月 4 日开工，1909 年 8 月 11 日建成，同年 10 月 2 日通车，建设工期历时 4 年，耗资 693 万两白银，比计划缩短工期 2 年，节省经费 28 万两白银。京张铁路的成功修筑，不仅是中华民族高扬的一面爱国主义旗帜，更对张家口的现代化发展起到了至关重要的作用，也是京津文化与京津商业模式带动辐射张家口影响张家口的大通道，并且丰富提升了张家口的地域性格和发展视野。因此，京张铁路修建运营是张家口发展历史上重要的转折点，是京津文化和经济商业模式推动张家口向现代化转型的开篇大作。

一 京张铁路催生了具有现代特色的桥东区

京张铁路修建之前，张家口的主城区集中在桥西堡子里，发展的脚步没有跨过清水河。1904 年以前，当桥西已经发展为商业繁荣的城镇时，桥

---

* 陈韶旭（1972—　），男，河北赤城人，高级政工师，河北北方学院档案馆长，主要从事张家口地方历史文化研究。

东还是一片高低不平的荒地，除了一座小庙和几片菜地外，只有零星几家菜农，人烟稀少，极为荒凉。天津"怡和洋行"买办梁炎卿、陈祝龄得知清政府修筑京张铁路的消息后，认为张家口通火车会变为塞北大商业区，其前景不可估量。于是他二人组织各方集资，筹银近 20 万两，在张家口成立了"怡安有限股份公司"，委派"隆盛和"皮货掌柜区泽南（广东人）为经办人。区泽南是个非常精明、有商业眼光的商人，他预见张家口将来商业兴旺，商号增多，住宅要有很大需求，认为在张家口经营房地产是一本万利的买卖。于是他以每亩 1—3 两银子的价格买下桥东火车站附近 540 亩荒地，为了施工便利将这片土地分为 14 个地段。营建工程从 1905 年春开始，与京张铁路开工的时间相近，首先动工的是桥东大街和北侧的马路街，而后是怡安街、长寿街、福合街、宝善街等。1909 年京张铁路通车时，怡安公司已经建成住房 6000 余间，兴建了怡安街、宝善街、长寿街、桥东大街等商业街，并仿照北京东安市场格局，兴建了张家口东安市场。张家口富豪李玉玺看到搞土建有利可图，便在怡安街东侧建起一条南北走向的商业街，名福寿街。火车开始运营，商业街格局已成，一些洋行、京津商贾纷纷在火车站周边抢购地皮、大兴土木，新的建筑群迅速形成。桥东很快发展成新型的商业区和居民区。可以说，京张铁路催生了桥东区，扩大了城市规模。桥东区依托现代工业文明的产物——京张铁路，形成了现代商业、物流业和服务业。铁路、邮电、银行、电灯公司等当时代表先进生产力的行业都集中在桥东区。可以说，桥东区在当时来说，是颇具现代特色的新区。

二　京张铁路开启了张家口地区的近代工业

随着京张铁路的通车，张家口的近代工业开始起步和建立，形成了张家口地区早期沿铁路分布的工业链条。张家口早期的近代工业，最初是直接服务于铁路业的工厂，如张家口最早的近代工业生产部门是隶属京张铁路的机械修理厂。更多的是依托京张铁路的便捷交通，开办的工矿企业和加工企业。1910 年，资本家周美奄等在下花园创办了宝兴矿业股份有限公司。1918 年，天津资本家在张家口创办了华北电灯股份有限公司，在北菜园建发电厂，装机容量 120 千伏安，开始向城市供电。随后，电话局、造币厂等工业部门也相继出现。1919 年，龙烟铁矿公司正式成立，是当时北方最大的铁矿公司。一批官营或民营的小型金属铸造、机械加工、煤炭、棉麻纺织、印刷、服装、面粉等工业相继兴起。工厂多数会选择沿铁路线和水源附近建设，工人一般紧邻工厂居住。尽管多数企业规模小，技术落后，维持时间也不长，但是它们的产生和发展都借助了京张铁路带来的商机。张家口市区内具有近代意义的工业企业大都在桥东南部邻近铁路和清水河地区建厂，一条工业街两侧厂房林立，就是明证。

三　京张铁路繁荣了张家口开放多元文化

京张铁路带给张家口的不仅是经济上的发展、城市规模的扩大，还使张家口的文化更加开放和多元，主要表现为市民文化的繁荣和革命文化的发端。

京剧在张家口生根发展。京张铁路通车后，北京、天津的商人来到张家口经商。当时的铁路工人，相当部分也都是从天津、北京到张家口工作的，铁路工人当时也属于高收入群体。这些都为京剧在张家口的生根和发展提供了土壤。有文化消费就会有文化市场。京剧开始在庆丰茶园演出。1918 年北京人赵光年承办了庆丰园班社，不断从外地邀请京剧演员到张家口演出。一些演员如赵月霞、赵月樵、曹福全、张德春等还扎根张家口，为张家口传播了京剧火种，推动了张家口京剧的发展。新中国建立后，张家口成立了实验京剧团。京剧团排演的剧目《八一风暴》于 1963 年奉调入京，在全国政协礼堂演出。周恩来总理观看演出并接见了剧组全体演员。在周总理的指示下，剧组先后巡演了 12 个省市，演出 800 多场。

晋剧风靡张家口，发展成具有张家口特色的流派"口梆子"。晋商是张家口地区的传统商帮。晋剧不仅深受在张家口经商和生活的山西人喜欢，也渐渐受到山西籍以外的人喜爱。京张铁路通车后，大量外地人口流入张家口。他们的文化消费直接导致了晋剧在张家口的繁荣。1908 年，山西中路籍的班社伶人大量涌入张家口，将中路梆子带入张家口，晋中的祝丰园班社全班搬到张家口，中路梆子在张家口颇为盛行。1912 年，张家口地区的山西梆子班社如雨后春笋，有名的班社有长胜班、玉顺班、费六班等。一时间，晋剧名伶荟萃张家口，并且把张家口当成检验演员水准的试金石，只有在张家口走红，回到山西身价才会倍增。

革命文化风生水起。20 世纪初，随着京张铁路的建成，以及随后京绥铁路的建成，工人阶级队伍逐渐发展壮大起来。铁路是劳动力密集型产业。1919 年，张家口铁路各车站、工段及铁路机车车辆修理厂等铁路工人有数千名。另有煤矿、铁矿、邮政、电灯、电话、人力车、汽车运输工人以及纺织、印刷、造纸、酿造、制烟、面粉加工等行业的工人上万人。张家口产业工人数量达 2 万之多，是当时我国长城以北工人阶级最为集中的城市之一。为张家口的革命运动奠定了良好的阶级基础。所以，张家口早期的革命运动首先在铁路工人中开始，张家口早期的党组织率先在铁路工人中建立，张家口早期的工人运动以铁路工人为主体，以铁路工会组织为组织领导机构。中共早期领导人李大钊、何孟雄、蔡和森都曾到张家口开展过工人运动。由于张家口的革命基础好，加之张家口在军事上的重要位置，使得张家口的革命文化成为近现代张家口的主流文化特色。

铁路，是现代工业文明的产物。京张铁路的修筑，给张家口走向现代化、融入全国大市场提供了前所未有的契机。目前正在建设的京张高铁，可以视为 1909 年建成的京张铁路在新时代的提升和涅槃。京张铁路对于张家口，不仅是一条单纯的铁路，更是一条在京津商贸模式和京津文化辐射下走向市场化与现代化的繁荣之路。

Influence of Jing-Zhang Railway on the Modernization of Zhangjiakou

Chen Shaoxu

Abstract：This construction and operation of Jing-Zhang Railway, which nurtured Qiaodong area with modern features, heralded an industrial era for Zhangjiakou area and enriched the open and diverse culture of Zhangjiakou, is an important turning point in the development of Zhangjiakou. The railway is a gateway leading to the transformation of Zhangjiakou in following the business modes and culture in Beijing and Tianjin in its modernization drive.

Key Words：Jing-Zhang Railway；Business modes and culture in Beijing and Tianjin；Zhangjiakou；Modernization

北京刘家河商墓出土金器研究

——兼论青铜时代京津冀文化一体

倪　翀[*]

摘要： 1977 年北京平谷刘家河发现的商代墓葬，出土了几件金器。这些金器的器形较为独特，受西方文化因素影响比较明显。本文拟对此墓出土的金器运用考古学的方法进行分析，并结合相关的体质人类学的成果，探讨青铜时代京津冀地区的文化交流与发展、民族迁徙与融合的相关问题。

关键词： 刘家河商墓；金臂钏；喇叭口金耳环

引　言

北京地区位于欧亚大陆的东端，其地理环境独特，三面环山，东南面海。北京的北边是燕山山脉的军都山，西边就是太行山余脉的西山，两山在南口关沟交汇，形成"北京湾"，自古被赞为"左环沧海，右拥太行，北枕居庸，南襟河济，形胜甲于天下，诚天府之国也"。[①] 北京的北部山区面向内陆，实即欧亚草原带的东缘，与欧亚大陆中西部文化颇多联系；南部平原面向海洋，与黄淮海平原文化交流频繁。面向内陆和面向海洋的两大文化区之间又存在碰撞和融合。[②]

北京的历史悠久，据《礼记·乐记》记载："武王克殷反商，未及下

---

  * 倪翀（1985— ），女。现工作于首都博物馆展览部。主要从事博物馆学、物质文化方面的研究。

  ① （清）于敏中等编纂：《日下旧闻考》，北京古籍出版社 1981 年标点本，第 77 页。

  ② 参见韩建业《北京先秦考古》，文物出版社 2011 年版，第 1 页。

车，而封黄帝之后于蓟"①，蓟指的就是北京地区（包括平谷在内）。在北京及周边地区发现有不少青铜时代的遗址，早期的遗址有昌平雪山三期、张营二期等遗存，晚期的遗址有房山塔照二期、昌平雪山四期、平谷刘家河商墓等。其中，于1977年8月在平谷发现的刘家河商代出土的文化遗物非常丰富，为探讨北京地区青铜时代晚期的相关问题提供了丰富的物质材料。

一　北京刘家河商墓概况

刘家河村位于平谷地区的山东庄村东5000米处。刘家河商墓发现于村东公路南侧水塘的南岸，墓葬北部早年已被破坏，南部因压在大车路下边，得以保存下来，经北京市文物管理处和平谷县文教局文化组共同进行现场调查与清理，认为这是一座商代中期的墓葬，根据现场的情况推测，此墓可能是南北向，东西宽2.6米，似有二层台，墓的底部有红黑相间的泥状物体，当为衣衾腐朽遗迹；在南端二层台上，出土了一些青铜礼器，在墓葬的底部出土了金饰、玉饰、铜人面饰及铁刃铜钺等器物，总计出土约共40件器物，其中铜礼器16件，包括食器7件、酒器5件、水器4件；铁刃铜钺1件；人面形饰5件；铜泡3件；蟾蜍形铜泡4件；蛙形铜泡2件；在残碎的铜泡上发现有织物印痕；当卢1件；玉器3件；绿松石珠9件；金器4件及金箔残片。（图1）此墓出土器物的时代风格较为明显，与藁城台西村商代铜器群非常相似，据此可判定此墓的年代约为商代中期，大致相当于郑州二里岗上层，其下限年代大致不会晚于殷墟文化一期。②

关于刘家河商墓相关问题研究较多，一般是对金器本身金相学的检测和制作工艺等方面的研究，而关于此墓出土的金器在文化内涵方面的研究则较为少见。本文拟对此墓出土的金器运用考古学的方法进行分析，探索其文化内涵，进而探讨京津冀地区相关的地方文化类型的变化、延续与发展。

---

① （清）阮元校刻：《十三经注疏·礼记正义》卷三十九，中华书局2009年影印本，第3344页。

② 参见北京市文物管理处《北京市平谷县发现商代墓葬》，《文物》1977年第11期。

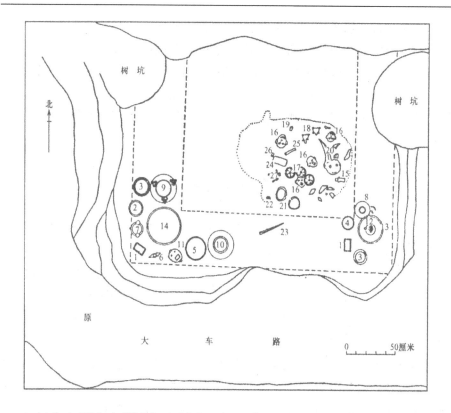

1. 小方鼎　2. 弦纹鼎　3. 饕餮纹鼎　4. 弦纹鬲　5. 瓿　6. 爵　7. 斝　8. 卣　9. 三羊罍　10. 饕餮纹罍
11. Ⅰ式盉　12. Ⅲ式盉　13. Ⅰ式盘　14. Ⅱ式盘　15. 铁刃铜钺　16. 人面形铜泡　17. 铜泡　18. 蟾蜍形铜泡
19. 蛙形铜泡　20. 当卢　21. 臂钏　22. 耳环　23. 笄　24. 玉斧　25. 玉柄　26. 玉璜　27. 绿松石珠

图 1　刘家河商墓平面图

（引自：北京市文物管理处《北京市平谷县发现商代墓葬》，《文物》1977 年第
11 期，第 2 页。）

二　刘家河商墓出土金器的分析

　　刘家河商墓出土了种类繁多并且器形较大的金器，证明墓主人身份高
贵。[①] 这些金器的成分经过鉴定，含金量为 85%，其他金属成分为：较多
的银和微量的铜，未见其他杂质。[②] 其中出土成形的金器共 4 件，还有一

---

① 参见李先登《北京平谷刘家河商墓发现的重要意义》，《考古学研究（六）》，第 168 页。
② 参见北京市文物管理处《北京市平谷县发现商代墓葬》，《文物》1977 年第 11 期。

些金箔残片，以下分别分析它们所包含的文化内涵。

1. 金臂钏

刘家河商墓出土金臂钏 2 件（图 2），两者形制相同，一件重 93.7 克，另一件重 79.8 克，臂钏的直径约为 12.5 厘米，是由直径 0.3 厘米的金条相对制成环形，并在两端制作成扇面形状。①

1972 年，在河北卢龙县东闸各庄商代晚期的文化遗址中发现有 2 件形制相同的金臂钏，其形制和北京平谷刘家河出土的金臂钏完全相同，但是比刘家河墓地出土的金臂钏略小，环径约 10 厘米。② 与此相邻的河北迁安县小山东庄也发现有 2 件金臂钏，根据此墓器物的形制等因素，可以推测墓葬的年代为商代晚期至西周早期，其下限不会晚于西周中期③，其出土的金臂钏与北京刘家河、河北卢龙东闸各庄发现的形制相同。

1993 年，在河北廊坊市香河县刘宋镇庆功台村西收缴 1 件金臂钏。根据陶器残片，确定为夏家店下层文化墓葬。根据器物的组合，器物的形制、纹饰等，此墓葬遗址应是燕山南麓地区一支相对独立存在、发展的青铜文化。④

北京刘家河和河北地区出土的金臂钏，与远在新疆哈密天山北路文化⑤出土的铜臂钏形制相似，但是两者地域相距甚远，这种器形在两地族群之间应有流动性很强的人群作为传播媒介。我们在甘肃火烧沟的四坝文化⑥以及内蒙古高原的朱开沟文化⑦中发现出土有类似的铜臂钏。这为新疆天山北路文化中的铜臂钏向东传播找到中继站。新疆天山北路文化的年代约在公元前 2000 年，朱开沟文化第三段其年代大致相当于夏代早期阶段，

---

① 参见北京市文物管理处《北京市平谷县发现商代墓葬》，《文物》1977 年第 11 期。

② 参见唐云明《河北境内几处商代文化遗存记略》，《考古学集刊》第 2 辑，中国社会科学出版社 1982 年版，第 45 页。

③ 参见唐山市文物管理处、迁安县文物管理所等《河北迁安县小山庄西周时期墓葬》，《考古》1997 年第 4 期，第 58—62 页。

④ 参见廊坊市文物管理所、香河县文物保管所《河北香河县庆功台村夏家店下层文化墓葬》，《文物春秋》1999 年第 6 期，第 26—30 页。

⑤ 参见吕国恩等《新疆青铜时代考古文化浅论》，《苏秉琦与当代中国考古学》，科学出版社 2001 年版，第 180 页。

⑥ 参见甘肃省博物馆《甘肃省文物考古三十年》，《文物考古工作三十年（1949—1979）》，文物出版社 1979 年版，第 139—153 页。

⑦ 参见内蒙古自治区文物考古研究所、鄂尔多斯博物馆《朱开沟——青铜时代早期遗址发掘报告》，文物出版社 2000 年版，第 276 页。

四坝文化的绝对年代在公元前 1900—前 1600 年，这无疑是金属臂钏向东传播的证明。

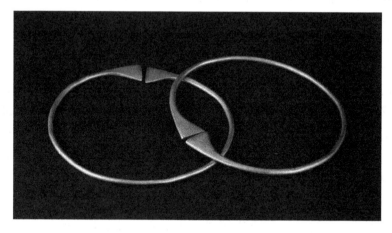

图 2　刘家河出土的金臂钏

（引自：北京市文物局等编《北京文物精粹大系·金银器卷》，第 40 页。）

2. 金耳环

刘家河商墓出土的金耳环 1 件，此耳环重 6.8 克，一端作扁喇叭形，另一端作尖锥形，弯曲成直径 1.5 厘米的环形钩状，喇叭形宽 2.2 厘米，且在喇叭形的底部有一沟槽，好像原来应有镶嵌物。①

在夏家店下层的文化遗址中，如北京昌平雪山村②、北京房山刘李店③、天津张家园④、河北唐山小官庄⑤、辽宁敖汉旗大甸子⑥等地，出土的金、铜耳环的形制与刘家河墓出土的金耳环形制相似。⑦ 另外，在河北迁安县出

---

① 参见北京市文物管理处《北京市平谷县发现商代墓葬》，《文物》1977 年第 11 期。

② 参见北京大学历史系考古教研室商周组《商周考古》，文物出版社 1979 年版，第 135 页。

③ 参见北京市文物管理处、中国科学院考古研究所琉璃河考古工作队、房山县文教局《北京琉璃河夏家店下层文化墓葬》，《考古》1976 年第 1 期。

④ 参见天津市历史博物馆考古部《天津蓟县张家园遗址第三次发掘》，《考古》1993 年第 4期，第 321—322 页。

⑤ 参见安志敏《唐山石棺墓及其相关遗物》，《考古学报》第 7 册，中国科学院出版 1954 年版，第 81 页。

⑥ 参见中国社科院考古研究所《大甸子——夏家店下层文化遗址与墓地发掘报告》，科学出版社 1998 年版，第 189—190 页。

⑦ 参见北京市文物管理处《北京市平谷县发现商代墓葬》，《文物》1977 年第 11 期。

土的 1 件金耳环和 1 件松石耳环也与刘家河出土的金耳环形制相同。①

　　林沄先生在 1992 年曾指出："夏家店下层文化（按："夏家店下层文化"是包括大坨头文化在内的）的喇叭口形耳环，与西部的安德罗诺沃文化的铜环非常相似性，这或许可以说明，在这两个相距遥远的族团之间存在着流动性很强的人群。"② 1994 年林沄先生又重申了这一看法。艾玛·邦克也提出过相似的意见：刘家河墓葬出土的金质喇叭口耳环，和西方的安德罗诺沃式耳环相比较，认为这种喇叭口形的耳环起源于西方，向东传布到中国的北方地区。③（图 3）

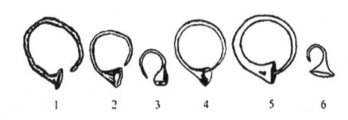

1.塔古尔门·塞　2.西西伯利亚的安德罗诺沃文化
3.托木斯克附近的小台地　4.中亚西部的安德罗诺沃文化
5.阿尔泰（红铜包金箔）　6.北京平谷刘家河

图 3　喇叭口耳环的比较（艾玛·邦克论文中的插图）

（引自：林沄《夏代的中国北方系青铜器》，第 5 页）

　　夏家店下层文化和大坨头文化中的耳环与安德罗诺沃文化的耳环在形状特点和质地方面都有相似性，但区别就在于这种耳环喇叭口的形状。夏家店下层和大坨头文化的喇叭口都是扁的，安德罗诺沃文化的喇叭口都是圆的。安德罗诺沃文化是由辛塔什塔—彼德罗夫斯卡文化发展而来的，这两种文化中的耳环的喇叭口都是圆形的。而在哈萨克斯坦的寇泽尔布拉克Ⅰ号墓地和Ⅱ号墓地的文化遗物中，耳环的喇叭口既有呈圆形的，又有呈

　　① 参见唐山市文物管理处、迁安县文物管理所等《河北迁安县小山庄西周时期墓葬》，《考古》1997 年第 4 期。

　　② 林沄：《夏代的中国北方系青铜器》，《边疆考古研究》第一辑，科学出版社 2000 年版，第 5 页。

　　③ Emma C Bunker：Cultural Diversity in the Tarim Basin Vicinity Its Impact on Ancient Chinese Culture. 转引自林沄《夏代的中国北方系青铜器》，《边疆考古研究》第一辑，科学出版社 2000 年版，第 5 页。

扁形的。这种喇叭口耳环应是经哈萨克斯坦等中亚地区向东扩展的。安德罗诺沃文化发展至成熟后，强烈地冲击着新疆中东部诸文化，并影响到四坝文化，这种典型的喇叭口耳环则一直传播到西辽河流域夏家店下层文化。所以，中国北方地区的喇叭口耳环（或鬓环）是源自西方的安德罗诺沃文化，今天大概可以定论。①

3. 金笄

刘家河商墓出土金笄 1 件。（图 4）此器重 108.7 克，全长 27.7 厘米，头宽 2.9 厘米，尾宽 0.9 厘米，在尾端有长约 0.4 厘米的榫状结构。器身一面光平，另一面有脊，截断面呈钝角三角形。笄从器表及断面观察，似为铸件，为商代黄金的熔炼技术提供了新的资料。②

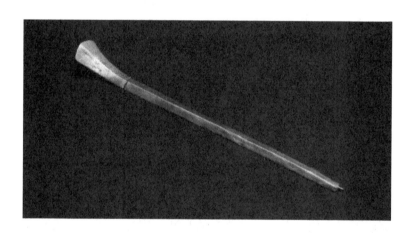

图 4　刘家河出土的金笄

（引自：北京市文物局等编《北京文物精粹大系·金银器卷》，第 40 页。）

北方地区从仰韶文化到早期青铜文化时期都以骨质发饰占据主流，达到发饰总量的 90% 左右。③ 在邯郸涧沟发现一件蚌笄，而岗上墓地④、昌

---

① 参见林沄《夏代的中国北方系青铜器》，《边疆考古研究》第一辑，科学出版社 2000 年版，第 5 页。

② 参见北京市文物管理处《北京市平谷县发现商代墓葬》，《文物》1977 年第 11 期。

③ 参见秦小丽《中国古代发饰研究——以新石器时代早期青铜时代资料为主》，《考古学研究（九）》，文物出版社 2012 年版，第 727 页。

④ 参见中国社会科学院考古研究所《双砣子与岗上——辽东史前文化的发现和研究》，科学出版社 1996 年版。

平张营①等北方早期青铜时代遗址中还出土有铜笄，铜笄呈圆锥形，尾端有圆笄帽，中部有凸弦纹。②但是，刘家河出土的金笄从器形上来看，根据目前所发表的北方地区的考古材料中还未发现有相似的。因此对其相关的文化内涵所做的研究还有待深入。

另外，刘家河出土有金箔残片，残存2厘米×1厘米，无纹饰，似为器物镶嵌。③这种不规则形状的金箔，在商文化核心区30余个遗址出土数量较多，多用于装饰。④但是很多遗址都被盗扰过，所以金箔的出土位置以及和其他器物的共存关系均受到扰乱，对于金箔的功能与文化内涵的进一步探索也受到限制。

从世界历史的角度上来看，随着公元前2000年左右"小冰期"的到来，欧亚大陆发生了游牧世界与农耕世界交界地带的民族大迁移，燕山南北是这一交界地带的东端，西方的青铜技术与青铜文化便辗转来到燕山南北地区。从刘家河商墓出土的喇叭口金耳环、两端压扁的金臂钏等器物来看，其早期形态见于西北地区的阿德诺沃文化、哈密天山北路文化和四坝文化出土的青铜器物，这一带普遍由原先广泛使用陶、石器骤然转变为流行短剑、刀、泡等北方系青铜器。⑤但这类铜器的成熟形态却以朱开沟文化晚期为最早，其典型器物的特征主要有铃首、兽首等的刀、剑和陶花边鬲。朱开沟文化的后继者人群向东拓展，北京北部燕山地区出现的抄道沟类遗存中已发现花边鬲，北京附近围坊三期文化和西辽河流域魏营子类型

---

① 参见北京市文物研究所、北京市昌平区文化委员会《昌平张营——燕山南麓地区早期青铜文化遗址发掘报告》，文物出版社2007年版。

② 参见秦小丽《中国古代发饰研究——以新石器时代早期青铜时代资料为主》，载《考古学研究（九）》，文物出版社2012年版，第717—718页。

③ 参见北京市文物管理处《北京市平谷县发现商代墓葬》，《文物》1977年第11期。

④ 商文化核心区出土不规则形状金箔的遗址大致有：郑州小双桥96ZX Ⅳ H106、96ZX Ⅳ H91、河北藁城台西M14、安阳侯家庄西北岗王陵区M1001、M1002、M1003、M1004、M1217、M1443、M1500、M1550、M1567（残墓），武官大墓、西北冈M260、小屯M164、小屯M20（车马坑）、小屯M202（车马坑）、E区181方井、殷墟花园庄M54、殷墟后冈大墓、殷墟后冈M47、殷墟薛家庄、殷墟大司空M171、殷墟大司空M175（车马坑）、殷墟西区M43（车马坑）、殷墟西区M45、殷墟西区M150（车马坑）、殷墟西区M151（车马坑）、殷墟西区M698（墓道有车马坑）、殷墟刘家庄M34、另外河南辉县M171、M175（车马坑）、山东苏埠屯M1号墓等。

⑤ 参见林沄《商文化青铜器与北方地区青铜器关系之再研究》，《考古学文化论集》第1集，文物出版社1987年版，第129—155页。

中花边鬲的突然增多，就应当是通过张家口等通道传播而来。① 正是从这个意义上，韩嘉谷将北方系青铜器和花边鬲视为联系中国北方长城文化带的标志。② 此时晚商文化的全面南缩和北方畜牧文化的大幅南进几乎发生在整个北方长城沿线。③ （图5）

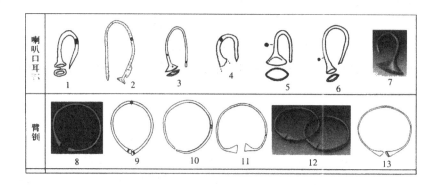

1、8、9、　四坝文化（9为民乐东灰山 M21：1①，其余出白玉门火烧沟②）　2、10、　朱开沟文化（伊金霍洛旗朱开沟 C：189、M3028：1、M1040：4）　3～6、11. 夏家店下层文化（蓟县围坊 T1③：7、房山琉璃河刘李店 M2：1、唐山小官庄 M 丁：1、阜新平顶山 G104④：2③、香河庆功台 M1：19）　7、12、　围坊三期文化（昌平刘家河）　16. 齐家文化（积石山新庄坪④）　13. 魏营子类型（喀左和尚沟 M1）

图5　长城沿线西周以前喇叭口耳环、臂钏比较
（引自：韩建业《北京先秦考古》，第113页。）

韩建业先生指出：中国长城地带大致存在着一条包含着陶器遗存的北部界线，这条北部界线在不同时期南北摆动。青铜时代前期，即夏晚期至商晚期，即公元前2000—前1200年。界线以南以农业经济为主体，界线以北在游猎经济的基础上发展出游牧经济。从人种类型上看，界线以南的中西部人种类型大体属于东亚蒙古人种，东部地区的人种类型中东亚蒙古人种的成分可能有所增加，界线以北可能仍属北亚、东北亚蒙古人种。青铜时代后期，即商末周初，即公元前1200—前800年。界线以南经济类型

① 参见李伯谦《张家园上层类型若干问题研究》，《考古学研究（二）》，北京大学出版社1995年版，第131—143页。

② 参见韩嘉谷《花边鬲寻踪——谈我国北方长城文化带的形成》，《内蒙古东部区考古学文化研究文集》，海洋出版社1991年版，第41—52页。

③ 参见韩建业《试论北京地区夏商周时期的文化谱系》，《华夏考古》2009年第4期。

为半农半牧，界线以北多属于畜牧性质，总体上畜牧业经济自西向东扩展，这时候半农半牧的人群在西部显著外移，东部稍南移。界线两侧的人群密切交流，并互有影响，人种类型虽在这种交流中发生某些变化，但基本格局未变。[①]（图6）

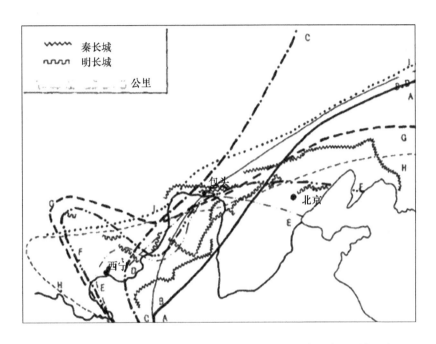

A. 新石器时代中期　　B. 仰韶·期　　C. 仰韶二期　　D. 仰韶三期　　E. 仰韶四期
F. 龙山时代　　G. 夏晚期至商晚期　　H. 商末周初　　I. 西周中期至战国

图 6　陶器北界限的摆动

（引自：韩建业《先秦考古研究——聚落形态、人地关系与早期中国》，第122页）

三　略论青铜时代的京津冀文化

北京地区青铜时代前期，绝对年代在公元前1800—前1050年，对应夏代晚期到商代，所发现的遗存在燕山以南和滦河流域，该类遗存称为夏

---

① 参见韩建业《先秦时期长城沿线陶器遗存的北界线及相关问题》，《先秦考古研究——聚落形态、人地关系与早期中国》，文物出版社2013年版，第130—131页。

家店下层文化大坨头类型。① 流行陶鬲、甗、罐，盛行绳纹。本地文化稳定发展，中原早商文化虽曾一度对其造成冲击，但并未动摇地方性根基。② 从陶器来看，夏家店下层文化大坨头类型主要是从雪山二期文化的基础上发展而来的，夏家店下层文化大坨头类型的陶器是以鼓腹鬲、弧腹鬲、深腹罐、弧腹甗、鼓肩瓮等为主体，这些器物也是雪山二期文化的主要器类，且都有翻缘侈口的特征；其中鬲都有饰绳纹和素面两种，也都存在某些鬲足跟外撇的现象。③

北京及附近地区围坊三期文化是在当地夏家店下层文化大坨头类型的基础上发展而来的，前者早期的主要陶器都可在后者中找到原型，绝对年代在公元前1300—前1050年，相当于殷墟文化阶段对应晚商时期，以塔照第二期遗存为代表，包括镇江营商周第二期、平谷龙坡早期、昌平雪山第四期、刘家河铜器墓等遗存。④ 围坊三期文化存在着地域差异，永定河以南的塔照二期类遗存，陶器均含有滑石粉末，这类遗存向南分布直达冀中易水、唐河流域；永定河以北龙坡类遗存陶器只有少数含滑石粉末遗存，此类遗存向东和东北延伸到天津、唐山和滦河流域，以天津蓟县围坊三期为代表⑤，也见于河北玉田东蒙各庄和五里桥⑥、遵化西三里村⑦、滦县后迁义⑧、卢龙双望和东闲各庄⑨等遗址。⑩

京津冀地区的围坊三期文化虽有地方类型的差别，但是北京市平谷县刘家河夏家店下层文化陶器墓⑪与河北香河县庆功台村夏家店下层文化墓

---

① 参见李伯谦《论夏家店下层文化》，《中国青铜结构体系研究》，科学出版社1998年版，第124—142页。

② 参见韩建业《北京先秦考古》，文物出版社2011年版，第94页。

③ 参见韩建业《试论北京地区夏商周时期的文化谱系》，《华夏考古》2009年第4期。

④ 同上。

⑤ 参见天津市文物管理处考古队《天津蓟县围坊遗址发掘报告》，《考古》1983年第10期。

⑥ 参见马洪路《河北玉田县发现新石器和青铜时代遗址》，《考古》1983年第5期。

⑦ 参见刘震《河北遵化县发现一座商代墓葬》，《考古》1995年第5期。

⑧ 参见张文瑞《冀东地区龙山及青铜时代考古学文化研究》，硕士学位论文，吉林大学，2003年。

⑨ 参见李捷民、孟昭林《河北卢龙县双望乡发现细石器与陶器》，《考古通讯》1958年第6期，第45—46页；唐云明《河北境内几处商代文化遗存记略》，《考古学集刊》第2辑，中国社会科学出版社1982年版，第44—46页。

⑩ 参见韩建业《北京先秦考古》，文物出版社2011年版，第107页。

⑪ 参见北京市文物考古研究所《十年来北京考古的新成果》，《文物考古工作十年（1979—1989年）》，文物出版社1990年版，第1页。

葬相同，同类器物在天津围坊①、张家园②、河北大厂大坨头③等遗址中均有发现。特别是在北京刘家河和天津张家园墓葬中均发现墓主人有戴铜或戴金耳环的习俗，另外在河北香河庆功台、卢龙东闲各庄均发现有金臂钏，与北京刘家河商墓出土的金臂钏形制相似。

从北京地区对外关系和文化局势来看，夏家店下层大坨头类型，在燕山以南的张家园、官庄等遗址发现喇叭口耳环等西方因素，围坊三期一些北方系青铜器和花边鬲等陶器可能有共存关系。④公元前1300年后的气候逐渐趋于干冷，人类生存的自然环境发生变化，中国北方草原文化带基本形成⑤，但是这些地区的人类基本种族类型并没有发生明显改变，从而暗示出这种大幅度的经济生活方式和文化类型的转化很可能并未伴有大规模的人类迁徙和群体更迭。"古华北类型"的种系特征在内蒙古中南部地区一脉相承地延续下来，成为当地种系基因流的主干。古人种学的研究结果从人类群体遗传学的角度支持上了上述论断。⑥

自早期青铜时代开始，"古华北类型"的居民在内蒙古中南部以外的长城沿线及其邻近地区也不断出现，与"古东北类型"居民呈现出一种交错而居的分布状态，他们甚至可以共生于同一个人类群体结构的内部，例如在河北张家口地区的白庙墓地Ⅰ组居民属于"古华北类型"，白庙墓地Ⅱ组居民属于"古东北类型"。这些事实或许折射出，在某些特定的条件下古代人类群体之间存在的融合与基因交流的情况。⑦因此，古人种学的分析表明，青铜时代京津冀地区的人种类型在交流中发生某些变化，但是人种类型的基本格局没有发生太大的变化。

北京东部平原地区青铜时代文化虽与内蒙古、辽宁地区的夏家店下层文化联系密切，但两者的差异明显。⑧京津冀地区青铜文化时期所出土的

① 参见天津市文物管理处考古队《天津蓟县围坊遗址发掘报告》，《考古》1983年第10期。

② 参见天津市文物管理处《天津蓟县张家园遗址试掘简报》，《文物资料丛刊》第1辑；天津市历史博物馆考古队《天津蓟县张家园遗址第二次发掘》，《考古》1984年第8期。

③ 参见天津市文化局考古发掘队《河北大厂回族自治县大坨头遗址试掘简报》，《考古》1996年第1期。

④ 参见韩建业《北京先秦考古》，文物出版社2011年版，第101—111页。

⑤ 同上书，第281页。

⑥ 参见朱泓《中国古代居民体质人类学研究》，科学出版2014年版，第22—23页。

⑦ 同上。

⑧ 参见廊坊市文物管理所、香河县文物保管所《河北香河县庆功台村夏家店下层文化墓葬》，《文物春秋》1999年第6期。

器物中的扁喇叭口式的金（或铜）耳环是夏家店下层文化乃至围坊三期文化鲜明的地方文化特点之一。

通过以上对刘家河商墓出土金器的分析，结合京津冀地区考古学文化的研究，并且根据体质人类学研究的相关结果，可以看到，青铜时代的前期和后期，由于地理位置和世界环境与气候的变化，在长城沿线两边，出现了人口的迁徙和经济形态的改变，特别是从使用受西方文化因素影响比较明显的金臂钏、喇叭口耳环等金器的习俗来看，人类群体存在着密切的文化交流，但是主体文化以及人种类型没有发生改变，所以在青铜时代京津冀地区的主体文化基本是一体的，并延续发展。

Study on the Goldware Unearthed from Shang Tombs in Liu-jiahe, Beijing——An Investigation on the Cultural Integration of Beijing, Tianjin and Hebei in the Bronze Age

Ni Chong

Abstract：Several pieces of goldware were unearthed from Liujiahe, Pinggu, Beijing. The goldware are of unique shape as seen from the apparent influence from Western Civilization. The article aims to analyze the goldware with archeological methods in combination with relevant research findings in physical anthropology and discuss cultural communication and development, migration and merge of ethnicities and relevant issues in the area of Beijing, Tianjin and Hebei in Bronze Age.

Key Words：Shang Tombs in Liujiahe; Gold Armlets; Flare-shaped Gold Earrings

民国时期颐和园的经营困境和面向京津冀的经营探索（1928—1937）

滕朝阳[*]

摘要：从 1928 年北伐军占领北京，到 1937 年日本侵占北京的 10 年间，南京国民政府名义上统治全国，在北京设特别市，管理颐和园的机构管理颐和园事务所由市府直辖，但由于社会动荡不安，政府财政对颐和园的支持很少，面对经费困局，颐和园的经营管理机构做出了种种努力，包括扩大经营范围，将游览参观的目标群体扩大至整个京津冀，并在票务和交通方面尝试了种种方便设置，以引揽消费者。本文以北京档案馆馆藏颐和园档案材料为基础，梳理 1928 年北伐军占领北京至 1937 年日本全面侵华这段时间内颐和园的经营状况，以冀对当下景区经营管理和京津冀地区旅游一体化建设有所裨益。

关键词：颐和园；经费；京津冀

民国十七年（1928）6 月 6 日，北伐军进占北京。6 月 21 日，国民政府决定：北京改名为"北平"，设北平特别市。国民革命军第三集团军接防西郊一带名胜古迹，该军第 38 师第 112 旅第 223 团第 3 营营部设在园内养云轩。该营第 2 连官兵驻在园内。

1928 年 7 月 1 日，南京国民政府内政部接收颐和园，派安宅仁为内政部北平颐和园管理事务所所长，负责向清室办事处经理颐和园事务所接收事宜。7 月 27 日，安宅仁上报接收清册及"清室颐和园事务所钤记"、

* 滕朝阳（1987— ），男，山东人，北京联合大学应用文理学院硕士研究生，专业方向为区域社会文化史。

印章。

1928 年 8 月 13 日，南京国民政府同意将颐和园移交北平市政府。

1928 年 8 月 15 日，成立北平市政府管理颐和园事务所，许德懋为所长，李品芗、李瑸为副所长。①

至此，经过几番周折，南京国民政府成立一年多后，1928 年其所辖北平市政府管理颐和园事务所实际上仍然是从清室经营管理者手中直接接手颐和园的经营管理权。管理颐和园事务所的职权范围包括管理颐和园、圆明园、静明园及其一切事务。所以，清王朝灭亡后，颐和园并没有成为真正意义上的公共活动空间，直到 1928 年北平市政府管理颐和园事务所接管后，颐和园才在此方面进一步打开局面。

在清帝逊位前，因皇帝还是名义上的国家元首君主，所以颐和园兼具皇室私有和国家所有双重性质。清帝逊位后，据清室优待条例，从法理上讲颐和园属溥仪私人所有。冯玉祥发动北京政变后，修订的清室优待条例没有明确表达颐和园的归属，因此其属性是含混的。1926 年王怀庆将颐和园交还清室，直到 1928 年 7 月，颐和园仍属溥仪私产。1928 年 7 月后，南京国民政府内政部北平管理颐和园事务所着手接收事宜后，颐和园完全脱离皇家管理，继而成为国家公园，归北平市政府权属。

一　颐和园的经营困境

1914 年颐和园开放前，由内务府管理；开放以后，所有售票、稽查等事提署并不干涉，均让归清皇室内务部主裁，以清权限。颐和园开放后的收支和管理均由清室内务府负责，步军统领衙门仅提取修路经费（三成），北洋政府亦不干涉该园的经营与管理。

1924 年 5 月庄士敦管理颐和园时指出，颐和园的收入"包括农田租金，颐和园和玉泉山参观日的门票收入，出售园内湖中放养的鱼，以及从某些地方企业，诸如玉泉山汽水厂、旅馆、茶庄和照相馆所得的分红，等等"。但庄士敦发现，"过去，颐和园用于维持自己的费用已经超过了它的

---

① 参见北京市地方志编纂委员会《北京志·世界文化遗产志·颐和园志》，北京出版社 2004 年版，第 495 页。

年岁收入"。[1]

其后至南京国民政府接收，虽经周折，但无论是步军统领衙门，还是"北京政变"后接管颐和园的国民军11师，都只管提款，不干涉该园经营管理，颐和园的管理经营人员基本上都还是逊清皇室的主要人员。所以当1928年7月国民政府接收时颐和园和庄士敦所了解的情形并无甚区别，只是可能园林因日久更破败，管理因政权交替更混乱。

管理颐和园事务所（以后简称事务所）成立伊始，就面临着经费短缺问题，又因在接管过程中，本属颐和园的稻田厂划归河道管理处，失掉了部分收入，便使得此问题愈加凸显。《管理颐和园事务所所长许德懋为请内政部归还稻田厂呈》（1928年8月28日）：

> 窃以颐和园自民国以来实行开放，其常年经费，如办事人员之薪工及间有坍塌之修补，除售门票一项进款外，惟恃田租收入以资应付。况稻田厂为颐和园兼管，收入充颐和园经费，历经办理在案；内政部速予变更，嗣后经费骤减，不惟遇有坍塌之处无力修补，即办事人员、夫役之薪金，亦将竭撅，于保管前途，实有不可维持之势。[2]

因事务所资金的"不可维持之势"，所长许德懋向北平市政府提出了转达内政部归还稻田厂的申请。北平市政府旋即派员调查。《北平特别市政府第二科科长王亮呈报稻田厂调查情况》（1928年9月12日）：

> ……惟该园月收尚不及二千元，许所长新派职员约二十人，薪铜增至二千五百余元，与量入为出之旨不符……
> 二、稻田厂。查该厂有水田一百余顷，环绕于颐和园南、西、北三面，为天然之连带产业。前厂长舒敏与河道管理处处长荆育攒串通，将处、厂归并为一，而内政部并无明文。然颐和园之精华，半在稻田，今失此膏腴，致收入不敷支出，逞言整理？拟请电呈薛

---

[1]　庄士敦：《紫禁城的黄昏》，陈时伟等译，山东画报出版社2007年版，第278页。
[2]　《1928～1933年颐和园接收、管理、修缮史料》，引自王海燕选编、北京市档案馆编《北京的名山名园》，新华出版社2013年版，第37页。

内政部长，仍将河道管理处稻田厂划归市办，以一事权而资发展……①

如1928年9月12日的《调查情况》所言，颐和园稻田厂"有水田一百余顷"，稻田厂颐和园的田租金年收入应该在5000元以上②。这对于"月收尚不及二千元"的颐和园来说，也是相当比例的收入。

事务所接收颐和园经营管理工作后，各项工作逐步展开的同时，因旅游逐渐进入淡季，颐和园门票收入大减。1928年12月《管理颐和园事务所月收支对照表》显示，作为主要收入来源的门票收入仅540.37元，而总收入仅为1200多元，当月支出则多达2900余元。以至于12月员役薪工因无经费至次年2月仍未发放，而聘员伙食费亦因无款，暂由厨役代垫。"当此市面无比萧条之际，购买薪米等项非有现金莫办，该厨役屡以无米之炊，难于应付。"③ 故在旧历年关，迫于无奈，管理颐和园事务所向市政府请款2000元，"将前垫伙食费支给之后……一在迩凡员役薪工以及伙食等费在在需款季节，以资维持，俟开春票价收入畅销时为数缴还"。④ 事务所经营困境可见一斑。

二　颐和园为摆脱困境的努力

面对事务所经营捉襟见肘的窘迫境地，所内上自所长，下至普通职员，集思广益；所外人士上自市长，下至市民献计献策，共谋颐和园新气象。先有许德懋、赵国源两所长为收回稻田厂权属，数次申请；后任所长章上达于1929年9月12日在中山公园来今雨轩召开记者招待会，报告发展计划："一、修理毁坏建筑，二、修理毁坏物品，三、整理水产，四、

---

① 《1928～1933年颐和园接收、管理、修缮史料》，引自王海燕选编、北京市档案馆编《北京的名山名园》，新华出版社2013年版，第38页。

② 民国十八年管理颐和园事务所颁给佃户胡文铎的租地执照中显示"每亩年租银四钱"，而另一位佃户罗永顺申请租种圆明园土地五分，年交租三角五分，折合为每亩0.7元。按一百顷地算，颐和园稻田厂年收入应该在4000两白银左右（除去按地力产生的地租差异），换算为银元（银元与银两为0.7∶1）为5700元。折算到每月收入应接近500元。

③ 《北平市管理颐和园事务所关于请求拨款给北平市政府呈及市政府指令》1929年2月1日至1929年3月31日，北京市档案馆，档案号：J21-1-129。

④ 同上。

拆除破屋伐除枯树，五、清查空屋分别招租，六、收回稻田整理之，七、陈列古物开设图书馆，八、清理物品。"① 其中的五、六、七项都是为增加收入而提出的。事务所职员朱仲伦建议："修浚御河航行浅水汽轮及普通游船；租赁闲房；呈请市府援故宫博物院之例，向各辅助文化机构及中央政府请求津贴"② 三端，以振兴园务，扩充收入。管理颐和园事务所是市政府直属机关单位，历任市长对颐和园园务十分关心，首任市长何其巩亲临仁寿殿指导清查工作，且为收回稻田厂与内政部斡旋多次；周大文市长莅任后，拨款力促颐和园内耶律楚材墓的修复和园内外甬路的修整。市民冯思勤"条陈市政"内称："颐和园局势堪比西湖，可于昆明湖中满植荷莲，既增风景且关收入。"③

市民耿鸿斌是前逊清皇室时期颐和园事务所所长，根据其自身经营管理经验，提出了较系统的颐和园增收办法。④

以上建议多有被采纳者，到民国十八年 3 月（1929 年 3 月）事务所月收支对照表显示出现结余（除支结余数 108.014 元）。此间颐和园的经营费用，虽有市府临时补助 2000 元应急费用，但当年大部分月份经费仍是事务所自行筹集。事务所账面出现盈余，多是对颐和园内现有资源攫取的结果，房屋的出租、湖面的承包虽是权宜之计，但这和公园的功用显然是不相符合的，且不利于文物古建的保护，不利于园务的长远发展。

三　颐和园实际收益项目条陈

（一）票收

1928 年 7 月，南京国民政府接收颐和园，管理颐和园事务所集思广益，为振兴园务，多方面努力增加收入。现将各项收入条理如下。

1. 票务种类及定价

事务所成立后，入颐和园游览门票价格仍援旧例。各种票券价目列表如下：

---

① 《颐和园今后发展计划——管理所长昨向新闻界报告》，《新晨报》1929 年 9 月 13 日。
② 《北平市管理颐和园事务所稽核股长关于整顿计划经北平市政府呈及市政府指令》1927 年 1 月 1 日至 1929 年 12 月 31 日，北京市档案馆，档案号：J21-1-5。
③ 同上。
④ 同上。

票券类型	单张售价	备注说明
普通入门券	一元二角	1. 儿童、优待、特别入门半价券六角 2. 路捐局提三成，事务所实收入门券八角四分，半价券实收四角二分（自 1929 年 6 月北平市政府令取消提成修路费①）
排云殿游览券	五角	左列三种游览券均有半价券
谐趣园游览券	二角	
前后南湖游览券	三角	
石舫、玉澜堂、南湖游船券	一元	提六成给水手工食，事务所游船券实收四角，乘船券实收四分
石舫、玉澜堂、南湖乘船券	一角	
玉泉山入门券	五角	有半价券

以上各票券由市财政局统一印制加盖市财政局票照专用图记，售出票券后须将缴验联报送财政局备查。票款 10 天一结账，30 天为一月，具单呈回批划

（资料来源：《北平特别市管理颐和园事务所呈送民国十七年度收入数目及历月收入的报表请鉴核及市政府仰候存转的指令》②）

1930 年 7 月 10 日，陈列馆、图书馆售票开放，颐和园票收又增新例。③

1930 年 10 月 1 日，因北平市各机关交接，北平特别市政府训令事务所暂行封闭陈列室，翌年 3 月 20 日启封售票。1933 年 5 月前颐和园文物先后南迁，陈列馆、图书馆遂即闭馆。1934 年 2 月 14 日重新开放。1937 年 7 月因"实行阅览之人往往数月不睹一人"，事务所将"德晖殿改为图书陈列室，任人游览但不得参阅"。④

2. 票价调整

逢新年减价 3 日（1 月 1 日至 3 日），双十节（10 月 10 日）、中秋节、植树节、端午节等节日以 1 日为限，管理颐和园事务所登报广而告之，所有颐和园、玉泉山入览券一律减收半价，以示优待。"颐和园及玉泉山各种游览券全年减价日期，届时分期登报周知，以资普遍"，以期达到"既与市民以便利，而票券收入亦可藉以增加"之效果。⑤

---

① 《北平特别市管理颐和园事务所关于提拨票款补助市政局充修养路费的呈及北平特别市政府指令》1928 年 7 月 1 日至 1929 年 6 月 30 日，北京市档案馆，档案号：J21-1-57。

② 《北平特别市管理颐和园事务所呈送民国十七年度收入数目及历月收入的报表请鉴核及市政府仰候存转的指令》1928 年 10 月 1 日至 1929 年 1 月 31 日，北京市档案馆，档案号：J21-1-65。

③ 《颐和园事务所陈列图书馆游览券减收半价的呈及市政府的指令》1930 年 7 月 7 日至 1930 年 7 月 12 日，北京市档案馆，档案号：J21-1-350。

④ 《北平市管理颐和园事务所关于将图书迁移德晖殿及运圆明园右湖石点缀园景的呈及市政府的指令》1937 年 4 月 1 日至 1937 年 7 月 31 日，北京市档案馆，档案号：J21-1-963。

⑤ 《颐和园事务所呈报本园和玉泉山各游览票券减价日期及市政府指令（附颐和园事务所组织规程）》1933 年 10 月 1 日至 1935 年 9 月 30 日，北京市档案馆，档案号：J21-1-631。

　　1930 年 9 月 1 日起，因市政府训令，颐和园开始售"星期半价票"，即每星期日一律减收半费。此项政策实施后，至 12 月 31 日计 4 个月"共减收洋 1243 元 2 角 5 分，陈列馆半价尚不在内"。① 一方面因为门票收入减少，另一方面现行票务烦琐，所以 1931 年 2 月 15 日，管理颐和园事务所呈请市政府同意整顿票收。市府照准后，事务所特发启事：

　　　　本所为普利市民起见，业经呈准，将星期半价票取消，其向售一元二角之普通入门券减为一元，添售游览统券每张二元四角，儿童游览统券每张一元二角，优待军官游览统券每张八角，优待军士游览统券每张六角，如购此项统券，园内各处售票地点均无须另行购票，以免烦琐，现已筹备就绪，定于四月一日实行，除呈报市府外，特此宣布以便周知，此启。②

　　这是自 1914 年颐和园售票开放以来，首次降低入场券价格，并开始发售游览统券。1934 年事务所再次调整票务，减少票务种类，降低总体费用。将普通游览券定为一元，陈列馆定为五角，其余一律开放，并于各节期纪念日减收半价。票务的降价调整，使得游园人数有所增加。门票收入也较事务所接收之初有了大幅提升。1933 年全年颐和园售出票数 34587张③，票价总收入 42933 元④。事务所还对军人、学生团体实行优待办法。1930 年 11 月 11 日公布实施：

　　　　本所优待学校团体、军队游园依本办法行之。
　　　　学校团体、军队之游园愿受本办法优待者须于三日前将游园人数及日期函送本所核办。

　　① 《颐和园事务所呈报本园和玉泉山各游览票券减价日期及市政府指令（附颐和园事务所组织规程）》1933 年 10 月 1 日至 1935 年 9 月 30 日，北京市档案馆，档案号：J21 - 1 - 631。
　　② 《北平特别市管理颐和园事务所关于本园在植树节元旦等节假日纪念日门票减价及售票办法的呈及北平特别市政府关于实行日期的指令》1929 年 4 月 1 日至 1931 年 3 月 31 日，北京市档案馆，档案号：J21 - 1 - 76。
　　③ 《北平市政府统计特刊》1934 年第 2 期。除了门票，还包括排云殿、南湖、玉泉山、乐寿堂、玉澜堂等内部景点的售票数目，即实际进入颐和园游览的人数比所列数字要少。
　　④ 参见北平市政府秘书处第一科统计股主编《北平市政府二十二年度行政统计》，《近代中国史料丛刊三编》第 74 辑，台北：文海出版社，第 140、143 页。

学校团体同时游园人数在二十人以上者优待办法如左：

本市区内之学校团体按普通票价减半收费；

本市区以外之学校团体按普通票价三分之一收费；

各学校服章整齐之职教员学生于每年四月至十月同时游园者，百人以内收费四元，过百人者每增五十人以内加收二元。

军队或军人游园者优待办法如左：

服装整齐之现役军官按普通票价三分之一收费；

服装整齐之现役兵士按普通票价四分之一收费；

结队一连以上经团部以上机关依第二条程序备函通知者，得免收费著用便服附随军队或军人游园者，仍照普通票价收费；

本办法未尽事宜得随时修正。

本办法自市政府核准之日施行。①

但是学生方面获得优待条件仅限于入场券，园内其他售票之所，则不设优待。军人方面则不遵照条例，要求免费参观的大有人在。军人游园的管理一直困扰事务所管理人员。1937 年"七七事变"后，日军占领颐和园，日本人曾免费游园。

票价的调整，虽然在面值上下调，但是这样增加了游客数量，对于增收是有益处的，在园务逐步步入正轨后，事务所也开始注重颐和园的公共服务功能的开发，对于学生、军人的优惠正是这种体现。

（二）田租

1929 年 4 月 24 日，市政府令清理圆明园园产事务所裁撤归并颐和园事务所办理，圆明园园产事务所于 20 日结束竣事，将款项暨木质钤记呈缴市府，该所一切案卷粘连清单交管理颐和园事务所验收。② 1934 年，奉

---

① 《北平特别市政府管理颐和园事务所关于呈送本所办事细则修改各股办事细则请鉴核的呈文及市政府批准照办的指令》1928 年 8 月 1 日至 1930 年 12 月 31 日，北京市档案馆，档案号：J21-1-93。

② 《北平市管理颐和园事务所关于奉令接管圆明园遗址、拟具管理办法等的呈文及北平市政府准予备案的指令以及圆明园园产事务所与管理颐和园事务所有关交接事项的来往公函》1928 年 12 月 1 日至 1933 年 10 月 31 日，北京市档案馆，档案号：J21-1-67。

国民政府令，圆明园故址交清华大学办农事试验场，以三年为期。这期间圆明园的事务由管理颐和园事务所兼理。1934 年 4 月北平市政府给管理颐和园事务所的训令中指出：

　　（二）圆明园内，计有租出水地一千六百零六亩一分八厘二毫，旱地一千四百七十二亩一分零二毫，地基二十六亩一分又五段，官房三十八间，对于承租佃户，均发有执照，有存根可资查考。并将佃户姓名暨承租房地及租金数目记有清册。又，该园古物只有南太湖石石柱两项，已附列清册内。上列之存根清册随文移送。

　　（三）上项水旱田地、地基、官房等项租金，每年共计应征收洋三千零二十七元六角二分一厘七毫，系本市正项税收，已承允许每年按照租金实数协助市府，以三年为期，自二十三年起，每年十二月以前交由管理颐和园事务所解送市库。惟该项租金，自二十二年份以前，每年尚有欠缴之款，已另列清册。应由校方代为催缴，送交管理颐和园事务所转解市库。

　　——北平市政府关于管理颐和园事务所按期收解清华大学三年协款的训令（1934 年 4 月 25 日）①

　　经清华大学与北平市政府协商，每年缴纳的款项舍零取整，变为 3000 元。不过，我们通过此次交接可以厘清管理颐和园事务所所辖圆明园内田租情况。但是经过这次与清华大学的交接，这部分收入便由事务所的正常收入，变成了经事务所代收转交市府的收入，事务所自 1934 年 4 月后，实际上是失去这笔收入的。

　　又据《颐和园志》，1924 年，国民军 11 师接管西郊一代古迹名胜，圆明园内外及海淀、巴沟等处稻田同隶颐和园管理，共有水旱稻田 210 余顷，岁收入租金 1.2 万—1.3 万元。②

---

　　①　《20 世纪 20 至 40 年代圆明园管理史料》，参见刘静选编、北京市档案馆编《北京的名山名园》，新华出版社 2013 年版，第 161 页。

　　②　在民国十七年（1928）8 月 1 日国民政府内政部北平管理颐和园事务所颁发给佃户胡文铎的执照中，胡文铎租种的圆明园水田每亩的年租金为银四钱，租金折合银圆为 0.548 元每亩（银 73 两折 100 元洋）。而另一位佃户罗永顺申请租种圆明园土地五分，年交租三角五分，折合为每亩 0.7 元。

（三）开设溜冰场

溜冰场于1929年12月25日开放，规定："凡来本园溜冰者，门票一律减收半价。租用本场冰鞋，每一小时收费一角，惟新年减价七日，期内溜冰仍收半价不再另减。"[①] 除登报广而告之外，并抄写广告40张在城内各处张贴。1930年1月1日至3日开学校溜冰大会，管理颐和园事务所函送免费入园证10张至北平各学校邀请参加溜冰大会。[②] 溜冰场的设置，一方面缓解了冬季票收惨淡的局面，另一方面又响应了民国政府公园健身、满足市民强身健体需要的提倡。溜冰场附属的茶点烟糖售卖以及冰鞋出租等也成为新的进项。

（四）增设游船

1929年10月9日所长章上达经市政府批准修理利用安澜福大船，并附设点心烟糖售卖处。12日登报广告招揽顾客。其航行路线及段落与普通游船相同，唯票价较普通船价增加，每小时合洋三元，以十人为限，每增一人加洋三角。[③] 1930年，复用洋2636.46元雇工购料修理镜春炉、水云乡、卫凤等御船三只，修整后于7月开始营业。[④] 1931年夏季，因询问划船者众多，已有船只不敷应用，应游客要求，管理颐和园事务所按照北海公园划船大小样式承做添购划船10只。[⑤] 1934年和1935年又仿杭州西湖小游船各制造划船4只。[⑥]

（五）设天然疗养院

1930年3月，北平市政府批准颐和园在南湖筹设天然疗养院的申请。

---

① 《管理颐和园事务所设立溜冰场的启事及给各学校函送免费入园证的函稿》1929年12月1日至1929月12月31日，北京市档案馆，档案号：J21－1－183。

② 同上。

③ 《管理颐和园事务所修理利用安船增设游船开始售票的呈及北平市政府的指令》1929年10月1日至1929年10月31日，北京市档案馆，档案号：J21－1－185。

④ 《北平市颐和园事务所关于添制物品及维修工程请拨款给北平市政府呈及市政府指令》1929年4月1日至1930年9月30日，北京市档案馆，档案号：J21－1－132。

⑤ 《颐和园事务所关于支出修理游船和添款划船所需款的呈及市政府的指令》1931年5月1日至1931年，月30日，北京市档案馆，档案号：J－1－444。

⑥ 《北平市政府关于报送民国二十四年度行政计划的训令及颐和园事务所的呈文》1935年5月1日至1936年2月29日，北京市档案馆，档案号：J21－1－864。

实际上，事务所因经费有限，只是将房屋出租，并没有直接创办经营。所有筹集资本、设备、一切经营天然疗养院事业及该院一切开支并业务损益完全由该院自行负责。事务所提成天然疗养院入住院费的30％为报酬，含房租及器物使用费用。1931年7月陈继青上任后，发现天然疗养院"迄今已及一载，营业状况日渐萧索，核算其提缴三成之款，自十九年九月起至本年八月底止共缴洋583元2角2分"[1]。

及至1935年5月15日颐和园天然疗养院原定五年合同期满，又恰值文物整理进行之时，市长袁良即命取消天然疗养院，将房收回。[2] 民国时颐和园内不再设有疗养院。

（六）房租

1930年3月，管理颐和园事务所所长王廷燮亦呈准市政府选择园内房屋四十余所，稍事修葺整理后出租。节选招租启事如下：

> 兹特择其适宜于习静避暑房屋四十余所，或规模宏敞，或构造整严，或似山居，或饶野趣，均经从新加以整理，定价出租，房内设备完善，电灯、电话不日安齐，设有天然疗养院以助卫生，举凡租户之待遇无不力求周备，租金标准概从低廉，并印就房屋租金数目表以备选择，有愿租住者，请向本所接洽可也。[3]

1931年7月，陈继青继任所长后，又将房屋分别修理布置，对于出租房屋一事登报广告。次年2月重新改订租房价格，并增加部分房屋出租，计有甲等房18所，乙等房23所，丙等房10所，以裕收入。规定每年四、五、六、七、八、九月为上期，十、十一、十二、一、二、三月为下期，概括分为两期设定租金价目，所有房间租全期者租金按八五折计算，租全年者按七折计算，其租期已满而尚未迁出者五日内按日计租，五日以上按

---

①　《颐和园事务所关于办理收回天然疗养院租房的呈及市政府的指令》1931年3月1日至1935年6月30日，北京市档案馆，档案号J21-1-433。

②　同上。

③　《北平市管理颐和园事务所关于改订房租价格给北平市政府呈及市政府指令（附北平市管理颐和园事务所房屋租金价目表）》1932年1月1日至1932年2月29日，北京市档案馆，档案号：J21-1-612。

半月计租。新租价于 1932 年 3 月起实行。①

　　颐和园出租的房屋，多用"御用之物"点缀，从出租房屋时长和上下期的设定来看，出租的房屋兼有疗养和宾馆的性质更多，而不是为人提供栖身之所。事实上前来承租的人也大多是权贵、知名人士。为了尽量招揽顾客，增加经费，事务所对房间内原有陈设物品并不做严格保管核查，甚至所长信手将房间内所属物品遗赠房客。

　　　　矢原谦吉有兴趣于房内陈设，许保之所长言："如此物者，浩如烟海，前人无簿可稽，后人遂亦了了从事，盖一加追究，则惹是生非，必致引火烧身也。"遂开一橱以示，其中有鼻烟壶数百具，形式殊异，极尽奇巧，并取其以赠送，曰："来此园中者多贵人，小住后多欲携一二'御物'归去，以为炫耀。是故集园中无数之鼻烟壶及他种零星杂物千数百件于此，供人求取。否则，权贵一怒，园中之经费更绌矣！"②

　　房租之中还有收取和兴车厂、椿记汽水公司、玉泉汽水公司、法福照相馆等的房租，对于颐和饭庄和万寿食堂等餐馆则采取收取提成抵部分房租的做法，民国十八年六月的收入之部当中，还显示了收取个人房租的信息。公司的房租数目基本固定，但是有按月交，也有按双月交，饭庄的收入则不确定。房租收入较票收，则相差甚远。

（七）其他项目

　　其他项目有：事务所每月从引导处提款 30 元；收取湖滩租金及自兴渔业缴款，事务所一般会将此两项业务拍卖承租给社会人士；收园草变卖钱，每月数目不定，多则 5 元，少则 1 元，某月可能没有；变卖园产，1929 年所长赵国源曾呈报"玉泉山园内各处坍塌情形，拟将钟鼓楼及太钧楼各砖瓦及木料变卖作修补围墙之用"③。

---

　　①　《北平市管理颐和园事务所关于改订房租价格给北平市政府呈及市政府指令（附北平市管理颐和园事务所房屋租金价目表）》1932 年 1 月 1 日至 1932 年 2 月 29 日，北京市档案馆，档案号：J21 - 1 - 612。

　　②　［日］矢原谦吉：《谦庐随笔》，广西师范大学出版社 2008 年版，第 55 页。

　　③　《北平市颐和园事务所关于变卖古物维修园内建筑给北平特别市政府呈及市政府指令》1929 年 2 月 1 日至 1929 年 7 月 31 日，北京市档案馆，档案号：J21 - 1 - 225。

四　面向京津冀引揽游客

为吸引北平附近省市市民来颐和园游览，1935 年 5 月与北宁铁路局合作，发售特种联合游览减价通票，往返火车、汽车、门票一次收讫，在天津总站、东站、汤山、滦县、北戴河、山海关等站，以及天津营业所、天津日本国际观光局、天津通济隆公司和天津中国旅行社等处发售特种联合游览通票。[①] 开办后，月均售票百余张，在旅行社购买此特种联合游览减价通票者为多数。[②]

由是观之，颐和园面向京津冀的游客引揽活动联合交通运输行业、旅行社部门，采取通票降价的方式，取得了成效，特别是利用了天津的港口优势，力图将日本的游客也纳入引揽之列，已经初步具备了国际视野。

颐和园在南京国民政府统治期间，作为收支自理的单位，历任管理者均缺少古物、古迹管理经验。事务所展开的业务均为维持园务计，少有估计社会效益，对颐和园资源的利用索取大于维持保护。面对经营困境，颐和园的管理机构除了增加经营项目外，还扩大了消费者引揽的范围，将游览参观的目标群体扩大至整个京津冀地区。这虽是以增加经济收入为主要目标的活动，但是对于当今京津冀旅游协同发展具有启示作用，特别是管理所与交通运输部门联合设置减价通票、利用天津国际港口招揽国际游客的尝试值得今天的相关部门借鉴。

Operation Stalemate of the Summer Palace during the Republic of China Era and Tentative Operating Efforts in Beijing，Tianjin and Hebei（1928—1937）

Teng Chaoyang

Abstract：From 1928 when the Northern Expeditionary Army occupied Beijing to 1937 when Japan invaded Beijing, the whole nation is under the

---

① 《北宁铁路局车务处关于承担颐和园游览车事项的函及颐和园事务所的复函》1935 年 4 月 1 日至 1935 年 11 月 30 日，北京市档案馆，档案号：J21 – 1 – 828。

② 《北平市管理颐和园事务所与公共汽车管理处、北宁铁路车务年合办游览车及办理发售游览通票的来往函》1936 年 1 月 1 日至 1936 年 12 月 31 日，北京市档案馆，档案号：J21 – 1 – 916。

nominal reign of Nanjing National Government. A special city is established in Beijing. The managerial institutionof the Summer Palace is under the jurisdiction of the municipal government. Due to social turmoil, fiscal support from the municipal government for the Summer Palace is minimal. Faced with the stalemate in operation, the managerial institution of the Summer Palace made all sorts of efforts including expanding scope of operation, which attracted target tourists of the whole area of Beijing, Tianjin and Hebei. Meanwhile, various means to facilitate ticket sale and transportation were applied in order to attract more consumers. Based on the collections of Beijing Archive Museum and documents of the Summer Palace, the article described the operation of the Summer Palace from1928 when the Northern Expeditionary Army occupied Beijing to 1937 when Japan invaded Beijing. It will be of benefits to the operation and management of scenic spots and the integrated tourism development of Beijing, Tianjin and Hebei.

Key Words: The Summer Palace; Funds; Beijing-Tianjin-Hebei

学术评论

用影像书写北京历史

——读《北京学丛书·流影系列》有感

刘同彪*

　　自 2014 年始，北京市哲学社会科学北京学研究基地与北京大学出版社合作，推出北京学丛书，该套丛书分"流影"和"纪实"两个系列。目前，"流影系列"已出版三部，分别是《孙明经眼中的老北京》《烟画老北京 360 行》和《北京寺庙观堂》。作为北京历史文化的科普性读物，这三部书都以影像为主要呈现方式，配有精当的文字说明，图文并茂。它们的出版，既有助于人们认识北京的历史风貌，又为北京学的研究提供了重要的影像史料。

　　北京是一座拥有 800 多年建都史的世界文化名城，关于这座城市的历史文献浩如烟海。除文字记录之外，还有地图、绘画、版画、照片等丰富的影像资料。在地图方面，国家图书馆收藏的北京古旧地图在百幅以上①，它们客观、形象地反映了北京城及四郊的地理交通状况和历史变迁。在绘画、版画方面，值得一提的是北京风俗画的创作，近代以来描述北京城市生活百态的风俗画颇为流行，最具代表性的是近代画家陈师曾创作的 34 幅《北京风俗图》画册，他将货郎、磨刀人、吹鼓手、泼水夫、乞婆、人力车夫等各色人物的营生景象收罗笔下，描绘了民国初年北京尤其是宣南地区的百姓生存境况和民俗风貌，勾勒出一幅幅生动的旧京民俗图志。类似的北京风俗画还有很多，有些比陈师曾的《北京风俗图》出现时间还要早。国家图书馆将其珍藏的百幅北京风俗画整理成册，出版《北京民间风

* 刘同彪（1979— ），男，山东省武城县人，北京联合大学北京学研究所、中国科学院地理科学与资源研究所院士工作站博士后。

　　① 参见国家图书馆整理《北京古地图集》，测绘出版社 2011 年版。

俗百图》，我们可以从刘凌沧先生为该书所作的序言中了解这部风俗画册
的一些信息：

> 这本《北京民间风俗百图》，反映了清代末季同治、光绪间之世
> 象。自十三世纪六十年代元大都市起，北京即为人文荟萃之地，各地
> 人民来此谋生，或以工商为业，或以卖艺为生，来者愈多，文化生活
> 愈加多样，形成了争奇斗胜的"风俗画"。这里印行的北京风俗画，
> 从其技法观之，乃出之民间艺人之笔。描写工致，刻画逼真，忠实地
> 反映了晚清时代北京民俗生活的现实。①

就保存北京社会文化史料而言，清代民间艺人的风俗画内容更为丰富，
但陈师曾是位知名画家，他的风俗画流传更广，影响力更大。1934 年，王
羽仪见到陈师曾的《北京风俗图》，很受启发，随后创作了 100 幅北京风俗
画，由生活·读书·新知三联书店香港分店与日本东方书店合作出版，取
名为《燕京风俗》。② 日本人对北京风俗画亦有浓厚的兴趣，1914 年至 1915
年，日本汉学家青木正儿在北京留学期间曾组织中国画师绘制《北京风俗
图谱》117 幅，分岁时、礼俗、居处、服饰、器用、市井、游乐、伎艺八个
门类，较为全面地反映了当时北京的城市风俗。③ 除了专门的风俗画之外，
描绘北京及周边地区社会文化景象的版画也非常丰富，不少出自外国画师
之手。19 世纪初叶，日本著名画师及版画家岗田尚友等人编绘的 6 卷本版
画集《唐土名胜图会》，以图文结合的形式，细致刻画了京师与直隶各府县
的宫殿庙宇、街衢设置、名胜古迹、宫廷礼仪、商业贸易、风俗文化等场
景。④ 欧洲人也创作过不少描绘北京城的版画，台湾历史影像收藏家秦风将
其搜集的近代北京西洋版画集结成册，出版了《老北京西洋铜版画典藏》
和《西洋版画与北京城》两部著作，从中我们可以看到欧洲版画中的北京
情景。⑤ 照片方面的资料亦十分丰富，摄影术初传入中国时，摄影师多为外

---

① 国家图书馆整理：《北京民间风俗百图》，北京图书馆出版社 2003 年版。
② 参见王羽仪绘《燕京风俗》，东京东方书店 1983 年版。
③ 参见 [日] 内田道夫解说《北京风俗图谱》，东京平凡社 1964 年版。
④ 参见 [日] 冈田玉山等编绘《唐土名胜图会》，北京古籍出版社 1985 年版。
⑤ 参见秦风《老北京西洋铜版画典藏》，广西师范大学出版社 2008 年版。秦风《西洋版画
与北京城》，四川美术出版社 2008 年版。

国人。日本的山本赞七郎、小川一真、藤井彦五郎、儿岛鹭麿，德国的赫达·莫里逊，都曾在清末民初拍摄过大量关于北京的照片。①

总之，丰富的历史影像资料是北京珍贵的文化遗产，有待今人挖掘、整理和利用，《北京学丛书·流影系列》在这方面做出了示范性的探索。以下对已出版的三部《孙明经眼中的老北京》《烟画老北京360行》《北京寺庙观堂》，分别做简要评述。

孙健三著《孙明经眼中的老北京》，张妙弟主编《北京学丛书·流影系列》之一，北京大学出版社2014年版。

孙明经先生是中国摄影及电影教育实践的开拓者，他出生于1911年，拍摄过大量纪实性社会教育影片，留存下近千幅珍贵的历史照片。这本《孙明经眼中的老北京》收录孙明经先生在1937年、1950年、1959年三个时期拍摄的老北京照片130幅，内容不仅包括天安门、故宫、北海、天坛、长城等名胜古迹，而且记录了香山慈幼院的地毯编织、门头沟的电与煤业、北平鸭的养殖、铁路建设、白塔寺及门头沟的庙会等社会生活景象。这些照片描绘了老北京历史的瞬间，不少内容在今天已经难寻踪迹，成为珍贵的历史记忆。由于它们拍摄于不同的年代，我们从中还可以看出北京城及周边地区的一些变化。这部书的编者孙健三为孙明经先生之子，因为这层关系，他熟悉照片的由来，对照片的解说细致深入，能够让读者明了这些照片背后的故事。本书的另一个亮点是对西方摄影术传入中国过程的生动叙述。如编者所言，摄影术在世界上被公认为诞生于1839年，但在四十多年后，中国人才开始真正群体性地接受和学习摄影术，最初中国人还不能生产胶卷，甚至在很长的一段时间里，受认知观念限制，不少中国人惧怕照相，他们认为照相能夺走人的灵魂。由于种种原因，摄影术在中国的传播和发展经历了一个艰难而曲折的过程。孙健三的家庭可谓"影像世家"，他的祖父母孙熹圣、隋心慈是最早进入"登州文会馆"学习摄影术的中国人，他的父亲孙明经和母亲吕锦瑗是中国早期影像教育的实践者，对中国的影像事业做出了重要贡献。在此书中，孙健三通过大量

---

① 山本赞七郎《北京名胜》（1901），藤井彦五郎《北清名胜》（1903），小川一真《清国北京皇城写真帖》（1906），儿岛鹭麿《北清大观》（1909），赫达·莫里逊《北平街头景色》（1933—1946）。

"家庭记忆"，将祖、父辈对摄影术传入中国的亲历感受栩栩如生地刻画出来，令读者身临其境，对中国的摄影史及本书的老北京照片又多了一份理解。

李德生、苑焕乔著《烟画老北京 360 行》，张妙弟主编《北京学丛书·流影系列》之一，北京大学出版社 2016 年版。

这是一部有趣味的书，也是一部有重要学术意义的著作。说它有趣味性，是因为这部书所介绍的"烟画"对于现代年轻人来说是十分陌生的事物，看到书名可能很多人会发问：烟画为何物？作者在本书的前言和后记中给出了这个问题的答案，详细介绍了烟画的历史。如作者所言，烟画最初是为了解决香烟包装松软的问题，将印有图画的硬纸片放入烟包内，可使烟包挺括，香烟不易折断。这种小画片背面印有烟厂的信息，能起到宣传营销的作用，是一种不错的广告形式，因此，各大烟草公司竞相制作。烟画正面印的大都是迎合大众趣味的内容，五花八门，花样不断翻新，如戏曲故事、市井民俗、五行八作、奇花异卉、物产科技、政治时事、新式潮流等，颇吸引人们的眼球。不少烟画针对特定主题的内容编号成套发行，也有一些烟画可以兑奖，鼓励人们收集烟画。生活在那个年代的老北京人对烟画有深刻的印象，不仅普通百姓喜欢，而且文人学者也对烟画表现出浓厚的兴趣。作者在后记中提到剧作家翁偶虹忆学生时代收集烟画的情景："每天下学后，三四点钟宣武门一带就热闹起来，换烟画的、卖烟画的都凑在了一起进行交换或交易。'太上老君'一枚可换'魔将'几枚，或用多少钱可买到一枚；'观音大士'一枚值多少钱？如此种种。无数'烟画迷'各怀着不同的目的，在四下里搜寻，或换或买，来满足自己的追求。"从这段文字中，我们可以感受当时人们对烟画的热情。

本书作者之一李德生先生是一位烟画爱好者，他保存了清末民初中外烟草公司制作的烟画两万余枚，受北京学研究基地的邀请，他将反映老北京市井百业、民俗风情的烟画挑选出来，与北京学研究所的苑焕乔女士合作，为每一幅烟画附上精当的文字说明，编成《烟画老北京 360 行》。这部书收录李德生先生珍藏的烟画 300 余枚，分为衣、食、住、行、娱、艺、杂七部分，涵盖面极其广阔，内容极为丰富，如衣部的弹棉套、缝穷，食部的送外卖、火锅、水夫、卖金糕、猜枚卖果，住部的圆木匠、点街灯、捎书人，行部的排子车、黄包车、钉马掌，娱部的教女乐、耍骨骨丢、班鼓、粘知了、捏面人，艺部的卖朝报、打朱眼儿、熟绢，杂部的画喜神、鼻烟铺、卖虎骨、女先生，等等。一枚枚小小的烟画，生动描绘了旧日北京平民的生活劳作景象，这部图文并茂的科普作品，将带我们走进老北京人的生活世界。

《烟画老北京 360 行》的学术意义，体现在它作为北京社会生活史料的价值上。如前文所述，自晚清以来，风俗画的创作在北京蔚然成风，烟画实为城市风俗画的一种，如果我们将《烟画老北京 360 行》所收录的烟画与同时代的《北京风俗图》《北京民间风俗百图》《燕京风俗》《北京风俗图谱》等风俗画册放在一起研究，就会更加全面、深入地认识清末、民国时期老北京的城市风俗文化。学界对陈师曾的《北京风俗图》有了较多的探讨，对王羽仪的《燕京风俗》、青木正儿的《北京风俗图谱》以及国家图书馆整理的《北京民间风俗百图》也有一定的关注，但对于老北京烟画的研究，几乎为空白。这可能与烟画在今日不易获取有关，虽然烟画在20 世纪前后大量发行，但保存至今的并不多，如李德生先生在本书后记中所言："随着岁月的流逝和近半个世纪的社会变迁，这些烟画早已退出了历史舞台，几乎被人遗忘。尤其，经历'文化大革命'和'破四旧'运动的荡涤，烟画几乎全部荡然无存了。侥幸存至今日的烟画已不多，实属凤毛麟角。"从这个角度看，《烟画老北京 360 行》的史料价值是弥足珍贵的，对于北京民俗文化史的研究具有重要的学术意义。

张帆、田雪著《北京寺庙观堂》，张妙弟主编《北京学丛书·流影系列》之一，北京大学出版社 2016 年版。

作为北京的重要文物古迹，寺庙观堂备受人们关注，相关著述也十分丰富。但图文并茂系统展现这一文化遗产的科普图书并不多见，张帆、田雪的《北京寺庙观堂》可填补这个方面的缺憾。该书作者对北京现存的道教宫观、佛教寺庙、清真寺、教堂进行了实地考察，并查阅了相关文献和档案资料，在此基础上，系统梳理了北京的寺庙观堂。这部书以影像为主要表现方式，共收录北京地区的寺庙观堂 142 处，图片 350 余幅，文字解说简练精确，将北京的寺庙观堂清晰地呈现在读者面前。书中图片除历史老照片之外，其余均出自作者及北京学相关的多位学者的田野考察，这些照片的拍摄水平非常高，能够反映所录古迹的真实现状。《北京寺庙观堂》的出版，将有助于人们全面了解北京的现存寺庙观堂文化遗迹。

"京津冀文脉传承与协同发展"第 18 次北京学学术年会综述

刘会靖　邹玉荣　杜萌萌*

京津冀地区，即北京、天津、河北三地，同属京畿重地，在不到 22 万平方千米的土地面积上集聚着超过 1 亿的人口数量，造成该区域在现代化发展过程中同时面临着生态环境持续恶化、城镇体系发展失衡、区域与城乡发展差距不断扩大等突出问题。为妥善解决这些问题，打造新型首都经济圈、京津冀城市群，实现京津冀协同发展，形成京津冀目标同向、措施一体、优势互补、互利共赢的协同发展新格局，成为政府与学界共同致力探索的重要议题，在京津冀地区的未来建设规划中尤为必要。这也是我们国家的重要发展战略，是我国在经济发展进入新常态下做出的重大决策部署。

2012 年年底，首都经济圈发展规划被列为国家发改委 2012 年区域规划审批计划，京津冀合作掀开新篇章。2013 年以来，京津冀三地政府相继在各个领域签署合作框架协议，推动京津冀合作迈向纵深。2014 年 2 月 26 日，习近平总书记在北京主持召开座谈会，专题听取京津冀协同发展工作汇报，强调实现京津冀协同发展的重要战略意义。2015 年 4 月 30 日，中共中央政治局召开会议，审议通过《京津冀协同发展规划纲要》，明确"京津冀协同发展"的国家战略地位与核心，标志京津冀协同发展的顶层设计基本完成，推动实施这一战略的总体方针已经明确。

为响应国家推进京津冀协同发展的要求，2016 年 6 月 24—25 日，由

---

* 刘会靖（1989—　），男，湖北黄石人，北京联合大学专门史专业 2014 级硕士研究生；邹玉荣（1991—　），女，陕西安康人，北京联合大学专门史专业 2015 级硕士研究生；杜萌萌（1992—　），女，河南孟州人，北京联合大学专门史专业 2015 级硕士研究生。

北京学研究基地、首都博物馆主办，北京联合大学北京学研究所、北京联合大学应用文理学院承办，北京联合大学学报编辑部、北京史研究会和北京地理学会协办的"京津冀文脉传承与协同发展——第18次北京学学术年会"在北京联合大学应用文理学院召开，聚集了来自京津冀三地50多家单位的130余名专家学者，共计收到论文40余篇，就京津冀文脉传承与协同发展的概念与体现、历史研究与现代实践、发展策略等方面进行了广泛交流与探讨。此外，会议特别设置了研究生专场，为推进京津冀协同发展的积极探索注入更多年轻的力量。

一 京津冀文脉传承与协同发展的形成与体现研究

区域文脉传承与协同发展是需要深厚历史文化基础和传统地缘关系的，与会专家学者们认为，京津冀地区地缘相接、人缘相亲，地域一体、文化一脉，历史渊源深厚、交往半径相宜，完全能够相互融合、协同发展，并从不同视角对京津冀文脉传承与协同发展的形成基础展开了翔实阐述。

有的学者从文化认同的角度来阐释京津冀文脉传承与协同发展的形成。文魁认为文化主导着不同范围人群的共同精神价值、生活方式和行为，而文化认同能够带动发展协同，并诠释文化认知—认可—认同—共同的形成演变规律，进而探究京津冀文化的形成和京津冀协同发展的文化羁绊，强调京津冀文化对京津冀协同发展和世界级城市群目标实现的重要价值。白杰以京津冀三地合作举办的"地域一体·文化一脉——京津冀历史文化展"为切入点，由博物馆展览来展示三地一脉相承的历史文化，探究文化认同对京津冀协同发展的重要性，并认为文化认同应由文博系统先行，三地博物馆之间应进行协进互助、技术支持和战略合作。刘玲娣通过对京津冀地区的古易水水系进行历史追溯，确定古易水的历史地位，探究易水文化的内涵、特质、精神品格和影响，认为易水文化与京津冀一脉相承，在文化认同上，挖掘、探究易水文化对推动京津冀文脉传承有着特殊的作用。侯秀丽通过对永定河流域的考察，突出永定河流域是京津冀地区的有机组成部分，其历史文化印证着北京首都文化圈的一脉相承，认为贯通京津冀的永定河是串联三地的天然纽带和重要水脉，也是传承京畿文化的多彩文化带和独特文脉，研究并利用永定河及永定河文化，可深化京津冀地区的文化认同感，并发挥永定河文化作为京津冀文脉传承与协同发展有力抓手的巨大作用。

有的学者通过梳理京津冀的历史传承来谈京津冀文脉传承与协同发展的形成。梁纯信认为京津冀协同发展不是现代人的想象，而是历史的延续，是一种有深厚文化底蕴的历史传承。他指出京张古道上宣化古城的历史文化遗迹是北京与北部地区在政治、军事、文化上强势关联的历史记忆，而这种历史记忆是京津冀达成文化认同、形成文化圈层的关键纽带，并提出中国文化发展的第三个阶段——"后中原时代"，阐述"后中原时代"中国文化的形成及其孕育的新时代核心"北京首都文化圈"，梳理京津冀协同发展具体的历史传承关系的同时，也具体呈现包括政治、经济、社会、文化在内的中国文明核心区——北京首都圈，突出作为这一圈层结构最内层的京津冀协同发展的历史传承与文化底蕴。

有的学者以地缘因素为视角来论述京津冀文脉传承与协同发展的形成。林伟虹从京津冀文化旅游与文脉传承的紧密联系入手，指出区域文化的形成和发展受到地理与历史的双重作用。他认为京津冀三地同属先秦时期的燕赵地域，在文化上均是以早期燕赵文化为母体的历史衍生品，地缘相接，地域一体，指出京津冀地区在地理环境上同是中原农耕文化与北方游牧文化的对峙碰撞与交汇融合的最前线，具有共同的地理位置特征，而在这种相同的地缘因素作用下，京津冀地区在历史上就形成了独特的区域一体化和整体性文化根基，并通过对京津冀地区的城际关系与职能分工进行简单的历史考察，突出古代社会以京师北京为中心的京畿地区在地缘上形成的早期分工明确的首都圈、城市群。

此外，张宝秀以历史上燕山南北长城内外的民族融合与文脉传承为关注点，细致分析了春秋以前至清代以来农牧分界线在燕山主脉和北缘之间的交替，展现了燕山南北民族文化从初步接触到彻底融合的历史过程，认为燕山地区是中国北方经济文化交流的桥梁和纽带，是北方民族大融合的舞台，也是中华民族历史文脉得以形成和传承的重要地区。韩祥瑞介绍了张家口与北京历史地理不可分割的关系，从文化的双向流动上对张家口与北京文化发展的"源与流"进行了探究，认为张家口是中华文脉的双向通路，且北京与张家口山相连、水相接、路相通、塞相连，京张文化一脉相承，源远流长，张家口的发展离不开与北京、天津的协同互动。赵永高通过京西长城的修筑，展示了万里长城连京冀的事实和民间文化一线牵的认同，揭示了长城文化一脉相承的八个方面，认为长城沿线相同或相近的长城文化有着诸多的文化认同和相似的发展空间，以此说明长城文化为京津冀协同发展提供了重要平台，并以1573年京西长城的修建和京冀防线的协同发展为当代的京津冀协同发展提供借鉴。赵复兴则以永定河道台衙门为例，阐述京津冀历史文脉的表现与内容，并就永定河由干涸走向枯竭的困境提出建设四大长廊的方案，认为雄踞于固安的永定河道台衙门是其中历史文化长廊上的皇冠，是皇冠上的明珠。

二 京津冀文脉传承与协同发展的历史和实践研究

京津冀文脉传承与协同发展在文化上不是孤立的，在历史上不是断裂的，京津冀自古便是山水土地相连，人缘相亲，文化一脉，三地协同，良性互动。在变化与变革中走到今天，京津冀协同发展的历史延续在京津冀的大地上铺开了壮观的历史画卷，当代人走的每一步都是这幅画卷中的一色重彩，为其添色增辉。

不少与会专家也将关注点置于京津冀文脉传承与协同发展的历史，探寻京津冀交织融合的历史文化与渊源。蒋聪从京津冀历史的沿革与变化中考察三地的历史关联和地域关系，呈现三地在地域上自古至今的分合离散，分析三地历史民俗商贸中民间音调与语言文脉的形成和发展线索，探究三地民间音调（叫卖调）与语言的文脉传承传播和民俗文化认同，认为京津冀地域无论怎么变迁，民间音调与语言的民俗文化基本不变，对于了解城市生活的历史兴衰，促进京津冀民俗文化协作和传承有着积极的影响意义。靳宝认为目前关于京津冀区域历史文化认同的探讨局限于当下京津冀协同发展的文化认同的路径和方法等方面，缺乏对京津冀区域历史文化认同的历史考察。他强调，历史、现在和未来是相通、统一的，在思考当前如何通过历史文化认同来推进京津冀协同发展战略实施的同时，也要考察京津冀文化认同的历史演变过程，从中总结历史经验，借鉴历史智慧。同时指出，就形式而言，历史上京津冀区域文化认同可以概括为分—合—分，当下又进入了合的阶段；从内容上看，京津冀区域历史文化的基本特征是多元一体，逐渐形成了共同的文化精神，这也是当下京津冀协同发展的历史基础。

倪玕运用考古学的方法对北京刘家河商墓及其出土的金器进行分析，

结合京津冀地区考古学文化的研究与相关体质人类学的成果，探讨青铜时代的京津冀文化以及京津冀地区的文化交流与发展和民族迁徙与融合的相关问题，认为青铜时代京津冀地区由于地理环境和气候的变更经历了人口迁徙和经济形态的改变，人类群体存在密切的文化交流，受到西方文化因素的影响，但人种类型和主体文化的基本格局没有改变，基本是一体并延续发展的。朱永杰从历史地理的视角探讨了清代畿辅地区保定府、山海关、天津水师等 8 处驻防城的时空结构，介绍该地区驻防城的创建过程与特点，探究其地域分布及其特征，并对畿辅地区驻防城的形制结构、内部布局、设施建设等进行描述，突出清代畿辅地区驻防城、其他城市之间相互的位置、空间联系和文化、军事联系，认为研究清代畿辅地区驻防及驻防城的历史地理，能够更好地理解北京、天津和河北之间军事位置和文化资源上的紧密关系，以为当前京津冀文化上的协同发展提供有益的学术信息。丁超立足于元代京畿，从结构、供应、危机、出路等方面系统探讨该地区的燃料供应问题，介绍烧草、柴薪、煤炭、马粪在元大都燃料结构中的位置以及元大都城市生活对各种染料的综合利用，从市场供应的角度对元大都的燃料结构进行复核，并以草、马粪为焦点研究了因饲料、肥料与燃料的多种用途导致的元大都燃料供应危机，认为基于两都巡幸制度下的季节性人马迁移，为疏解元大都的燃料危机提供了一个现实可行的出路。

也有不少学者将注意力投向京津冀文脉传承与协同发展的实践经验。王静从历史的角度概述了"草原丝绸之路"与京津冀商贸协同发展的关系，突出"草原丝绸之路"对京津冀地区商贸活动、市镇生活的重要影响，认为京津冀地区以丝路商人为纽带形成了区域经济体，并与蒙俄以商业为纽带紧密联结起来。他从新形势下丝路对京津冀商贸协同发展所起的作用进行了一系列探索，介绍京津冀商贸协同发展的现状，提出"新丝路战略"，认为当前"草原丝绸之路"对接"一带一路"的大背景为京津冀区域商贸协同发展创造了巨大历史机遇，并透析草原丝路经济带与京津冀商贸发展的可行路径。李国红梳理了京津冀协同发展的历史脉络，认为京津冀协同发展开启了由"聚"到"疏"的深刻变革，吹响了由"分"到"合"的时代号角，是一次跨区域的、在新的历史起点上的"大考"。他从融入京津冀协同发展的角度，记述了京津冀地区红色旅游发展的现有成果，以及京津冀协同发展背景下创新红色旅游发展的历史机遇，生发京津冀红色旅游发展的思考与创新、愿景与构想，以期引领并推进京津冀的协同发展。李彩萍分析了京津冀民间花会联展的内容和表演形式，探究了三地民间花会传承保护的现状与思考，并通过解读首届京津冀地区民间花会展演活动，揭示在非物质文化展示下推动三地公共文化建设协同发展，促进京津冀非物质文化遗产协同保护的启示，认为三地民间花会是京津冀民俗文化的重要组成部分，在京津冀协同发展的大背景下，三地民间花会的展演对丰富民众的文化生活，深化三地民间社会文化的一体化有积极的现实意义。高巍就"非遗"的重要作用进行了阐述，介绍了近年文化的注入和取得的成果，认为"非遗"与人们日常生活相互交织，对经济发展有促进和协调作用，突出文化衍生品的开发对"非遗"发展具的重要作用，强调应结合京津冀的地域优势，在京津冀协同发展的背景下推动京津冀"非遗"的协同保护与传承。

安育中分古安墟文化、京畿文化和新城文化对廊坊文化的基本特征与本质进行了阐述，对廊坊文化结构中的诸要素进行了考证与分析，揭示廊坊与京津在政治、经济、历史、文化、地域、人脉关系等方面的联系和渊源，认为廊坊文化与京津文化同属一区域文化，是京津冀大文化的有机组成部分，为京津冀一体化提供文脉基础和历史文化依据的同时，也成为廊坊融入京津冀一体化的文化动因，并指出深化对廊坊和廊坊文化的认识，对推进京津冀一体化和生成京津冀都市群大文化有着重要意义。唐少清阐述了北京—张家口联合申办冬奥会的地理优势和文化优势，并从冬奥会的历史发展与特征入手，分六个方面来分析 2022 年京张冬奥会的重要价值及其对京津冀协同发展的重要影响，认为 2022 年京张冬奥会不仅能够为深化京津冀一体化带来新的契机，促进京津冀地区经济、文化、交通、社会、生态、城市管理等各方面的一体化，成为推动区域协同发展、实现一体化的催化剂，还将再次把北京及京津冀协同发展展现在全世界面前，推动京津冀地区与世界的良性互动。汤斌揭示了承德历史文化的多样性，及其将历史文化遗产转化为旅游资源的优势，阐明承德与北京一脉相承的历史文化渊源，在京津冀协同发展战略中强化了承德文化旅游的区域文化认同感，认为应抓住京津冀区域一体化和首都经济圈规划编制的机遇，有效开发利用承德的传统文化资源，实现与北京同城化、一体化、差异化的发展战略目标，推动承德融入京津冀区域经济一体化发展进程中，加速京津冀文化旅游的协同发展，建成与北京相融共进的国际旅游城市和面向京津冀的节点城市。陈韶旭介绍了京张铁路对推动张家口的文化、经济、交通等方面的发展和现代化的巨大作用，认为京张铁路的修建运营是张家口发展史重要的转折点，催生了具有现代特色的桥东区，开启了张家口地区的近代工业，繁荣了张家口开放多元的文化，是京津文化和商业模式推动张家口向现代转型的开篇大作，是京津文化辐射张家口、影响张家口地域性格的大通道，突出京张铁路对整个京津冀协同发展的巨大作用。

三　京津冀文脉传承与协同发展的策略研究

推进京津冀协同发展，是实现京津冀优势互补、促进环渤海经济区发展、带动北方腹地发展的需要，一方面着力解决北京的发展困境，另一方面使京津带动区域整体提升、解决环京津的河北贫困带发展问题。《京津冀协同发展规划纲要》指出，作为一项重大国家战略，其核心是京津冀三地作为一个平衡整体，疏解北京非首都功能，解决北京"大城市病"，其要务是调整优化京津冀地区城市布局和空间结构，走出一条内涵集约发展的新路，促进区域协调，加快市场一体化进程。当前，京津冀协同发展进程比较缓慢，各领域联动合作深化程度不一，区域内部也存在发展不平衡等问题。基于此，与会学者们就加速京津冀一体化的策略从不同角度进行了广泛讨论，提出多方面的思考与建议。

有的学者以旅游协同发展为切入点。杨开忠从京津冀协同发展下的旅游规划入手，探讨建设京津冀大旅游格局的路径，提出旅游立圈的构想，并从全效益战略、区域均衡战略、旅游功能转型升级战略、一周品质生活圈战略四大战略来阐述旅游立圈的方式，认为京津冀旅游立圈能够促进区域一体化，促进区域公平和可持续发展，提升地方品质、地方魅力和竞争力，打造新型首都圈。任云兰梳理了京津冀地区的历史文化遗产资源及其特征，认为京津冀紧密的历史文化渊源为区域历史文化遗产保护利用和旅游产业协同发展指明了方向，并从政策、规划、交通、监管和宣传等多方面进行了细致阐析，提出整合区域历史文化遗产资源，促进区域历史文化遗产保护利用和旅游产业协同发展的政策与措施。高大伟通过对京津冀遗产旅游资源的全面分析，梳理出京津冀遗产旅游资源在历史和现代的相互内在联系，认为京津冀作为一个文化共同体，文化认同是促进京津冀遗产旅游协同发展的关键因素，以遗产旅游协同创新是促进历史文化认同现实有效的策略，并指出京津冀文化认同和历史文化资源整合面临的困局与问题,结合各地"十三五"规划,在顶层设计、遗产挖掘、整体规划等方面提出有针对性的解决对策。安全山以北京门头沟和张家口的京西古道为例,概述门张协同发展旅游产业的地缘优势,介绍门张联合打造大京西全域景区的自然与人文资源,论述利用文化线路协同发展旅游产业的拓展空间,认为按以线挂点、点线结合的思路,协同发展文化线路旅游产业具有广阔前景,并提出针对性的具体参考建议。安俊杰从打造京张体育文化旅游带出发,辨析京张体育文化旅游带决策的提出及其释义,认为打造京张体育文化旅游带是办好冬奥会和落实京津冀协同发展战略的重要举措,是京津冀在旅游、体育、文化等产业领域融合发展的重要载体和平台,突出京张体育文化旅游带对促进京津冀协同发展的重要作用,并强调京张发展体育文化旅游的机遇与对策。

有的学者从文化思考角度来延伸。刘勇从文化认同的角度生发京津冀协同发展的文化思考,阐释文化认同在京津冀一体化过程中的理论价值与实践意义,揭示京津冀三地文化认同的先天基因,分析京津冀地区文化认同存在的明显问题,认为造成京津冀一体化不足的主要原因是文化认同意识的薄弱,并从四个维度提出落实文化认同的对策建议,以消除京津冀文化壁垒,促进京津冀资源互通。陈名杰以北京海淀区为例,结合"减人、添秤、服务"三项重点工作任务,思考探索推动京津冀地区的文化合作,认为海淀作为全国科技创新中心核心区,应倡导组建文化研究与交流中心和文化产业联盟,协力打造三山五园文化巡展品牌活动,并提出贯通文脉、畅通智脉、沟通人脉、打通经脉、疏通地脉、融通心脉的"六脉神剑"理论。李志东分析了创新、协调、绿色、开放和共享的五大发展新理念,及其与京津冀文化协同发展的辩证关系,进而阐述进一步推进京津冀文化协同发展的基本思路,并综合考量京津冀三地文化产业的业态分布、特色优势和协同现状,突出加速京津冀文化产业协同发展应着力布局的六大重点领域。

有的学者则着力于历史文化遗产。秦红岭基于"主题性建筑遗产线路"的概念,对京津冀都市圈近现代建筑遗产线路进行主题提炼,阐述京津冀都市圈近现代建筑遗产线路的建构原则和重要作用,并从京津冀都市圈近现代建筑文化遗产区域性保护这一层面探讨京津冀都市圈近现代建筑遗产区域的保护问题,认为"主题性建筑遗产线路"是区域建筑遗产保护的新方法,整合京津冀都市圈建筑文化遗产资源,构建区域建筑遗产保护模式，是京津冀文化协同发展的重要方面。郭雅丽从法学视角思考了京津冀区域文化遗产的保护与利用，界定了京津冀文化遗产保护与利用中的基本概念，梳理了京津冀文化遗产保护与利用中的立法情况，阐述京津冀文化遗产保护与利用的法律途径和区域性协作的法理基础，认为以法律手段保障京津冀区域文化遗产保护与利用，需要京津冀三地立法推动、司法协作和行政财政合作。侯廷生从历史建筑的概念形成和特定含义出发，概述京津冀地区历史建筑的保存状况，揭示京津冀地区历史建筑的保护在理论研究和社会实践中共通性与存在的不足，认为京津冀文脉传承与协同发展应加强对历史建筑的保护、研究与宣传。

此外，孟延春利用采集的数据测量了京津冀地区城市中各行业的中心性，研究了京津冀协同发展战略中各城市地区的职能结构，指出京津冀呈现出京津双核驱动发展模式，存在城市的中心性指数两极分化，城市群发展不均衡，京津之外的城市区域影响力小等问题，认为在京津冀协同发展的战略背景下，京津冀城市群需要建立好沟通渠道，实现区域内的产业分工和转移，推动京津冀均衡协调发展。李全在北京—张家口联合申办冬奥成功的背景下，简述京张唇齿相依的生态环境，基于生态文明建设"五位一体"战略和京津冀协同发展战略，重点剖析张家口生态环境源头、上风上水特点和水源生态涵养区定位，总结以往国家重点生态工程实施的效果与缺憾，针对现实存在的问题，依据生态环境的自然属性和生态文明的特殊性，探讨京张生态文明协同发展的可行性和长期战略重点。王辅宇从落实京津冀一体化战略的具体举措和发挥历史文脉对一体化的独特作用两方面介绍了长城文化带对京津冀一体化的意义，认为在京津冀协同发展过程中应促进三地历史文脉的传承与发展和长城文化资源的整合与协同保护，并从北京段长城的历史沿革与资源调查、平谷区红石门段长城保存与修缮状况和环境物产等方面，分析京津冀共同建设"一脚踏三省"景区的可行性及修缮与开放利用的建议，探索协同发展的模式。陆奇以2015年版北京社科年鉴为依据，汇总近年对京津冀国家发展战略的要求，记述有关京津冀协同发展的重要资料和重要研究成果，突出2014年专家学者在经济、政治、文化、社会、生态文明建设协同发展方面的学术观点，呈现京津冀一体化发展的良好开端和大好形势，发挥京津冀协同发展思想智囊团作用，推动京津冀一体化长远发展。

四　研究生专场

　　研究生专场是本次会议的一大亮点，北京师范大学、首都师范大学、北京联合大学的多位研究生参加了本次年会，其中有 7 位研究生做了主题发言，和与会专家学者们共同参与京津冀文脉传承与协同发展的讨论。

　　王娴在简述北京与承德紧密地缘关系的基础上，分析清代藏传佛教影响下的北京颐和园后大庙与承德外八庙的历史文化渊源，认为北京与承德文化一脉相承，有共同的历史文化积淀，形成了高度的文化认同感，在当前京津冀一体化背景下，研究两地文化，发掘两地历史文化遗产，对促进京津冀文化繁荣和民族、宗教团结有重要意义。陈诗琪聚焦元明清时期张家口地区对首都北京的历史作用，介绍北京与张家口地区的地理位置和自然环境，研究元明清三代北京与张家口地区的关系及张家口地区履行的不同职能，认为北京与张家口地区在历史地理、文化、经济和军事等方面紧密关联，突出张家口地区的自然、经济和军事状况对北京首都地位的保证具有重要意义。滕朝阳以北京档案馆馆藏颐和园档案材料为基础，梳理1928 年北伐军占领北京至 1937 年日本全面侵华这段时间内颐和园的经营状况和面对困境的变革，探索颐和园面向京津冀的经营策略调整，认为将游览参观的目标群体扩大至整个京津冀地区对当下景区经营管理和京津冀地区旅游一体化建设具有重要启示作用。何露着重分析北京与张家口联合申办冬奥会的地理环境基础和历史上的紧密互动，探究京津冀地区的地理位置关系和历史文化渊源，认为 2022 年北京—张家口冬奥会以两地密不可分的历史地理因素为基础，在体育、交通、社会生活等多领域展开，推动两地及周边城镇的广泛合作与联动发展，为京津冀地区文脉传承与协同发展提供历史依据和文化认同，有利于京津冀协同发展战略的实施和京津冀一体化目标的实现。

　　常然关注京津冀协同发展背景下宣化城市传统葡萄园文化遗产地的保护问题，不仅诠释了宣化城市传统葡萄园文化遗产地的历史文脉和遗产价值，揭示遗产地保护面临的主要问题，也提出建设性的保护对策，认为宣化城市传统葡萄园文化遗产地拥有厚重的历史底蕴，应抓住京津冀协同发展的历史机遇，实现区域联动，着力保护城市传统葡萄园文化遗产地的历史文化，增强自主保护意识和基础设施建设，打造京津冀文化遗产旅游品牌。高铭在概述承德与北京相互关系的基础上，分析承德承接北京产业转移的情况，探求现行行政体制对京津冀协同发展造成的影响，认为现行行政体制的限制是造成当下京津冀一体化进程缓慢的主要原因，并以承德市并入北京市为例，阐释调整现行行政区划是加速京津冀协同发展的必然选择和关键，突出承德并入北京对京津冀一体化精炼发展的重大意义。王星认为在京津冀协同发展的背景下，评价三地京津冀协同发展政策制度的效果具有实践意义，并以北京 BL 药业原料药生产外迁至河北沧州为例，探讨制度对企业区位选择和企业在不同区位下成本与效益的影响，构建制度影响企业空间布局的分析框架，对产业疏解制度的效果进行分析，探究区域经济格局的形成机制，进而思考在京津冀协同发展过程中，北京药监局对外迁医药企业的空间延伸监管，是否可看作北京将制度资本扩展到河北，迈向区域发展公平。

北京学人

北京区域宗教历史与文化
研究成功的探索者

——记佟洵教授

于　洪

　　佟洵，女，满族，北京人，1969年毕业于北京师范学院历史系。北京联合大学应用文理学院历史学教授，硕士生导师，享受国务院特殊津贴的专家，创建了北京市属高校的民族与宗教研究所，为北京联合大学民族与宗教研究所首任所长，兼任中国宗教学会理事、北京市统一战线理论研究会理事、北京统一战线理论研究基地专家委员会专家。2003年，被评为"第五届首都民族团结进步先进个人"。长期从事中国近代史、晚清宫廷历史、北京地方史、北京地域文化、北京宗教史、北京宗教文化的教学与研究。出版主要著作20余部，发表学术论文70余篇，在国内外产生了一定的影响；参加了《清代人物传稿》的撰写；主持完成国家与北京市社科基金项目多项，项目成果《基督教与北京教堂文化》荣获北京市第六届哲学社会科学优秀成果二等奖，《伊斯兰教与北京清真寺文化》荣获北京市第八届哲学社会科学优秀成果二等奖，并获得第十四届中国图书奖；受北京市政协民族和宗教委员会委托主持完成两项北京市社科基金项目"历代王朝与民族宗教"和"北京民族宗教史话"，出版两部著作，其中《北京民族宗教史话》获评北京市哲学社会科学"十二五"重点规划项目优秀成果。

　　在时任北京联合大学校长、北京学研究所所长张妙弟教授的鼎力支持下，北京联合大学民族与宗教研究所于2002年10月21日成立，佟洵教授担任所长。民族与宗教研究所成为北京学研究所（基地）在北京地区民族宗教方面研究的核心力量，佟洵教授成为北京学研究基地核心专家之一。在北京学研究所老所长张妙弟教授和新所长张宝秀教授的大力支持下，北京学为佟洵教授及其带领的宗教历史与文化研究团队提供了强有力的科研依托和展示平台，佟洵教授及其团队取得的北京宗教历史与文化研究成果为北京学事业的发展壮大做出了突出贡献。

勤奋努力，孜孜不倦

佟洵教授 1969 年从北京师范学院历史系毕业后即从事教育工作，其后又进入中国人民大学清史所进修，在戴逸先生的指导下进行专业的深入学习。1984 年由中国人民大学一分校调入北京联合大学应用文理学院从事教学和科研工作。佟洵教授在多年的教育职业生涯中注重教书育人，培养大量优秀人才，深受学生爱戴。例如，在北京市文物研究所工作、主持"2016 年度全国十大考古新发现"项目之一"通州路（潞）县故城遗址"发掘的孙勐副研究馆员即是佟洵教授精心培养、毕业后仍不断进行指导的优秀毕业生之一。在教书的同时，佟洵教授几乎走遍北京城乡寺庙观堂，进行深入调研，撰写学术论文。自 1985 年至今，她发表了几十篇高质量的论文。其中 1985 年发表的《李莲英墓之谜》一文，首次揭示了李莲英身首异处的历史真相，得到戴逸先生的肯定。从 1992 年在《北京联合大学学报》当年第 2 期发表《历史上的天桥》一文开始，到 1997 年，每年都能在《北京联合大学学报》上看到佟洵教授的论文，如 1993 年第 1 期的《漫画陶然亭》、1994 年第 4 期的《梅兰芳——卓越的京剧艺术大师，伟大的爱国主义者》、1995 年第 2 期的《甲午战后一场变法与反变法的斗争》、1996 年第 2 期的《北京城内庙中寿星——法源寺》、1997 年第 4 期的《班禅与藏传佛教圣地西黄寺》，还有 1999 年第 3 期《北京科技大学学报（社会科学版）》上发表的《"北堂"的变迁》，都是佟洵教授早期的学术成果。

近年来，佟洵教授多次应邀参加国际与国内宗教学领域的会议，2005年出席了由联合国教科文组织研究中心在美国西雅图举办的"第八届宗教与文化国际会议"，在主会场做了报告"中国北京清真寺文化"；2006 年出席了由联合国教科文组织宗教传统对比研究会和圣·彼得堡分会俄罗斯文化研究学会在俄罗斯彼得堡主办的"俄罗斯第一届文化研究国际大会"，并在主会场做了报告"中国北京宗教和谐发展探微"；2009 年出席了在斯里兰卡举办的"第二届佛教与文化国际大会"，在大会做了报告"佛教在元大都传播的历史考察"。在国内大会上先后发表了《禅宗在北京地区传布的历史考察》《禅宗文化与廉政文化建设刍议》《净慧长老倡导的生活禅与和谐社会的构建》《两宋时期灵隐寺与潭柘寺比较研究》《近现代北京佛教教育刍议》《两宋时期灵隐寺刍议》《南宋时期灵隐寺著名高僧刍议》《虚云长老与佛教的中兴》《丘处机与道教的中兴》《明代宦官家庙——智化寺刍议》《北京城的庙会》《雍和宫由王府改为喇嘛庙》等。

北京区域宗教历史与文化研究的开创者

佟洵教授说:"文化实际上分为两大块,一个是世俗文化,一个是宗教文化,宗教也是文化,而不仅仅是信仰。为什么说宗教是文化呢?因为它涵盖了很多方面,世俗文化中的哲学、文学、艺术、礼乐这些都可以在宗教中找到,甚至可以从某种角度上说,宗教文化涵盖世俗文化。寺庙殿堂可以说是传承传统宗教文化的物质载体,与中国人的礼仪等习俗息息相关。在形成教派之前,任何宗教都是以文化形态存在于世,宗教文化源远流长,其涵盖了世俗文化中哲学、文学、美学等各个方面,当人们带着崇敬的心情走进宫观庙宇时,首先映入眼帘的是神仙雕塑、神话壁画、宗教建筑,以及宗教音乐等内容,这些都可以触发人们对宗教的敬仰之情。宗教中倡导的一些礼仪,往往都是古时流传的基本礼节,可以说,宗教早已渗透到我们生活的方方面面。"正是由于这些观点,让佟教授对宗教历史与文化产生了浓厚的兴趣,也促使她开始了更加深入宗教历史与文化研究。

在担任民族与宗教研究所所长期间,佟洵教授带领团队加强与政府有关部门和相关学术团体的交流与合作,对北京地区宗教状况进行深入的研究,发表了一系列研究成果,并为首都经济和社会发展做出积极贡献。如在 2006 年第 10 期《中国宗教》发表的《北京宗教文化的五个特征》,首次总结出北京宗教的五个特征,即历史传承性、吸纳包容性、多元共存性、中心引领性和宗教文化民俗性。佟洵教授还撰写出版了《佛教与北京寺庙文化》《基督教与北京教堂文化》《伊斯兰教与北京清真寺文化》《道教与北京宫观文化》《北京宗教文化研究》《当代北京宗教史》《宗教·北京》等学术著作,这些论著多为这一研究领域的开拓之作,同时也构建起北京地区宗教历史与文化研究的学术框架。

　　值得一提的是，佟洵教授撰写的《北京宗教文化研究》一书，以北京道教文化、佛教文化、天主教文化、基督教文化以及伊斯兰教文化为研究对象，对这五种宗教文化的历史沿革分别做了考察，资料丰富翔实。该书在大量实地考察和收集翔实文献的基础上，探讨了北京宗教文化现象的本质特点，填补了北京宗教研究领域的空白，是一部具有较高学术价值的好书。

　　2007 年以来，佟洵教授及其民族宗教研究团队成员获批主持"北京道教宫观文化研究""古都北京的宗教文化史""北京宗教史话"和"北京宗教史"系列研究等 10 多项北京学研究基地开放课题，获得经费资助，《北京地方史概要》《首都宗教与社会主义和谐社会建设》和"北京宗教史"丛书等十余部著作获得北京学研究基地出版补贴。其中需要特别说明的是，佟洵教授与北京学研究基地主任张宝秀教授共同策划、设立了基地开放课题系列重点项目，在北京学研究基地的支持和资助下，佟洵教授主编、由宗教文化出版社出版了"北京宗教史"系列丛书。丛书共分为八部（含附卷两部），即《北京道教史》《北京汉传佛教史》《北京藏传佛教史》《北京天主教史》《北京基督教史》《北京伊斯兰教史》《北京道教碑研究》和《北京佛教碑刻研究》。这套丛书系统地展现出北京各大宗教的历史全貌，揭示了外来宗教如何实现中国本土化的过程，阐释宗教在北京营造国际都市、文化名城、宜居城市，建设人文北京、科技北京、绿色北京过程中的地位与作用，在社会上产生了一定的影响。